Entgeltgleichheit zwischen Männern und Frauen im französischen Arbeitsrecht

Schriften zum Arbeitsrecht und Wirtschaftsrecht

Herausgegeben von Abbo Junker

Band 110

PETER LANG

Miriam Engler

Entgeltgleichheit zwischen Männern und Frauen im französischen Arbeitsrecht

PETER LANG

Bibliografische Information der Deutschen Nationalbibliothek
Die Deutsche Nationalbibliothek verzeichnet diese Publikation in der Deutschen Nationalbibliografie; detaillierte bibliografische Daten sind im Internet über http://dnb.d-nb.de abrufbar.

Zugl.: München, Univ., Diss., 2021

Gedruckt auf alterungsbeständigem, säurefreiem Papier.

D 19
ISSN 1433-4666
ISBN 978-3-631-86318-3 (Print)
E-ISBN 978-3-631-86481-4 (E-PDF)
E-ISBN 978-3-631-86482-1 (EPUB)
DOI 10.3726/b18906

Peter Lang – Berlin · Bern · Bruxelles · New York · Oxford · Warszawa · Wien

Diese Publikation wurde begutachtet.

www.peterlang.com

Vorwort

Die Juristische Fakultät der Ludwig-Maximilians-Universität München nahm diese Arbeit im Sommersemester 2021 als Dissertation an.

Ganz besonders danke ich Professor Dr. Abbo Junker für die langjährige Zusammenarbeit und die hervorragende Betreuung dieser Arbeit.

Ich bedanke mich beim COMPTRASEC, dem Recherchezentrum für vergleichendes Arbeitsrecht an der Universität Bordeaux. Dort konnte ich vertiefend recherchieren und Kontakt zu Guillaume Santoro aufnehmen. Ihm danke ich für den fachlichen Austausch und die Hilfsbereitschaft.

Vielen Dank an meine Kollegin, Monika Flößer, die sich die Zeit nahm, diese Arbeit Korrektur zu lesen und mir wertvolle Hinweise gab. Auch der gemeinsame Austausch über unsere jeweiligen Projekte mit Anna Kuhn, Monika Flößer und Dr. Alexander Bömer motivierte mich sehr.

Für das mühsame Korrekturlesen auf Rechtschreibfehler, Zeichensetzung und Verständlichkeit danke ich meinen Familienangehörigen: Sonja Engler, Lothar Conrad und Andrea Kaufmann.

Ich bedanke mich bei der Kanzlei Pinsent Masons, die mich mit ihrem Promotionsstipendium unterstützte.

Wolfratshausen, Juli 2021
Miriam Engler

Inhaltsübersicht

Inhaltsverzeichnis

Abkürzungsverzeichnis

Im französischen Arbeitsrecht werden viele Institutionen und Rechtsinstitute mit Abkürzungen versehen, zum Beispiel wird der Wirtschafts- und Sozialausschuss mit *CSE* für *comité social et économique* abgekürzt. Das Abkürzungsverzeichnis ist zur besseren Verständlichkeit für Leser aus anderen Rechtssystemen mit Anmerkungen versehen.

Französische Abkürzungen

Ass. plén.	Assemblée Plénière (Plenum aus den Vorsitzenden und Dekanen aller Kammern des Kassationshofs; entscheidet Grundsatzfragen)
B	Publié au bulletin d'information bimensuelle (im alle zwei Monate erscheinenden Informationsblatt veröffentlicht)
Bull. civ.	Bulletin des arrêts des chambres civiles (Amtliche Entscheidungssammlung der Zivilkammern des Kassationshofs)
Bull. civ. I	Bulletin des arrêts des chambres civiles. première partie – première chambre civile (Amtliche Entscheidungssammlung der Zivilkammern des Kassationshofs, 1. Teil – erste Kammer)
Bull. civ. V	Bulletin des arrêts des chambres civiles, cinquième partie – chambre sociale (Amtliche Entscheidungssammlung der Zivilkammern des Kassationshofs, 5. Teil – Sozialkammer)
Bull. crim.	Bulletin des arrêts de la chambre criminelle (Amtliche Entscheidungssammlung der Strafkammer des Kassationshofs)
C. pén.	Code pénal (französisches Strafgesetzbuch)
CA	Cour d'appel (Berufungsgericht)
Cass. civ.	Cour de cassation, chambre civile
Cass. crim.	Cour de cassation, chambre criminelle
Cass. soc.	Cour de cassation, chambre sociale
CGT	Confédération générale du travail (Gewerkschaftlicher Dachverband)

Cons. const.	Conseil constitutionnel (Verfassungsgericht, wörtlich: Verfassungsrat)
Convention EDH	Convention européenne de sauvegarde des droits de l'homme et des libertés fondamentales (Konvention zum Schutze der Menschenrechte und Grundfreiheiten [EMRK])
CPAM	Caisses primaires d'assurance maladie (Krankenkassen)
CRDS	Contribution pour le remboursement de la dette sociale (Beitrag zur Abtragung der Sozialversicherungsschulden)
CSE	Comité social et économique (Wirtschafts- und Sozialausschuss; gewählte Arbeitnehmervertretung)
CSG	Contribution sociale généralisée (Allgemeiner Sozialbeitrag)
CT	Code du travail (französisches Arbeitsgesetzbuch)
D	Artikelzusatz für: aus einfacher Verordnung (*décret simple*)
D.	Recueil Dalloz (Fachzeitschrift)
DARES	Direction de l'analyse, de la recherche des études et statistiques (Behörde der Arbeitszentralverwaltung für Statistik)
DC	Contrôle de constitutionnalité des lois ordinaires, lois organiques, des traités, des règlements des Assemblées (abstrakte Normenkontrolle vor dem Verfassungsrat)
DDHC	Déclaration des Droits de l'Homme et du Citoyen de 1789 (Erklärung der Menschen- und Bürgerrechte von 1789)
DGT	Direction générale du travail (Verwaltungseinheit innerhalb des französischen Arbeitsministeriums)
Direccte	Directions régionales des entreprises, de la concurrence, de la consommation, du travail et de l'emploi (Verwaltungsbehörde)
Dr. ouvrier	Le Droit Ouvrier (Fachzeitschrift)
Dr. social	Droit social (Fachzeitschrift)
en ligne	Online
INSEE	Institut national de la statistique et des études économiques (französisches Statistikamt)
Instr.	Instruction (Erläuterung)
JCP E	La Semaine juridique Entreprise et Affaires (Fachzeitschrift)

JCP G	La Semaine juridique Générale (Fachzeitschrift)
JCP S	La Semaine juridique Social (Fachzeitschrift)
JORF	Journal officiel de la République française (Amtsblatt der französischen Republik)
L	Artikelzusatz für: aus formellen Gesetz
n°	numéro (Nummern [Nr.])
PCS	Professions et catégories socioprofessionnelles (sozioprofessionelle Kategorien z. B. Arbeiter, Angestellter, höherer Angestellter)
QPC	Question prioritaire de constitutionnalité (Entscheidungen über vorrangige Fragen zur Verfassungsmäßigkeit, konkrete Normenkontrolle vor dem Verfassungsrat gem. Art. 61–1 und 62 der französischen Verfassung)
R	Artikelzusatz für: aus Verordnung mit Beteiligung des Staatsrats
R.I.D.C.	Revue internationale de droit comparé (Fachzeitschrift)
RDT	Revue du Droit du Travail (Fachzeitschrift)
RJS	Revue de Jurisprudence Social (Fachzeitschrift)
RPDS	Revue Pratique de Droit Social (Fachzeitschrift)
Sem. jur.	Semaine juridique (Fachzeitschrift)
Sem. Soc. Lamy	Semaine Sociale Lamy (Fachzeitschrift)
TGI	Tribunal de grande instance (ordentliches Gericht, das aufgrund der Justizreform 2020 mit dem tribunal d'instance zum TJ zusammengeführt wurde)
TJ	Tribunal judiciaire
UES	unité économique et sociale (wirtschaftliche und soziale Einheit)

Deutsche Abkürzungen

Abs.	Absatz
AEUV	Vertrag über die Arbeitsweise der Europäischen Union
AGG	Allgemeine Gleichbehandlungsgesetz
Anm.	Anmerkung

AöR	Archiv des öffentlichen Rechts (Fachzeitschrift)
AP	Arbeitsrechtliche Praxis (Rechtsprechung des BAG und die arbeitsrechtlich bedeutsamen Entscheidungen anderer Gerichte mit erläuternden Anmerkungen)
ArbRAktuell	Arbeitsrecht Aktuell (Fachzeitschrift)
ARS	Arbeitsrechtssammlung; Entscheidungen des Reichsarbeitsgerichts und des Reichsehrengerichtshofs, der Landesarbeitsgerichte, Arbeitsgerichte und Ehrengerichte (Amtliche Sammlung)
Art.	der Artikel, die Artikel
Aufl.	Auflage
BaFin	Bundesanstalt für Finanzdienstleistungsaufsicht
BAGE	Entscheidungen des BAG (Sammlung der wichtigen Entscheidungen)
BB	Betriebs-Berater (Fachzeitschrift)
BetrVG	Betriebsverfassungsgesetz
BGB	Bürgerliches Gesetzbuch (Kodifikation des deutschen Privatrechts)
BGBl.	Bundesgesetzblatt (Amtsblatt der Bundesrepublik Deutschland)
BT-Dr.	Bundestagsdrucksache (Vorlage zur Verteilung an die Mitglieder des Bundestags, Mitglieder des Bundesrates und Ministerien)
BVerfG	Bundesverfassungsgericht
BVerfGE	Entscheidungen des Bundesverfassungsgerichts (Amtliche Sammlung)
BVerfGG	Bundesverfassungsgerichtsgesetz
ca.	circa
DRiZ	Deutsche Richterzeitung (Fachzeitschrift)
DS-GVO	Datenschutz-Grundverordnung (EU-Recht)
DVBL	Deutsches Verwaltungsblatt (Fachzeitschrift)
EBA	Europäische Bankenaufsichtsbehörde
EG	Europäische Gemeinschaft

EG-Abl.	Amtsblatt der Europäischen Gemeinschaft
EG-Vertrag	Vertrag zur Gründung der Europäischen Gemeinschaft (vor 30.11.2009 Vorgängerversion des AEUV)
EntgTranspG	Gesetz zur Förderung der Entgelttransparenz zwischen Frauen und Männern (Entgelttransparenzgesetz)
ErfK	Erfurter Kommentar zum Arbeitsrecht (Kommentar)
EU	Europäische Union
EU-Abl.	Amtsblatt der Europäischen Union
EuGH	Europäischer Gerichtshof
EuR	Zeitschrift Europarecht (Fachzeitschrift)
EUV	Vertrag über die Europäische Union
EWG	Europäische Wirtschaftsgemeinschaft
EWG-Abl.	Amtsblatt der Europäischen Wirtschaftsgemeinschaft
f.	der folgende Artikel oder Paragraf; die folgende Seite
FA	Fachanwalt Arbeitsrecht (Fachzeitschrift)
ff.	die folgenden Artikel, Paragrafen, Seiten
Fn.	Fußnote(n)
FS	Festschrift
GG	Grundgesetz der Bundesrepublik Deutschland vom 23.5.1949
ggf.	gegebenenfalls
GRC	Grundrechtecharta
GRUR	Gewerblicher Rechtsschutz und Urheberrecht (Fachzeitschrift)
GRUR Int	International Journal of Europ. and International IP Law (Fachzeitschrift)
Hrsg.	Herausgeber
Hs.	Halbsatz
ILO	Internationale Arbeitsorganisation
iVm	in Verbindung mit
JZ	JuristenZeitung (Fachzeitschrift)
mwN	mit weiteren Nachweisen

Nr(n).	Nummer(n)
NVwZ	Neue Zeitschrift für Verwaltungsrecht
NZM	Neue Zeitschrift für Miet- und Wohnungsrecht (Fachzeitschrift)
NZV	Neue Zeitschrift für Verkehrsrecht (Fachzeitschrift)
RL	Richtlinie(n) des EU-Rechts
Rn.	Randnummer(n)
S.	Seite(n)
Slg.	Amtliche Sammlung der Rechtsprechung des Europäischen Gerichtshofs
sog.	sogenannte(r/s)
St. Rspr.	ständige Rechtsprechung
TVG	Tarifvertragsgesetz
TzBfG	Teilzeit- und Befristungsgesetz
u. a.	unter anderem
UAbs.	Unterabsatz
UN	Organisation der Vereinten Nationen
vgl.	Vergleiche
VuR	Verbraucher und Recht (Fachzeitschrift)
z. B.	zum Beispiel
ZfA	Zeitschrift für Arbeitsrecht (Fachzeitschrift)
ZGR	Zeitschrift für Unternehmens- und Gesellschaftsrecht (Fachzeitschrift)
zit.	zitiert als

§ 1 Einleitung

Lohnfindung in einem globalisierten, dynamischen Markt ist ein komplexer Prozess mit vielen Akteuren. Eine zentrale Rolle nehmen dabei die Koalitionen und die Arbeitsvertragsparteien ein. Daher befindet sich arbeitsrechtliche Entgeltgestaltung im politischen Spannungsfeld der grundrechtlich geschützten Gleichheit, Vertragsfreiheit und Koalitionsfreiheit. Nachdem die formale Gleichheit im Rechtssystem geleistet wurde, liegt der Schwerpunkt der gesellschaftlichen und juristischen Diskussion auf der tatsächlichen Gleichstellung von Männern und Frauen im Arbeitsrecht.[1] In den Jahren 2017 und 2018 setzten die nationalen Gesetzgeber in Island, Großbritannien, Frankreich und Deutschland neue Impulse für Entgelttransparenz und Entgeltgleichheit. Die neuen Regelungen bezwecken die tatsächliche Entgeltgleichstellung von Männern und Frauen im Entgeltbereich.

A. Methode und Ziel der Untersuchung

Diese Arbeit untersucht die Entgeltgleichheit zwischen Männern und Frauen im französischen Arbeitsrecht, wobei die Methode der Rechtsvergleichung verwendet wird.[2] Das französische Recht wird für den deutschen Leser verständlich und neutral berichtet. Es werden die Gemeinsamkeiten und Unterschiede des deutschen und französischen Rechts herausgearbeitet. Die abweichenden Ansätze und Lösungswege der beiden Systeme werden kritisch bewertet und verglichen. Da bisher keine rechtswissenschaftliche Arbeit zur Entgeltgleichheit im französischen Arbeitsrecht vorliegt, ist der Länderbericht genauer ausgearbeitet. Die deutsche Rechtslage wird als bekannt vorausgesetzt und bildet die Grundlage für die punktuellen rechtsvergleichenden Analysen.

In die Stellungnahmen zum französischen Arbeitsrecht und dessen Umsetzung fließen neben der französischen Rechtsliteratur und Rechtsprechung die Erkenntnisse aus einem Rechtsgespräch mit *Guillaume Santoro* ein, der zur

---

1 Deutschland: *Langenfeld,* DVBl 2010, 1019 (1023 ff.); Frankreich: *Radé,* Discriminations et inégalités de traitement dans l'entreprise, 2011, S. 9.

2 Dazu: *Zweigert/Kötz,* Einführung in die Rechtsvergleichung, S. 4 ff; *Sacco/Rossi,* Einführung in die Rechtsvergleichung, 3. Aufl. 2001, S. 13 ff; *Junker,* JZ 1994, 921 (922); *Junker,* FS Canaris, 2007, S. 705 ff.

beruflichen Gleichstellung von Frauen und Männern am rechtsvergleichenden Institut für Arbeitsrecht der Universität Bordeaux forscht.[3]

In der rechtsvergleichenden Arbeit mit dem französischen Zivilrecht ist eine Besonderheit zu beachten. Eine sehr wichtige Quelle ist die Rechtsprechung des höchsten ordentlichen Gerichts, dem Kassationshof (*Cour de cassation*). Der Kassationshof hat seine Urteile vor dem Jahr 2019 grundsätzlich nicht ausführlich begründet.[4] Aus diesen Urteilen lassen sich nur begrenzt rechtliche Aussagen ableiten, weshalb der Rechtslehre (*doctrine*) eine größere Bedeutung zukommt. Erst nach einem langjährigen Reformprozess, der im Jahr 2014 begann, werden die Urteile seit 1.10.2019 in einer entwickelten Form (*forme développée*) verfasst.[5] Die Sprache ist verständlicher und die Urteile werden gegliedert in: 1) Sachverhalt und Verfahren, 2) Revisionsgründe und deren Prüfung, 3) entscheidungserhebliche Normen. Wichtige Urteile, die etwa eine Rechtsprechungsänderung, neue rechtliche Lösungen oder eine Vereinheitlichung der Rechtsprechung beinhalten, werden zudem rechtlich begründet. Aus diesen Urteilsbegründungen können daher auch die gewählte Auslegungsmethode, die vom Gericht erwogenen Alternativlösungen und die Entwicklung der Rechtsprechung abgeleitet werden. Alle Urteile des Kassationshofs sind auf der offiziellen Rechtsinformations-Webseite *https://www.legifrance.gouv.fr* abrufbar. Dort sind auch das Amtsblatt (*Journal officiel*), die Gesetzestexte, die Tarifverträge (*conventions collectives, accords collectifs*) und die erläuternden Verwaltungsvorschriften (*instructions, circulaires*) der allgemeinen Arbeitsdirektion (*Direction générale du travail [DGT]*) eingestellt.

B. Forschungsstand und Gang der Untersuchung

Ein rechtsvergleichender, französischer Aufsatz über das Thema „Gleichheit im Entgeltbereich in Deutschland und Frankreich" inspirierte diese Arbeit.[6]

---

3 *Centre de droit comparé du travail et de la sécurié sociale (COMPTRASEC):* https://comptrasec.u-bordeaux.fr/; *Santoro,* La loi sur la liberté de choisir son avenir professionnel : de nouvelles exigences pour l'égalité salariale entre les femmes et les hommes, RDT 2019, 190; *Giordano/Santoro,* La négociation administrée sur l'égalité professionnelle : entre respect de l'obligation et engagement formel, Travail et Emploi 2019, 69.

4 Dazu: *Aldea,* Das französische Kündigungsrecht, 2010, S. 43.

5 *Cour de cassation,* Note relative à la structure des arrêts et avis et a leur motivation en forme développée, Dezember 2018.

6 *Dabosville,* RDT 2019, 59.

Er konzentriert sich auf die historischen Entwicklungen in beiden Ländern und auf das Verhältnis der Entgeltgleichheit zur Vertragsfreiheit und Tarifautonomie. In Deutschland existiert bereits ein allgemeiner Länderbericht zum französischen Diskriminierungsrecht im Straf-, Arbeits- und Zivilrecht.[7] Die vorliegende Arbeit konzentriert sich daher im Kapitel über das Diskriminierungsrecht auf die Beweisführung und auf die neuen Rechtsentwicklungen, wie die Sammelklage (*action de groupe*) und die systemische Diskriminierung (*discrimination systémique*). Das kollektive Arbeitsrecht vor den Verordnungen *Macrons* wurde bereits durch mehrere rechtsvergleichende Doktorarbeiten untersucht.[8] Diese Arbeit wird daher im Kapitel über die kollektivarbeitsrechtlichen Maßnahmen für berufliche Gleichstellung nicht mehr ausführlich auf grundlegende Strukturelemente der französischen Arbeitnehmervertretung eingehen.

Das Recht der Europäischen Union zur Entgeltgleichheit ist bereits umfangreich wissenschaftlich bearbeitet.[9] In dieser Arbeit wird die nationale Systematik in den Vordergrund gestellt. Auf die Bezüge zum Europarecht und der Rechtsprechung des Europäischen Gerichtshofs (EuGH) wird punktuell hingewiesen. Der ursprünglich für das vierte Quartal des Jahres 2020 angekündigte Richtlinienvorschlag der Europäischen Kommission zur Entgeltgleichheit und Lohntransparenz wird in dieser Arbeit nicht mehr berücksichtigt.

Die Arbeit beruht auf der geltenden Rechtslage vom 31.1.2021[10] und beginnt mit den Grundlagen der beruflichen Gleichstellung zwischen Frauen und Männern im französischen Arbeitsrecht (dazu § 2). Das Kapitel erlaubt einen historischen und rechtlichen Überblick über die zahlreichen Regelungen des nationalen und internationalen Arbeitsrechts. In den beiden folgenden Kapiteln werden der arbeitsrechtliche Gleichbehandlungsgrundsatz und das Diskriminierungsrecht behandelt (dazu § 3 und § 4). In § 5 werden die Regelungen des kollektiven Arbeitsrechts untersucht. Dazu gehören die Rechte der gewählten

---

7 Dazu: *Strauß*, Schutz vor Diskriminierung durch Privatpersonen im Straf-, Arbeits- und Zivilrecht, 2013.

8 *Schwarzbach*, Die Geltung von Tarifverträgen in Frankreich, 2013; *Halberstadt*, Die Gestaltung des Arbeitsvertrags durch Tarifvertrag im französischen Recht, 1. Aufl. 2017; *Intrup-Dopheide*, Tariffähigkeit, Gewerkschaftspluralität und Tarifmehrheiten in Frankreich, 2013.

9 Dazu: *Franzen*, in: Franzen/Gallner/Oetker (Hrsg.), Kommentar zum europäischen Arbeitsrecht, 3. Aufl. 2020, Art. 157 AEUV.

10 Die in diesem Zeitraum geltenden Ausnahmeregelungen aufgrund der COVID-19-Pandemie werden nicht berücksichtigt.

Arbeitnehmervertretung (*comité social et économique [CSE]*) und die Pflicht der Koalitionen, über Ziele und Maßnahmen für die berufliche Gleichstellung von Männern und Frauen zu verhandeln (*obligation de moyens*). Zuletzt widmet sich Kapitel 6 der jüngsten gesetzlichen Maßnahme, dem *Index de l'égalité professionnelle entre les hommes et les femmes*.[11] Der Arbeitgeber ist demnach verpflichtet, einen Index nach einer festgelegten Methode zu berechnen, zu veröffentlichen und innerhalb von drei Jahren einen bestimmten Indexwert zu erreichen (*obligation de résultat*).

Das französische Arbeitsrecht ist durch das französische Arbeitsgesetzbuch (*Code du travail*) umfangreich geregelt. Viele Regelungsgegenstände können sich ebenfalls auf Entgeltunterschiede zwischen Männern und Frauen auswirken, wie der Mindestlohn[12], die Verbesserung der Vereinbarkeit von Beruf und Familie[13] oder der Schutz der Teilzeitbeschäftigten.[14] Um diese Arbeit einzugrenzen, werden sie nicht besprochen.

Aufgrund der Diskussion um geschlechtergerechte Sprache in Deutschland und Frankreich wird darauf hingewiesen, dass in dieser Arbeit das geschlechtsneutrale generische Maskulinum verwendet wird. Wenn Lebenssachverhalte wiedergegeben werden oder das biologische Geschlecht einer Person relevant ist, wird dies über die Adjektive divers, männlich, weiblich oder die weibliche Endung -in kenntlich gemacht.

---

11 Gesetz Nr. 2018-771, 5.9.2018, JORF 6.9.2018, Text Nr. 1 pour la liberté de choisir son avenir professionnel.

12 Dazu: *Heukenkamp*, Gesetzlicher Mindestlohn in Deutschland und Frankreich, 2017.

13 Zum Beispiel: Art. L 1225-1 ff. CT Regelungen für die Schwangerschaft (*grossesse*), Vaterschaft und Adoption.

14 Art. L 3123-5 CT.

§ 2 Einführung

Die Umsetzung des Gleichheitsgrundsatzes ist im modernen politisch-juristischen System Europas von großer Bedeutung. Es soll eine diskriminierungsfreie Gesellschaft mit gleichen Chancen geschaffen werden. Die Gleichheit zwischen den Geschlechtern nimmt dabei seit Beginn des Prozesses eine Pionierrolle ein.[15] In diesem Prozess entwickelten sich auf Ebene des Völkerrechts, Europarechts und des nationalen Rechts eine Vielzahl von Normen, die eine transparente und gleiche Entlohnung zum Ziel haben. Die Rechtsprechung des EuGH und der nationalen Gerichte trug entscheidend zur Konkretisierung und Umsetzung des Entgeltgleichheitsgrundsatzes bei.

A. Historische Entwicklung

Der Wegbereiter der Entgeltgleichheit zwischen Männern und Frauen war das internationale und europäische Recht. Die rechtliche Entwicklung begann als Teil des Völkerrechts mit dem Vertrag von Versailles von 1919. Der Grundsatz ist im Gründungsteil der Internationalen Arbeitsorganisation (ILO) enthalten und ist Bestandteil jedes der Pariser Vorortverträge.[16] Die Verfassung der ILO gründete auf der Sorge einer destruktiven Spirale der internationalen Handelsbeziehungen. Nach Aussage des Verhandlungsleiters der britischen Delegation standen neben den humanitären Gründen auch die wirtschaftlichen Befürchtungen vor dem aufstrebenden Osten und europäischen Ländern mit schlechten Arbeitsbedingungen hinter der Gründung der ILO.[17] Britische, französische und amerikanische Frauenorganisationen und Gewerkschaftsgruppen setzten sich mit Erfolg bei der von der Versailler Friedenskonferenz beauftragten Kommission für die Aufnahme des Grundsatzes „gleicher Lohn für gleiche Arbeit“ ein.[18] Deutschland wurde auf Druck des Internationalen Gewerkschaftsbunds

---

15 *Dabosville*, RDT 2019, 59 (60).

16 Art. 427 Abs. 3 Nr. 7 Friedensvertrag zwischen Deutschland und den alliierten und assoziierten Mächten – Versailler Vertrag; siehe auch Abs. 3 Nr. 7 des: Art. 372 Staatsvertrag von St. Germain; Art. 289 Vertrag von Neuilly; Art. 355 Vertrag von Trianon; Art. 414 Vertrag von Sevres.

17 *Barnes*, History of the International Labour Office, 1926, S. 45 ff.

18 *Cobble*, in: Boris/Hoethker/Zimmermann (Hrsg.), Women's ILO. Transnational Networks, Global Labour Standards and Gender Equity 1919 to Present, S. 27 ff.,

schon im Oktober 1919 in die ILO aufgenommen.[19] Die ILO erreichte mit den Konventionen Nr. 100 über die Gleichheit des Entgelts (1951), Nr. 111 über die Diskriminierung in Beschäftigung und Beruf, Nr. 175 über die Teilzeitarbeit (1994), Nr. 177 über Heimarbeit (1996) und Nr. 189 über menschenwürdige Arbeit für Hausangestellte (2011) Verbesserungen der internationalen Arbeitsschutzstandards, insbesondere für Arbeitnehmerinnen.

Frankreich erwies sich bei den Verhandlungen zum EWG-Vertrag 1957 als eine treibende Kraft für den Entgeltgleichheitsgrundsatz zwischen Männern und Frauen im europäischen Recht und konnte sich gegen den Widerstand der anderen europäischen Länder durchsetzen.[20] Der französische Gesetzgeber hatte 1945 den Begriff des Frauenlohns abgeschafft[21] und es existierte vermutlich eine erheblich geringere Entgeltlücke, insbesondere in der Textilindustrie.[22] Um Wettbewerbsverzerrungen für französische Unternehmen zu vermeiden, verpflichtete der EWG-Vertrag die Mitgliedstaaten zur Anwendung des Entgeltgleichheitsgrundsatzes zwischen Männern und Frauen.[23] Eine Umsetzung fand in Deutschland und anderen Mitgliedstaaten nur sehr zögerlich statt.[24] Einen klaren Umsetzungsbefehl enthielt nochmals die Entgeltgleichheitsrichtlinie 75/117/EWG. Im Jahr 1976 verhalf der EuGH mit dem Urteil *Defrenne II* der primärrechtlichen Regelung zu unmittelbarer Geltung in den Mitgliedstaaten.[25] Im Jahr 2006 wurden die zuvor erlassenen Richtlinien in der Gleichbehandlungsrichtlinie 2006/54/EG zusammengeführt. Diese ist heute neben der Richtlinie (RL) 2000/78/EG die zentrale sekundärrechtliche Grundlage für die Gleichheit zwischen Männern und Frauen im Arbeitsrecht.

Senghaas-Knobloch, „Arbeit ist keine Ware" – 100 Jahre Internationale Arbeitsorganisation, S. 74.

19 *Senghaas-Knobloch*, „Arbeit ist keine Ware" – 100 Jahre Internationale Arbeitsorganisation, S. 5.

20 *Rust*, in: Groeben/Schwarze (Hrsg.), Vertrag über die Europäische Union und Vertrag zur Europäischen Gemeinschaft, Band 3, Art. 141 EG-Vertrag Rn. 5 ff.

21 *Noguerol*, Discriminations sexuelles et droits européens, 1993, S. 23.

22 *Arseguel/Reyes* in: Verwilghen (Hrsg.), Equality, Band 2, 1986, S. 117 (120).

23 *Arseguel/Reyes* in: Verwilghen (Hrsg.), Equality, Band 2, 1986, S. 117 (120); *Katzenstein*, BB 1957, 1081.

24 *Rust*, in: Groeben/Schwarze (Hrsg.), Vertrag über die Europäische Union und Vertrag zur Europäischen Gemeinschaft, Band 3, Art. 141 EG Rn. 158.

25 EuGH 8.4.1976, C-43/75, Slg. 1976, 455 (476 Rn. 40) – Defrenne II.

Frankreich nahm 1972 die Entgeltgleichheit zwischen Männern und Frauen in das französische Arbeitsgesetzbuch auf.[26] Das Gesetz *Roudy* von 1983 wollte die Chancengleichheit von Frauen und Männern erreichen.[27] Der Abbau von Ungleichheiten sollte im allgemeinen Rahmen der beruflichen Gleichstellung erfolgen.[28] Auf Unternehmensebene sollten kollektive Verhandlungen für Verbesserungen der beruflichen Gleichstellung sorgen. Ab 2001 wurde der Arbeitgeber verpflichtet, Verhandlungen über die Ziele und Maßnahmen für berufliche Gleichstellung mit den Gewerkschaften aufzunehmen.[29] Dieser neue Ansatz wurde in den folgenden Gesetzen schrittweise verstärkt: Ab 2006 musste im Rahmen der Verhandlungen zur beruflichen Gleichstellung insbesondere über die Schließung des Lohngefälles zwischen Männern und Frauen verhandelt werden.[30] 2010 wurden Unternehmen ohne abgeschlossene Kollektivvereinbarung unter Androhung einer Sanktion verpflichtet, einen sog. Aktionsplan (*plan d'action*) für berufliche Gleichstellung zu erstellen.[31] 2012 wurden zusätzlich zu den Verhandlungen über die berufliche Gleichstellung Verhandlungen über die Gehälter im Unternehmen verpflichtend.[32]

In der französischen Rechtsprechung fand eine besonders bemerkenswerte Entwicklung statt. Im *Arrêt Ponsolle* von 1996 stellte der Kassationshof fest, dass die Entgeltgleichheit zwischen Frauen und Männern nur ein Anwendungsfall der allgemeinen Regel „gleiches Entgelt für gleiche Arbeit" („*à travail égal, salaire égal*") sei.[33] Seit 2007 bildete er diese Regel zum Gleichbehandlungsgrundsatz

26 Gesetz Nr. 72-1143, 22.12.1972, JORF 24.12.1972, S. 13411 für Entgeltgleichheit zwischen Männern und Frauen.

27 Gesetz Nr. 83-635, 13.7.1983, JORF 14.7.1983, S. 2176 für berufliche Gleichstellung zwischen Männern und Frauen – *Loi Roudy*.

28 *Santoro*, RDT 2019, 190.

29 Gesetz Nr. 2001-397, 9.5.2001, JORF 10.5.2001, Text Nr. 1 für berufliche Gleichstellung zwischen Frauen und Männern – *Loi Génisson*.

30 Gesetz Nr. 2006-340, 23.3.2006, JORF 24.3.2006, Text Nr. 2 für Lohngleichheit zwischen Frauen und Männern.

31 Gesetz Nr. 2010-1330, 9.11.2010, JORF 10.11.2010, Text Nr. 1 Rentenreformgesetz.

32 Dekret Nr. 2012-1408, 18.12.2012, JORF 19.12.2012, Text Nr. 29 für die Umsetzung der Verpflichtungen der Unternehmen hinsichtlich der beruflichen Gleichstellung von Frauen und Männern.

33 Cass. soc. 29.10.1996, Nr. 92-43680, Bull. civ. V, Nr. 359 S. 255 – Arrêt Ponsolle.

(*principe d'égalité de traitement*) fort, indem ihr Anwendungsbereich auf alle Vorteile aus dem Arbeitsverhältnis erweitert wurde.[34]

Aufgrund der weiterhin bestehenden Lohnungleichheit[35] entwickelte sich eine starke gesellschaftliche Forderung nach neuen Maßnahmen.[36] Präsident *Macron* erklärte im Jahr 2017 die Gleichheit zwischen Männern und Frauen zum vorrangigen Anliegen seiner Amtszeit (*grande cause du quinquennat*).[37] Im Arbeitsrecht wurde in diesem Zusammenhang ein einheitlicher Index geregelt, der relativ kurzfristig zur Schließung der Entgeltlücke führen soll.[38] Die Unternehmen müssen einen bestimmten Indexwert erreichen (*obligation de résultat*). Die Maßnahmen zur Erreichung des Indexwerts sind in die verpflichtenden Tarifverhandlungen zur beruflichen Gleichstellung einzubeziehen. Zudem muss in jeder Branche jährlich eine Tarifkommission die festgelegten Maßnahmen des Branchentarifvertrags zur beruflichen Gleichstellung evaluieren.[39]

In Deutschland entwickelte sich seit 1938 der arbeitsrechtliche Gleichbehandlungsgrundsatz zum Gewohnheitsrecht.[40] Ab 1972 setzte sich die Ansicht durch, dass der arbeitsrechtliche Gleichbehandlungsgrundsatz auch auf den Lohn anzuwenden sei.[41] Infolge der RL 75/117/EWG setzte Deutschland 1980 die europarechtlichen Vorgaben um und fügte den Entgeltgleichheitsgrundsatz zwischen Frauen und Männern in § 612 Abs. 3 Satz 1 BGB a. F. ein.[42] Weitere

---

34 Cass. soc. 15.5.2007, Nrn. 05-42.894, 05-42.895, Bull. civ. V, Nr. 75; 30.1.2008, Nr. 06-46.447, Dr. social 2008, 981; *Auzero/Baugard/Dockès*, Droit du travail, 34. Aufl. 2021, Rn. 698, 728.

35 *DARES*, Ségrégation professionnelle et écarts de salaires femmes-hommes, 2015, Nr. 82.

36 *Meurs*, RDT 2019, 158.

37 *Présidence de la République*, Fiche de presse, Lancement de la grande cause du quinquennat « l'égalité entre les femmes et les hommes », 25.11.2017, abrufbar unter: https://www.egalite-femmes-hommes.gouv.fr/wp-content/uploads/2017/11/FICHE_PRESSE_251117_Annonces_du-1.pdf [Zugriff: 3.2.2021].

38 Gesetz Nr. 2018-771, 5.9.2018, JORF 6.9.2018, Text Nr. 1 für die Freiheit, seine berufliche Zukunft zu wählen.

39 Art. L 2232-9 CT.

40 Reichsarbeitsgericht 19.1.1938, 153/37, ARS Band 33, 172 ff.; *Zierold*, Arbeitsrechtliche Gleichbehandlung und Diskriminierungsverbote im Entgeltbereich, 2004, S. 13.

41 *Zierold*, Arbeitsrechtliche Gleichbehandlung und Diskriminierungsverbote im Entgeltbereich, 2004, S. 51.

42 Arbeitsrechtliches EG-Anpassungsgesetz, 13.8.1980, BGBl. 1980 Teil 1 Nr. 48, S. 1308 f.

Gesetze verbesserten 1985 und 1994 die arbeitsrechtliche Gleichbehandlung.[43] Der nächste große Schritt erfolgte 2006 bei der Umsetzung der Gleichbehandlungsrichtlinien durch das Allgemeine Gleichbehandlungsgesetz (AGG).[44] Zuletzt trat 2018 das Gesetz zur Förderung der Entgelttransparenz zwischen Frauen und Männern (Entgelttransparenzgesetz [EntgTranspG]) in Kraft, das einen individuellen Auskunftsanspruch für Beschäftigte vorsieht und den Arbeitgeber zur Anwendung eines diskriminierungsfreien Entgeltsystems verpflichtet.[45]

B. Der europarechtliche Rahmen

Die Entgeltgleichstellung der Geschlechter ist in Deutschland und Frankreich durch das Europarecht geprägt, das ein umfangreiches Normenarsenal enthält. Diskriminierung ist gemäß Art. 21 der Charta der Grundrechte der Europäischen Union (GRC) verboten; Art. 23 GRC enthält das Gebot der Gleichstellung von Frauen und Männern und erlaubt in UAbs. 2 spezifische Vergünstigungen für das unterrepräsentierte Geschlecht. Die GRC bindet die Organe, Einrichtungen und sonstigen Stellen der Europäischen Union (EU) und der Mitgliedstaaten ausschließlich bei der Durchführung des Unionsrechts.[46]

Die Gleichstellung von Frauen und Männern ist gem. Art. 3 Abs. 3 UAbs. 2 EUV grundlegende Zielbestimmung sowie gem. Art. 8 eine Querschnittsaufgabe der Europäischen Union. Diskriminierung wegen des Geschlechts ist gemäß Art. 10 und Art. 19 AEUV zu bekämpfen.

Art. 157 AEUV enthält den speziellen Entgeltgleichheitsgrundsatz für Männer und Frauen bei gleicher oder gleichwertiger Arbeit. Gemäß Abs. 1 stellt jeder Mitgliedstaat die Anwendung dieses Grundsatzes sicher. Dieses primärrechtliche Entgeltgleichheitsgebot ist unmittelbar anwendbar und kann entgegenstehendes nationales Recht verdrängen. Nach der ständigen Rechtsprechung

43 Beschäftigungsförderungsgesetz, 26.4.1985, BGBl. 1985 Teil 1 Nr. 21, S. 710 ff.; Gesetz zu dem Übereinkommen vom 18.12.1979 zur Beseitigung jeder Form von Diskriminierung der Frau, 25.4.1985, BGBl. 1985 Teil 2 Nr. 17, S. 647.

44 Gesetz zur Umsetzung europäischer Richtlinien zur Verwirklichung des Grundsatzes der Gleichbehandlung, 14.8.2006, BGBl. 2006 Teil I Nr. 39, S. 1897.

45 Gesetz zur Förderung der Transparenz von Entgeltstrukturen, 30.6.2017, BGBl. 2017 Teil 1 Nr. 44, S. 2152.

46 Art. 51 Abs. 1 GRC.

des EuGH entfaltet es zudem unmittelbare Drittwirkung zwischen Privaten.[47] Abs. 3 ist die Kompetenzgrundlage für sekundärrechtliche Maßnahmen der EU zur Umsetzung der Gleichbehandlung von Männern und Frauen in Arbeits- und Beschäftigungsfragen. Als Ausnahme von Abs. 1 erlaubt Abs. 4 Fördermaßnahmen zugunsten des unterrepräsentierten Geschlechts.

Die zentralen sekundärrechtlichen Regelungen der EU zur Gleichheit von Frauen und Männern sind:

- RL 2000/78/EG[48] zur Festlegung eines allgemeinen Rahmens für die Verwirklichung der Gleichbehandlung in Beschäftigung und Beruf, gestützt auf Art. 19 AEUV; und
- die neugefasste RL 2006/54/EG[49] zur Verwirklichung des Grundsatzes der Chancengleichheit und Gleichbehandlung von Männern und Frauen in Arbeits- und Beschäftigungsfragen, gestützt auf Art. 157 Abs. 3 AEUV.

Bei der Umsetzung der Richtlinien besteht ein Gestaltungsspielraum der Mitgliedstaaten, solange die Richtlinien effektiv umgesetzt werden.[50] Die Rechtsprechung des EuGH zum europäischen Primär- und Sekundärrecht bietet wichtige Anhaltspunkte für die nationalen Rechtssysteme. Teilweise überlagert das europäische Diskriminierungsrecht die nationalen Regelungen. Dies gilt insbesondere für die Entgeltgleichheit von Frauen und Männern.

Die folgende Übersicht verdeutlicht die Normenvielfalt zur Gleichheit im Entgeltbereich auf den Ebenen des Völkerrechts, des europäischen und nationalen Rechts:

---

47 EuGH 8.4.1976, C-43/75, Slg. 1976, 455 Rn. 4, 6 ff. – Defrenne II.

48 RL 2000/78/EG des Rates, 27.11.2000, EG-Abl. L 303/16, 2.12.2000, S. 16 zur Festlegung eines allgemeinen Rahmens für die Verwirklichung der Gleichbehandlung in Beschäftigung und Beruf.

49 RL 2006/54/EG des Europäischen Parlaments und des Rates, 5.7.2006, EG-Abl. L 204/23, 26.7.2006, S. 23 zur Verwirklichung des Grundsatzes der Chancengleichheit und Gleichbehandlung von Männern und Frauen in Arbeits- und Beschäftigungsfragen (Neufassung).

50 Art. 288 Abs. 3 AEUV; EuGH 12.7.2011, C-324/09, Slg. 2011, I-6011, GRUR 2011, 1025 – L'Oréal/eBay.

Übersicht 1: Normen für Entgeltgleichheit zwischen Frauen und Männern im internationalen, europäischen und nationalen Recht[a]

<table>
<tr><td colspan="4">Völkerrecht</td></tr>
<tr><td colspan="4">Art. 23.2 Allgemeine Erklärung der Menschenrechte von 1948</td></tr>
<tr><td colspan="4">UN-Übereinkommen zur Beseitigung jeder Form von Diskriminierung der Frau</td></tr>
<tr><td colspan="4">ILO-Konvention Nr. 100 über die Gleichheit des Entgelts männlicher und weiblicher Arbeitskräfte für gleichwertige Arbeit, 1951</td></tr>
<tr><td colspan="4">ILO-Konvention Nr. 111 Übereinkommen über die Diskriminierung in Beschäftigung und Beruf, 1958</td></tr>
<tr><td colspan="4">Art. 4 Nr. 3 Europäische Sozialcharta von 1961</td></tr>
<tr><td colspan="4">Art. 14 Europäische Menschenrechtskonvention</td></tr>
<tr><td colspan="4">Europarecht</td></tr>
<tr><td colspan="4">Primärrecht
Art. 3 Abs. 3 UAbs. 2 EUV Grundlegende Zielbestimmung</td></tr>
<tr><td colspan="4">Art. 21, 23 GRC Gebot der Gleichbehandlung von Frauen und Männern</td></tr>
<tr><td colspan="4">Art. 10 AEUV Allgemeine Zielbestimmung</td></tr>
<tr><td colspan="4">Art. 8 AEUV Querschnittsaufgabe</td></tr>
<tr><td colspan="4">Art. 157 AEUV Entgeltgleichheitsgrundsatz zwischen Frauen und Männern</td></tr>
<tr><td colspan="4">Sekundärrecht</td></tr>
<tr><td colspan="4">RL 2000/78/EG zur Festlegung eines allgemeinen Rahmens für die Verwirklichung der Gleichbehandlung in Beschäftigung und Beruf</td></tr>
<tr><td colspan="4">RL 2006/54/EG zur Verwirklichung des Grundsatzes der Chancengleichheit und Gleichbehandlung von Männern und Frauen in Arbeits- und Beschäftigungsfragen</td></tr>
<tr><td colspan="4">(geplant: RL zur Entgeltgleichheit und Lohntransparenz)</td></tr>
<tr><td colspan="4">Nationales Recht</td></tr>
<tr><td colspan="2">Frankreich</td><td colspan="2">Deutschland</td></tr>
<tr><td colspan="2">Gleichheit als verfassungsrechtlicher Grundsatz und Menschenrecht</td><td colspan="2">Art. 3 GG Gleichheitsgrundrecht</td></tr>
<tr><td>Gleichbehandlungs-grundsatz (Richterrecht)</td><td>Diskriminierungs-recht, Art. L 1131-1 ff. CT</td><td>Gleichbehandlungs-grundsatz (Gewohnheitsrecht)</td><td>Diskriminierungsrecht, § 1 ff. AGG, § 1 ff. EntgTranspG</td></tr>
<tr><td colspan="2">Art. 3221-1 ff. CT Entgeltgleichheit Frauen/Männer</td><td colspan="2" rowspan="3"></td></tr>
<tr><td colspan="2">Art. L 1141-1 ff. CT Berufliche Gleichstellung Frauen/Männer mit Entgeltgleichheitsindex</td></tr>
<tr><td colspan="2">Art. 2241-1 ff. CT Verhandlungspflicht/ Aktionsplan für berufliche Gleichstellung Frauen/Männer</td></tr>
</table>

a zu den Normen für Entgeltgleichheit im internationalen, europäischen und französischen Recht: *Verkindt*, Dr. social 2008, 1051 (1053 f.); *Sweeney*, in: Borenfreund/Vacarie (Hrsg.), Le droit social, l'égalité et les discriminations, S. 39 ff.

C. Die Gleichheit in der Verfassung

Die Gleichheit (*égalité*) ist ein grundlegendes Menschenrecht (*droit fondamental de la personne*) und ein allgemeiner Rechtsgrundsatz (*principe général du droit*) der französischen Verfassung.[51] Die Gleichheit ist in den Art. 1, 6 und 13 der Erklärung der Menschen- und Bürgerrechte von 1789[52], in der Präambel der Verfassung der IV. Republik vom 13.10.1946 und in den Art. 1, 2, 3 der Verfassung der V. Republik vom 4.10.1958 verankert. Die Erklärung der Menschen- und Bürgerrechte und die Verfassung von 1946 sind aufgrund der Verweisung in der Verfassungspräambel von 1958 geltendes Verfassungsrecht.[53]

Im französischen Verfassungsrecht umfasst die Gleichheit mittlerweile nicht nur die formelle Gleichheit (*égalité formelle*), sondern auch die tatsächliche Gleichheit (*égalité réelle*), also die Gleichstellung von Männern und Frauen in der Lebenswirklichkeit.[54] Diese Entwicklung beinhaltet auch die Akzeptanz von gesetzlichen Sondervorteilen aufgrund tatsächlicher Ungleichheiten.[55] Nach den Entscheidungen des Verfassungsrats (*Conseil constitutionnel*) sind Bevorzugungen aufgrund des Geschlechts nur bei gleichwertigen Verdiensten („*à mérite égaux*") verfassungsgemäß.[56]

Da die Maßnahmen der Arbeitgeber von den Gerichten zunächst nur an den speziellen gesetzlichen Gleichheitssätzen kontrolliert wurden, wiesen einige Autoren auf das Fehlen einer allgemeinen Gleichbehandlungsregel im Arbeitsrecht hin.[57] Es wurde aus diesem Grund diskutiert, ob der verfassungsrechtliche Gleichheitsgrundsatz auch im privaten Arbeitsrecht anwendbar sei.

---

51 Cons. const. 27.12.1973, Nr. 73-51 DC, JORF 28.12.1973, S. 14004; *Waquet,* L'entreprise et les libertés du salarié, 2003, S. 149.

52 Déclaration des Droits de l'Homme et du Citoyen (DDHC).

53 Cons. const. 16.7.1971 Nr. 71-44 DC, JORF 18.7.1971, S. 7114; 27.12.1973 Nr. 73-51 DC, JORF 28.5.1999, S. 14004.

54 Art. 1 Abs. 2 der französischen Verfassung vom 4.10.1958; *Radé,* Discriminations et inégalités de traitement dans l'entreprise, 2011, S. 12; *Sarigny,* Les cahiers du Conseil constitutionnel, Nr. 4/2020, Titel VII Abschnitt 3.

55 Cons. const. 14.8.2003, Nr. 2003-483 DC, JORF 22.8.2003, S. 14343; *Radé,* Discriminations et inégalités de traitement dans l'entreprise, 2011, S. 12.

56 Cons. const. 24.4.2003, Nr. 2003-471 DC, JORF 2.5.2003, S. 7641; 12.1.2002, Nr. 2001-455 DC, JORF 18.1.2002, S. 1053; 11.7.2001 Nr. 2001-450 DC, JORF 18.7.2001, S. 11506; *Sarigny,* Les cahiers du Conseil constitutionnel, Nr. 4/2020, Titel VII Abschnitt 3.

57 *Rongère,* Dr. Social 1990, 99 (100); *Couturier*, Dr. social 2000, 185 (187); *Laborde,* Dr. social 1991, 615 (617); *Lyon-Caen,* Dr. social 1990, 68 (74).

I. Anwendbarkeit im privaten Arbeitsrecht

Der Verfassungsrat hatte begonnen verfassungsmäßige Rechte direkt zwischen Privatrechtssubjekten[58] und der Staatsrat (*Conseil d'État*) im Arbeitsrecht[59] anzuwenden. Ebenso brachte der Kassationshof mehrmals verfassungsmäßige Rechte im Arbeitsverhältnis zur Anwendung.[60] Aufgrund dieser Rechtsprechung der obersten Gerichte entwickelte sich in der Literatur die herrschende Ansicht, dass der verfassungsrechtliche Gleichheitsgrundsatz nicht nur als Gleichheit vor dem Gesetz, sondern als Gleichheit vor der Norm zu verstehen sei.[61] Er gelte daher auch für Normen, die in der Hierarchie unter dem Gesetz stehen, also z. B. Tarifverträge, die unternehmerische Übung (*usage d'entreprise*) oder die einseitige Verpflichtung des Arbeitgebers (*engagement unilatéral de l'employeur*).

Der Gesetzgeber griff diese Entwicklung auf und regelte in einer Generalklausel im Arbeitsgesetzbuch, dass niemand ungerechtfertigt oder unverhältnismäßig in die Menschenrechte und individuellen und kollektiven Freiheitsrechte (*libertés individuelles et collectives*) eingreifen darf.[62] Da die Gleichheit ein Menschenrecht ist, ist sie jedenfalls mittelbar über diese gesetzliche Regelung in den Arbeitsbeziehungen anwendbar.[63] Die unmittelbare Anwendung des verfassungsrechtlichen Gleichheitsgrundsatzes wird in der französischen Literatur, sofern sie überhaupt thematisiert wird, abgelehnt.[64] Auch die Koalitionen sind

---

58 Cons. const. 23.11.1977, Nr. 77-87 DC, JORF 25.11.1977, S. 5530; 27.6.2001, Nr. 2001-446 DC, JORF 7.7.2001, S. 10828; *Waquet,* L'entreprise et les libertés du salarié, 2003, S. 12.

59 Conseil d'État 1.2.1980, Nr. 0636, Dr. social 1980, 310 – Arrêt Corona.

60 St. Rspr.: Cass. soc. 28.6.1951, Nr. 51-01.661, Bull. civ. V, Nr. 524; 8.4.1992, Nr. 90-41.276, Bull. civ. V, Nr. 256; 10.2.1998, Nr. 95-42.315, Bull. civ. V, Nr. 78; 22.9.2010 Nr. 09-60.410, Bull. civ. V, Nr. 194; Art. L 1121-1 CT; *Waquet,* L'entreprise et les libertés du salarié, 2003, S. 155.

61 *Rongère,* Dr. Social 1990, 99; *Auzero/Baugard/Dockès,* Droit du travail, 34. Aufl. 2021, Rn. 727.

62 Gesetz Nr. 92-1446 vom 31.12.1992, JORF 1.1.1993, S. 19; Art. L 1121-1 CT (in der älteren Fassung des CT: Art. L 120-2 CT).

63 *Waquet,* L'entreprise et les libertés du salarié, 2003, S. 149.

64 *Rongère,* Dr. Social 1990, 99 (100); mit Hinweis auf die Funktion der Verfassung als Schutz gegen den Staat: *Lyon-Caen/Vacarie,* in: Mélanges Verdier, 421 (429); *Langlois,* Dr. Social 2011, 1172; *Couturier,* Dr. social 2000, 185 (187) ; für direkte Anwendung: *Peskine/Wolmark,* Droit du travail, 12. Aufl. 2019, Rn. 82.

an den Gleichheitsgrundsatz gebunden,[65] wobei diese Bindung die schwierigsten arbeitsrechtlichen Probleme aufwirft.[66]

Auch wenn diese Generalklausel offensichtlich die Anwendung des verfassungsrechtlichen Gleichheitsgrundsatzes im Arbeitsrecht begründet, entwickelte der Kassationshof im Wege der Rechtsfortbildung die allgemeine Regel „gleiches Entgelt für gleiche Arbeit" („*à travail égal, salaire égal*") und erweiterte sie später zum allgemeinen Gleichbehandlungsgrundsatz. Dieser Grundsatz dient der Umsetzung des verfassungsrechtlichen Gleichheitsgrundsatzes in den privaten Arbeitsrechtsbeziehungen.[67]

II. Herleitung des arbeitsrechtlichen Gleichbehandlungsgrundsatzes

Sofern neue Rechtsregeln oder Rechtsinstitute durch die höchsten Gerichte eingeführt werden, entfaltet die französische Rechtsprechung gegenüber jedermann eine starke Bindungswirkung.[68] Im französischen Arbeitsrecht ist solches Richterrecht (*jurisprudence*) trotz der Kodifikation des Arbeitsgesetzbuchs ein fester Bestandteil des Rechts.[69] Der arbeitsrechtliche Gleichbehandlungsgrundsatz ist als Richterrecht einzuordnen. Im französischen Arbeitsgesetzbuch war zunächst nur die Entgeltgleichheit zwischen Frauen und Männern verankert.[70] Im *Arrêt Ponsolle* leitete der Kassationshof daraus die allgemeinere Regel „gleiches Entgelt für gleiche Arbeit" („*à travail égal, salaire égal*") ab.[71] Deren Anwendungsbereich wurde durch die Rechtsprechung ständig erweitert.[72] Daher bezeichnete der Kassationshof diese Regel ab 2008 als Gleichbehandlungsgrundsatz (*principe d'égalité de traitement*).[73]

---

65 Art. L 1121-1 CT; *Waquet*, L'entreprise et les libertés du salarié, 2003, S. 101.

66 Dazu § 3 A. IV., S. 64; § 3 B. II., S. 78.

67 *Waquet*, L'entreprise et les libertés du salarié, 2003, S. 155 ; *Miné*, Droit du travail en pratique, 30. Aufl. 2019, Rn. 85; *Verkindt*, Dr. social 2008, 1051 (1052); *Auzero/Baugard/Dockès*, Droit du travail, 34. Aufl. 2021, Rn. 727.

68 *Miné*, Droit du travail en pratique, 30. Aufl. 2019, Rn. 13.

69 *Peskine/Wolmark*, Droit du travail, 12. Aufl. 2019, Rn. 89.

70 Gesetz Nr. 72-1143, 22.12.1972, JORF 24.12.1972, S. 13411 für Entgeltgleichheit zwischen Männern und Frauen.

71 Cass. soc. 29.10.1996, Nr. 92-43680, Bull. civ. V, Nr. 359.

72 Cass. soc. 15.5.2007, Nrn. 05-42.894, 05-42.895, Bull. civ. V, Nr. 75; 30.1.2008, Nr. 06-46.447, Dr. social 2008, 981; *Auzero/Baugard/Dockès*, Droit du travail, 34. Aufl. 2021, Rn. 698, 728; *Fabre*, in: Borenfreund/Vacarie (Hrsg.), Le droit social, l'égalité et les discriminations, 2013, S. 107 (109, 112).

73 Cass. soc. 30.1.2008, Nr. 06-46.447, abrufbar unter: https://www.legifrance.gouv.fr/affichJuriJudi.do?idTexte=JURITEXT000018075113 [letzter Zugriff: 10.3.2020]; Cass. soc. 10.6.2008, Nr. 06-46.000, Bull. civ. V, Nr. 130; *Radé*, Dr. social 2008, 981.

Die dogmatische Begründung des arbeitsrechtlichen Gleichbehandlungsgrundsatzes wurde in Frankreich und Deutschland viel diskutiert.[74] Die herrschende Auffassung in Frankreich begründet den arbeitsrechtlichen Gleichheitssatz mit der Drittwirkung des verfassungsrechtlichen Gleichheitssatzes.[75] Die juristische Unterordnung (*subordination juridique*) des Arbeitnehmers mache eine richterliche Kontrolle der Machtausübungen des Arbeitgebers notwendig.[76] Trotz der nationalen und internationalen Regelungen fehlte eine Norm, die dem Richter die Kontrolle von Ungleichbehandlungen durch den Arbeitgeber ermöglichte.[77] Hierin ist bereits ein grundlegendes rechtliches Problem angelegt, welches der arbeitsrechtliche Gleichbehandlungsgrundsatz aufwirft. Das Streikrecht, das Gewerkschaftsrecht (*droit syndical*) und das Recht auf Kollektivverhandlungen (*droit à la négociation collective*) sind ebenfalls wichtige Voraussetzungen für den Machtausgleich im Arbeitsrecht. Diese sollten durch die richterliche Kontrolle mit dem Gleichbehandlungsgrundsatz möglichst nicht beschränkt werden.[78]

Die Diskussion über die dogmatische Herleitung des Gleichbehandlungsgrundsatzes verlief in Deutschland entsprechend, wobei im deutschen Recht die Art der Drittwirkung des Gleichheitsgrundrechts – die mittelbare Drittwirkung – betont wird. Hintergrund ist die in Deutschland stark ausdifferenzierte Grundrechtsdogmatik, die sich im französischen Verfassungsrecht erst später und sehr viel langsamer entwickelte.[79] Ein Grund dafür war die schwächere Stellung des Verfassungsgerichts (*Conseil constitutionnel*).[80] Zudem wurde das französische Verfassungsrecht lange durch die Doktrin des *légicentrisme*, also dem Schutz des Bürgers durch und nicht gegenüber dem Gesetz, geprägt.[81] Die deutsche Grundrechtsdogmatik basiert demgegenüber auf dem *status negativus*, den Grundrechten als Abwehrrechte des Bürgers gegenüber der staatlichen

---

74 Ausführlich für das deutsche Arbeitsrecht: *Zierold*, Arbeitsrechtliche Gleichbehandlung und Diskriminierungsverbote im Entgeltbereich, 2004.

75 *Waquet*, L'entreprise et les libertés du salarié, 2003, S. 154; *Aubert-Monpeyssen*, Dr. social 2005, 18 f.; *Auzero/Baugard/Dockès*, Droit du travail, 34. Aufl. 2021, Rn. 727.

76 *Lyon-Caen*, Les libertés publiques et l'emploi: rapport au ministre du travail, de l'emploi et de la formation professionnelle, La documentation Française, 1992, S. 159; *Auzero/Baugard/Dockès*, Droit du travail, 34. Aufl. 2021, Rn. 731.

77 *Rongère*, Dr. social 1990, 99 (100); *Auzero/Baugard/Dockès*, Droit du travail, 34. Aufl. 2021, Rn. 727.

78 Dazu: § 3 A. IV., S. 64; § 3 B. II, S. 78.

79 *Stelten*, Gerichtlicher Grundrechtsschutz in Frankreich, 1. Aufl. 2018, S. 208 ff.

80 *Stelten*, Gerichtlicher Grundrechtsschutz in Frankreich, 1. Aufl. 2018, S. 29 ff.

81 *Stelten*, Gerichtlicher Grundrechtsschutz in Frankreich, 1. Aufl. 2018, S. 210.

Gewalt,[82] weshalb die Anwendung der Grundrechte im Privatrecht einer besonderen Begründung bedurfte.[83]

III. Rechtsvergleichende Zusammenfassung

In Frankreich ist die Drittwirkung der Grund- und Menschenrechte im Privatrecht (*droit privé*) durch das Gesetz und die Rechtsprechung anerkannt.[84] Insbesondere das Arbeitsrecht ist zunehmend durch die Anwendung der Grundrechte geprägt, wobei die Entwicklung noch nicht abgeschlossen ist. Nachdem das Gleichheitsgrundrecht mit dem Gleichbehandlungsgrundsatz in den Arbeitsbeziehungen angewendet wird, verhilft der Kassationshof auch den Wirtschaftsgrundrechten der Arbeitsvertragsparteien zur Geltung, indem er sie mittlerweile in seinen Urteilen zur Gleichbehandlung berücksichtigt.[85]

Nach der Rechtsprechung des Bundesarbeitsgerichts und Bundesverfassungsgerichts sind die Grundrechte im deutschen Arbeitsrecht mittelbar über die ausfüllungsbedürftigen Normen des Privatrechts anwendbar.[86] Auch im deutschen Recht ist anerkannt, dass kein allgemeiner Vorrang des Gleichheitsgrundrechts oder der Freiheitsgrundrechte existiert. Vielmehr müssen im konkreten Fall alle rechtlichen Interessen möglichst optimal zur Geltung gebracht werden. Insbesondere sind die Vertragsfreiheit und die Tarifautonomie zu berücksichtigen – in Frankreich: *liberté contractuelle* und *liberté de négociation collective*[87]. In diesem grundlegenden Spannungsfeld zwischen den Freiheitsgrundrechten und dem Gleichheitsgrundsatz in den Privatrechtsbeziehungen sind der französische und der deutsche Gesetzgeber eher zurückhaltend. Gesetzgeberische Innovationen wie das EntgTranspG und die französische Sammelklage fanden im Bereich

---

82 *Jellinek,* System der subjektiven öffentlichen Rechte, 1892, S. 89 ff.

83 BVerfG 15.1.1958, 1 BvR 400/51, BVerfGE 7, 198 – Lüth.

84 Generalklausel: Art. L 1121-1 CT; *Martinon,* Essai sur la stabilité du contrat de travail à durée indéterminée, 2005, Rn. 238.

85 *Loiseau,* RJS 2018, 615 (618 Rn. 6).

86 BVerfG 15.1.1958, 1 BvR 400/51, BVerfGE 7, 198 (205) – Lüth.

87 Durch den Verfassungsrat erst anerkannt durch: Cons. const. 29.11.2019, Nr. 2019-816 QPC, JORF 30.11.2019, Text Nr. 107; Anmerkung: *Gomes,* Vers une reconnaissance constitutionnelle de la liberté de négociation collective, Dr. social 2020, 366; frühere Rechtslage: *Schwarzbach,* Die Geltung von Tarifverträgen in Frankreich, 2013, S. 40 ff.

der Entgeltdiskriminierung wegen des Geschlechts statt. Die speziellen Diskriminierungsverbote im nationalen Recht entstammen aus europäischen Richtlinien.[88] Die allgemeine Absicherung des Gleichheitsgrundrechts im Arbeitsrecht ist daher in beiden Ländern durch die Rechtsprechung geprägt. Die deutsche und französische Rechtsprechung entwickelte hierfür ein vergleichbares Instrument: den arbeitsrechtlichen Gleichbehandlungsgrundsatz.

D. Zwei Regelungssysteme für Entgeltgleichheit

Sowohl in Frankreich als auch in Deutschland sind das im Europarecht wurzelnde Diskriminierungsrecht und der Gleichbehandlungsgrundsatz des nationalen Arbeitsrechts zu unterscheiden.[89] Die folgende Übersicht stellt die beiden Regelungssysteme des französischen Arbeitsrechts gegenüber. Beide Regelungen dienen der Umsetzung der Gleichheit im Bereich des Arbeitsentgelts,[90] wobei sie allerdings auf einer unterschiedlichen Gleichheitskonzeption basieren.[91]

---

88 Insbesondere für Teilzeitarbeitnehmer: § 4 Abs. 1 Teilzeit- und Befristungsgesetz/Art. L 3123-5 CT und Leiharbeitnehmer § 8 Arbeitnehmerüberlassungsgesetz/Art. L. 1251-18, L. 1251-43 Nr. 6 CT.

89 Cass. soc. 27.10.1999, Nr. 98-40 769, Bull. civ. V, Nr. 422; *Cour de cassation,* Les discriminations dans la jurisprudence de la Cour de cassation, Rapport annuel 2008, S. 81 ff; *Lyon-Caen,* RDT 2006, 16.

90 *Peskine/Wolmark,* Droit du travail, 12. Aufl. 2019, Rn. 348 ff.; *Miné,* Droit du travail en pratique, 30. Aufl. 2019, Rn. 522.

91 *Auzero/Baugard/Dockès,* Droit du travail, 34. Aufl. 2021, Rn. 698, 728 ff. („Les deux égalités"); Genauer: § 2 D. II., S. 43.

Übersicht 2: Zwei Regelungssysteme für Entgeltgleichheit im französischen Arbeitsrecht

	Gleichbehandlungsgrundsatz; Entgeltgleichheitsgrundsatz	**Diskriminierungsrecht**
Rechtsnatur	Arbeits- und Sozialrecht; abgeleitet aus dem Gleichheitsgrundsatz der Verfassung	Menschenrecht; Schutz der (gleichen) Menschenwürde und weiterer Grundrechte, wie z. B. Streikrecht, Religionsfreiheit
Rechtsgrundlagen	Nationales Recht: - Richterrecht (*jurisprudence*); - Art. L 3221-1 ff. (Entgeltgleichheit zwischen Männern und Frauen)	EU-Recht: Primärrecht und die flankierenden RL 2000/78/EG, 2006/54/ EG und ihre Umsetzung im nationalen Recht: - Art. L 3221- 1 ff. (Entgeltgleichheit zwischen Männern und Frauen); - Art. L 1131-1 ff. CT (Diskriminierungen); - Art. L 1141-1 ff. CT (Berufliche Gleichstellung zwischen Frauen und Männern)
Anwendungsbereich	- Alle Arbeitnehmer - Entgelt und jeder Vorteil durch Regelung des Normgebers (z.B. Bonuszahlungen oder freier Arbeitstag) - Gleiche Situation und gleiche oder gleichwertige Arbeit bezüglich des Vorteils	- Alle Arbeitnehmer - Direkt und indirekt diskriminierende Maßnahmen (z. B. Beförderung, Entgeltzahlungen, Betriebsrente) aufgrund des Geschlechts - Vergleichbare Situation: gegenwärtig, früher, hypothetisch (*qu'une autre ne l'est, ne l'a été ou ne le serait dans une situation comparable*)

Übersicht 2: Continued

	Gleichbehandlungsgrundsatz; Entgeltgleichheitsgrundsatz	Diskriminierungsrecht
Rechtfertigung	Objektive, sachdienliche (*pertinente*) und materiell nachprüfbare Gründe	Allgemeiner Rechtfertigungsgrund: wesentliche und entscheidende, berufliche Anforderung, die verhältnismäßig ist und ein legitimes Ziel verfolgt; indirekte Diskriminierung: durch ein legitimes Ziel objektiv gerechtfertigt und die Mittel zur Erreichung des Ziels erforderlich und angemessen; positive Diskriminierung: zum Ausgleich tatsächlicher Ungleichheiten; bei gleichwertigen Verdiensten
Rechtsfolgen Zivilrecht	1. Nichtigkeit; 2. Naturalherstellung (*réparation en nature*), insbes. Anpassung an das höhere Gehalt und Gehaltsnachforderung; 3. Schadensersatz; 4. ggf. Entschädigung für den immateriellen Schaden Verjährungsfrist: 3 Jahre	1. Nichtigkeit; 2. Naturalherstellung (*réparation en nature*), insbes. Anpassung an das höhere Gehalt und Gehaltsnachforderung; 3. Schadensersatz; 4. ggf. Entschädigung für den immateriellen Schaden Klagefristen: 5 Jahre ab Kenntnis des diskriminierenden Sachverhalts; 20 Jahre ab Anspruchsentstehung
Sanktionen	Für Verstöße gegen Entgeltgleichheit zwischen den Geschlechtern (*contravention*): Art. R 3222-1 f. CT: 1.500 € Geldbuße für den ersten Verstoß; 3.000 € für jeden weiteren Verstoß	Für Geschlechterdiskriminierung: – Art. 225-2 C. pén.: bis zu 3 Jahre Gefängnis und bis zu 45.000 € Geldstrafe; für juristische Personen Geldstrafe – Art. L 1146-1 ff. CT: bis zu 1 Jahr Gefängnis und bis zu 3.750 € Geldstrafe
Gerichtlicher Rechtsschutz	– Allgemeiner Schutz des Verfahrensrechts – Beweislastverteilung zugunsten des Betroffenen (analog Diskrimierungsrecht) – Keine Sammelklage zulässig	– Besonderer Schutz von Antragsteller, Zeugen, Hinweisgebern (Art. L 1132-3 CT) – Beweislastverteilung zugunsten des Betroffenen (Art. L 1134-1 CT) – Sammelklage zulässig

I. Abgrenzung zu den Begriffen des Europarechts

Die Begriffe Diskriminierung, Gleichbehandlung und Entgeltgleichheit werden im nationalen, europäischen und internationalen Recht verwendet. Aufgrund der unterschiedlichen Gleichheitskonzeptionen existiert keine einheitliche Terminologie auf der europäischen und nationalen Ebene.[92] Im französischen und deutschen Rechtssystem sind die Begriffe Diskriminierung und Gleichbehandlung zu unterscheiden, während sie im Europarecht synonym verwendet werden.

Im europäischen Primärrecht entwickelte sich ein allgemeiner Gleichbehandlungsgrundsatz, der mittlerweile in Art. 20 GRC positiviert ist.[93] Zudem existieren spezielle primärrechtliche Gleichbehandlungsgrundsätze wie der Entgeltgleichheitsgrundsatz für Männer und Frauen bei gleicher oder gleichwertiger Arbeit (Art. 157 AEUV). Im französischen Recht sind die Verflechtungen zum europäischen Recht komplex: Als der französische Gesetzgeber 1972 die Entgeltgleichheit zwischen Frauen und Männern ins Arbeitsgesetzbuch einfügte, wollte er die Vorgängerregelung des Art. 157 AEUV und die ILO-Konvention Nr. 100 ins nationale Recht aufnehmen.[94] Aus diesen gesetzlichen Regelungen leitete der Kassationshof die allgemeine Regel *„à travail égal, salaire égal“* ab, die er ab 2007 zum Gleichbehandlungsgrundsatz entwickelte. Dies erklärt auch, warum der französische Gleichbehandlungsgrundsatz der Regelung des Art. 157 AEUV sehr ähnelt und sich der Kassationshof immer wieder an der Auslegung des EuGH orientiert.[95] Die Rechtsprechung des EuGH zu Art. 157 AEUV definierte zudem die unmittelbare und mittelbare Diskriminierung[96], welche sodann die europäischen Diskriminierungsrichtlinien prägten. Die RL 76/207/EWG und 2000/78/EG bezeichnen das Verbot der unmittelbaren und mittelbaren Diskriminierung als Grundsatz der Gleichbehandlung. Auch das internationale Recht unterscheidet nicht zwischen Gleichbehandlung und

---

92 *Strauß*, Schutz vor Diskriminierung durch Privatpersonen im Straf-, Arbeits- und Zivilrecht, 2013, S. 22.

93 Dazu: *Thieken*, Der primärrechtliche europäische Gleichbehandlungsgrundsatz und seine Auswirkungen auf das deutsche Arbeitsrecht, 2018, S. 22 ff; *Latzel*, Gleichheit in der Unternehmensmitbestimmung, 2010, S. 57 ff.

94 *Auzero/Baugard/Dockès*, Droit du travail, 34. Aufl. 2021, Rn. 738; *Laufer*, L'égalité professionnelle entre les femmes et les hommes, 2014, S. 23.

95 Zuletzt ausdrücklich: Cass. soc. 3.4.2019, Nr. 17-11.970, https://www.legifrance.gouv.fr/ (Bull. civ. 2019 noch nicht veröffentlicht).

96 EuGH 13.5.1986, C-170/84, Slg. 1986, 1620 (1626 ff.) – Bilka.

Nichtdiskriminierung.[97] Demgegenüber sind die Gleichbehandlungsgrundsätze im französischen und deutschen Arbeitsrecht vom Diskriminierungsrecht abzugrenzende, eigenständige Rechtsgrundsätze.[98]

Die nationalen Gesetzgeber und Rechtsanwender verfolgen die begriffliche Unterscheidung nicht stringent. Insbesondere bei der Umsetzung von EU-Recht werden die beiden Bezeichnungen synonym verwendet. In Frankreich wird z. B. von der Gleichbehandlung der Teilzeitarbeitnehmer gesprochen,[99] in Deutschland diesbezüglich von einem Diskriminierungsverbot.[100] Auch die Bezeichnung des deutschen Allgemeinen Gleichbehandlungsgesetzes für die Umsetzung der Diskriminierungsrichtlinien ist insofern missverständlich.[101]

II. Dogmatische Abgrenzung

Aufgrund der komplexen Verbindungen zwischen der Nichtdiskriminierung und dem Gleichbehandlungsgrundsatz kommt es in der französischen Praxis häufig zu Verwechslungen der beiden Regelungssysteme.[102] Dies kann sogar zur Klageabweisung führen. So hatte der Kassationshof entschieden, dass ein Berufungsgericht Ansprüche wegen Diskriminierung nicht prüfen muss, wenn der Arbeitnehmer nur einen Anspruch aufgrund des Gleichbehandlungsgrundsatzes geltend gemacht hatte.[103] Die Verwechslungen haben mehrere Gründe. Die Anwendungsbereiche des Gleichbehandlungsgrundsatzes und des Diskriminierungsrechts wurden im französischen Arbeitsrecht durch die Rechtsprechung und den Gesetzgeber ständig erweitert. Wie die Übersicht 2[104] verdeutlicht, sind insbesondere bei Entgeltungleichheiten zwischen Frauen und Männern häufig beide Regelungssysteme anwendbar. Hinzu kommen Normenkomplexe im französischen Arbeitsgesetzbuch, die sich nicht eindeutig in

---

97 Art. 1 b) ILO-Konvention Nr. 100; Art. 23 § 2 Allgemeine Erklärung der Menschen- und Bürgerrechte von 1948.

98 Für Frankreich: *Cour de cassation,* Rapport annuel 2008, S. 84.

99 Art. L 3123-5 CT.

100 § 4 TzBfG.

101 *Rémy/Feuerborn,* RDT 2007, 268 f.

102 *Miné,* Droit du travail en pratique, 30. Aufl. 2019, Rn. 522; *Ray,* Dr. social 2011, 42 (45); *Dabosville,* RDT 2019, 59 (67); *Gosselin,* Sem. Soc. Lamy, Nr. 1344, 10.3.2008, 8; *Porta,* in: Borenfreund/Vacarie (Hrsg.), Le droit social, l'égalité et les discriminations, 2013, S. 9.

103 Cass. soc. 5.7.2005, Nr. 03-44.281, Bull. civ. V, Nr. 231.

104 Übersicht 2: Zwei Regelungssysteme für Entgeltgleichheit im französischen Arbeitsrecht, S. 16.

die grundlegende, systematische Unterscheidung zwischen Gleichbehandlung und Diskriminierung einordnen lassen. Insbesondere die Regelungen für die berufliche Gleichstellung von Männern und Frauen (Art. L 1141-1 ff. CT) und für die Entgeltgleichheit zwischen Männern und Frauen (Art. L 3221-1 ff., R 3221-1 CT) beinhalten Normen beider Regelungssysteme.[105]

Zudem prüft der Richter Ansprüche aus dem Gleichbehandlungsgrundsatz bzw. wegen Diskriminierung im Grunde mit jeweils derselben Methode. Zunächst werden zwei Situationen verglichen, um eine Diskriminierung bzw. Ungleichbehandlung festzustellen. Sodann wird deren Rechtfertigung geprüft. Auch die starke Harmonisierungstendenz zum europäischen Recht[106] durch die Rechtsprechung des Kassationshofs trägt zu einer Angleichung beider Systeme bei. Die Sozialkammer des Kassationshofs orientiert sich auch im nationalen Recht bezüglich Definitionen und der Auslegung von Normen an der Rechtsprechung des EuGH.[107] Trotz seiner Harmonisierungstendenz hält der Kassationshof auf der Ebene des nationalen Rechts an der systematischen Unterscheidung zwischen dem Gleichbehandlungsgrundsatz und dem Recht auf Nichtdiskriminierung fest.[108]

In der französischen Literatur wurde viel über diese Systematik diskutiert.[109] Überwiegend unterstützt die herrschende Lehre die Unterscheidung beider Systeme, die der Kassationshof initiierte und praktiziert.[110] Es existieren jedoch verschiedene Ansätze, die beiden Regelungssysteme dogmatisch voneinander abzugrenzen.

Während die Gleichbehandlung den allgemeinen Inhalt hat, Vergleichbares gleich und nicht Vergleichbares ungleich zu behandeln, verbietet die Nichtdiskriminierung eine Benachteiligung mittelbar oder unmittelbar auf einen

---

105 *Cesaro,* L'égalité en droit social, 2012, S. 4 f.; *Auzero/Baugard/Dockès,* Droit du travail, 34. Aufl. 2021, Rn. 738; Lamy social 2020, Rn. 200.

106 *Akandji-Kombé,* in: Akandji-Kombé (Hrsg.), Égalité et droit social, 2014, S. 13 (27); *Marguénaud/Mouly,* JCP G 2008, 20.

107 Z. B. Cass. soc. 3.4.2019, Nr. 17-11.970, https://www.legifrance.gouv.fr.

108 *Cour de cassation,* Rapport annuel 2008, S. 84.

109 Ab 2011 erschienen zu diesem Thema zahlreiche Veröffentlichungen, insbesondere: *Radé,* Disciminations et inégalités de traitement dans l'entreprise, 2011; *Borenfreund/Vacarie (Hrsg.),* Le droit social, l'égalité et les discriminations, 2013; *Cesaro,* L'égalité en droit social, 2012; *Akandji-Kombé (Hrsg.),* in: L'égalité et droit social, 2014.

110 Für viele: *Cesaro,* L'égalité en droit social, 2012, S. 4 f.; *Porta,* in : Borenfreund/Vacarie (Hrsg.), Le doit social, L'égalité et les discriminations, 2013, S. 15 ff ; *Akandji-Kombé,* in: Akandji-Kombé (Hrsg.), Égalité et droit social, 2014, 13 (20 ff.); *Pécaut-Rivolier,* Rapport sur les discriminations collectives en entreprise, 2013, S. 14.

bestimmten Grund zu stützen.[111] Der Gleichbehandlungsgrundsatz sei eine Ausprägung des verfassungsrechtlichen Gleichheitsgrundsatzes und diene der Begrenzung von Macht, indem er willkürliche Unterscheidungen des Normgebers verbiete und ausgleiche.[112] Das Diskriminierungsverbot diene hingegen dem Schutz der (gleichen) Würde aller Menschen und weiterer Grundrechte im Arbeitsverhältnis wie dem Streikrecht (*droit de grève*) und der Meinungs- und Religionsfreiheit, indem es bestimmte Differenzierungskriterien im Rechtsverkehr verbietet und ausgleicht.[113] Nach einer weiteren Ansicht ergänzen sich beide Grundsätze mit dem Ziel, die Gleichheit in den Arbeitsbeziehungen umzusetzen und die Macht des Arbeitgebers zu kontrollieren.[114] Die Ansatzpunkte seien jedoch unterschiedlich. Der Begriff der Diskriminierung beziehe sich auf eine subjektive Wahrnehmung der Individualität des Menschen, bei der es darum gehe, das Individuum vor den Differenzierungen zu schützen, die andere Menschen vornehmen. Bei der Gleichbehandlung ginge es hingegen um die objektive Zugehörigkeit zu einer Gemeinschaft. Gewährleistet werde eine Bedingungsidentität für Personen, die sich innerhalb dieser Gemeinschaft in der gleichen Situation befinden. Die Ungleichheit, die diese beiden Grundsätze bekämpfen, sei für den einen subjektiv mit der Person verbunden, während sie sich für den anderen objektiv durch die Zugehörigkeit zu einer Gemeinschaft manifestiere. Das zeitgenössische Recht begünstige im Arbeitsrecht den Grundsatz der Nichtdiskriminierung und bewirke einen Bedeutungsverlust des Gleichbehandlungsgrundsatzes. Der Anwendungsbereich des Diskriminierungsrechts beziehe sich auf jede Maßnahme des Arbeitgebers, während der Gleichbehandlungsgrundsatz nur auf die Vorteile aus dem Arbeitsverhältnis anwendbar sei.[115] Die Vertragsfreiheit setze dem allgemeinen Gleichbehandlungsgrundsatz im Arbeitsrecht zudem Grenzen.[116]

Eine andere Ansicht hält die Unterscheidung für veraltet.[117] Die Diskriminierungsregeln dienen ebenfalls der Umsetzung der Gleichheit im Arbeitsrecht.

111 *Dabosville*, RDT 2019, 59 (67); Lamy social 2020, Rn. 198.

112 *Auzero/Baugard/Dockès*, Droit du travail, 34. Aufl. 2021, Rn. 698.

113 *Auzero/Baugard/Dockès*, Droit du travail, 34. Aufl. 2021, Rn. 698; *Cour de cassation*, Rapport annuel 2008, S. 84 f.; *Miné*, Droit du travail en pratique, 30. Aufl. 2019, Rn. 523.

114 *Loiseau*, RJS 2018, 615 (619 f.); *Porta*, in: Borenfreund/Vacarie (Hrsg.), Le droit social, l'égalité et les discriminations, 2013, S. 9 (11 f.).

115 *Porta*, in: Borenfreund/Vacarie (Hrsg.), Le droit social, l'égalité et les discriminations, 2013, S. 9 (17).

116 *Porta*, in: Borenfreund/Vacarie (Hrsg.), Le droit social, l'égalité et les discriminations, 2013, S. 9 (16).

117 *Waquet*, L'entreprise et les libertés du salarié, 2003, S. 154.

Mit der Ausweitung der Gleichheit zum arbeitsrechtlichen Gleichbehandlungsgrundsatz müsse letztendlich jeder Unterschied zwischen den Arbeitnehmern eines Unternehmens gerechtfertigt werden. Aus dem Streben nach Umsetzung der Gleichheit im Arbeitsrecht würde sich in Zukunft ein allgemeiner Grundsatz der Nichtdiskriminierung entwickeln.

III. Anspruchskonkurrenz

Insbesondere im Falle einer Entgeltungleichheit zwischen weiblichen und männlichen Arbeitnehmern können die Ansprüche des Betroffenen aus einer rechtswidrigen Diskriminierung wegen des Geschlechts oder einem Verstoß gegen den Gleichbehandlungsgrundsatz resultieren. Der Kläger kann sich entscheiden, ob er seine Klage auf einen oder beide Ansprüche stützen möchte.[118] Ein Spezialitätsverhältnis besteht zwischen Ansprüchen aus Gleichbehandlung und Diskriminierung nicht, da sich die Anwendungsbereiche zwar überschneiden, jedoch nicht deckungsgleich sind, also beide Regelungen noch jeweils ihren separaten Anwendungsbereich haben. Sofern tatsächlich beide Ansprüche bestehen und nachgewiesen werden können, sind diese in der Regel inhaltsgleich. Unterschiede in der Höhe des Schadensersatzes können sich nur aufgrund der unterschiedlichen Verjährungsfristen[119] ergeben. Der Richter wird in solchen Fällen den höheren Anspruchsbetrag zusprechen.

Die Hälfte der beim Kassationshof behandelten Klagen zum Gleichbehandlungsgrundsatz stützen sich auch auf Ansprüche aus einer Diskriminierung.[120] Vor den Instanzgerichten ist es in der Regel schwieriger und weniger erfolgversprechend, eine geschlechtsspezifische Diskriminierung nachzuweisen.[121] Da nicht nur die Ungleichbehandlung, sondern auch deren rechtswidriges Motiv zur Überzeugung des Gerichts belegt werden muss, stützen sich Betroffene häufig auf den Gleichbehandlungsgrundsatz als Anspruchsnorm.[122]

---

118 *Guiomard*, in: Borenfreund/Vacarie (Hrsg.), Le droit social, l'égalité et les discriminations, 2013, S. 61 (68).

119 Dazu: § 3 C. I., S. 87; § 4 B. I., S. 96.

120 *Cour de cassation*, Rapport annuel 2008, S. 84.

121 *Serverin/Guiomard*, Des revendications des salariés en matière d'égalité et de discrimination, Les enseignements d'un échantillon d'arrêts extrait de la base JURICA (2007–2010), 2013, S. 122 ff.

122 *Serverin/Guiomard*, Des revendications des salariés en matière d'égalité et de discrimination, Les enseignements d'un échantillon d'arrêts extrait de la base JURICA (2007–2010), 2013, S. 114 ff., 167; *Pécaut-Rivolier*, Rapport sur les discriminations

IV. Rechtsvergleichende Stellungnahme

Wie im französischen Recht sind in Deutschland der Gleichbehandlungsgrundsatz und das Diskriminierungsrecht zu unterscheiden.

1. Vergleichbares System im französischen, deutschen und europäischen Recht

Im deutschen Arbeitsrecht entwickelte die Rechtsprechung schon seit 1938 den arbeitsrechtlichen Gleichbehandlungsgrundsatz.[123] Er ist mittlerweile gewohnheitsrechtlich anerkannt und sein Anwendungsbereich wurde, wie sein französisches Pendant, beständig erweitert.[124] Im deutschen Recht wird auch nach der Umsetzung des europäischen Diskriminierungsrechts weiterhin zwischen dem allgemeinen Gleichbehandlungsgrundsatz und den besonderen Diskriminierungsverboten unterschieden.[125] Die Diskriminierungsverbote wurden im AGG umgesetzt. Im französischen Recht war die Ausgangslage anders: Zunächst existierten zahlreiche, spezielle Gleichheitssätze im französischen Arbeitsgesetzbuch. Sodann kam die in Frankreich sehr lange Liste der verpönten Diskriminierungsmerkmale hinzu.[126] Trotz all dieser Regelungen entwickelte der französische Kassationshof ab 2007 einen allgemeinen Gleichbehandlungsgrundsatz, um arbeitsrechtliche Normen für den Richter umfassend kontrollierbar zu machen. Auch die Entwicklung auf europäischer Ebene zeigt, dass der EuGH trotz der speziellen Gleichheitssätze im Primärrecht nicht ohne einen allgemeinen, primärrechtlichen Gleichbehandlungsgrundsatz auskommt.[127]

Im Arbeitsrecht haben sich auf nationaler und europäischer Ebene jeweils ein gruppenbezogener Gleichbehandlungsgrundsatz und besondere merkmalsbezogene Gleichheitssätze gebildet, die voneinander zu unterscheiden sind. Das französische und deutsche Recht haben sich somit zu einem vergleichbaren System entwickelt. Dies ist vor dem Hintergrund der dargestellten, unterschiedlichen Chronologie der Entwicklung bemerkenswert.

---

collectives en entreprise, 2013, S. 14; *Radé,* Discriminations et inégalités de traitement dans l'entreprise, 2011, Rn. 215.

123 Reichsarbeitsgericht 19.1.1938, 153/37, ARS Band 33, 172 ff.

124 Vgl. *Zierold,* Arbeitsrechtliche Gleichbehandlung und Diskriminierungsverbote im Entgeltbereich, 2004, S. 45 ff.

125 Ausdrücklich klarstellend: § 2 Abs. 3 AGG.

126 Art. L. 1132-1 CT.

127 EuGH 19.10.1977, C-117/76, 116/77, Slg. 1977, 1753 – Ruckdeschel; dazu: *Thieken,* Der primärrechtliche europäische Gleichbehandlungsgrundsatz und seine Auswirkungen auf das deutsche Arbeitsrecht, 2018.

2. *Forderung eines einspurigen Systems im Arbeitsrecht*

Gerade im französischen Arbeitsrecht scheint der Schluss nahezuliegen, aus den sich stark überschneidenden Systemen einen merkmalsunabhängigen, allgemeinen Grundsatz der Nichtdiskriminierung abzuleiten und somit die Zweispurigkeit der Systeme zu beenden.[128] Die besonderen Regelungen der europäischen Richtlinien und ihre Umsetzung im nationalen Recht wären sodann nur spezifische Anwendungsfälle des allgemeinen Grundsatzes der Nichtdiskriminierung oder positiv formuliert, des allgemeinen Gleichbehandlungsgrundsatzes.[129] Für das europäische Recht wird teilweise eine solche Systemänderung vertreten.[130] Im deutschen Rechtssystem wurde das Hinzutreten der Diskriminierungsregelungen vor dem Hintergrund des bereits existierenden Gleichbehandlungsgrundsatzes ebenfalls kritisiert.[131]

Gegen eine solche Vereinheitlichung der Gleichheitssätze im Arbeitsrecht sprechen folgende Argumente: Ein allgemeiner Gleichheitssatz im Privatrecht hat kollektiven Charakter und kann nur dort entstehen, wo mehrere Personen in rechtlich anerkannter Weise eine Gemeinschaft bilden.[132] Diese Gemeinschaft der Arbeitnehmer, deren Arbeitsverhältnisse durch denselben Arbeitgeber oder durch denselben Tarifvertrag gestaltet werden, bilden gegenüber dem Normgeber ein rechtlich verbundenes Kollektiv. In dieser Gruppe sollen ungerechtfertigte Ungleichheiten rechtswidrig sein und Transparenz erreicht werden. Das Diskriminierungsrecht schützt hingegen den Menschen vor bestimmten gesellschaftlich verpönten Unterscheidungskriterien. Die verpönten Unterscheidungsmerkmale beruhen auf gesellschaftlicher Wahl, die jedes Rechtssystem treffen und auch wieder verändern kann.[133] Zum Beispiel schützt das französische Diskriminierungsrecht mittlerweile vor 26 Merkmalszuschreibungen.[134] Die Nähe des Diskriminierungsrechts zur Menschenwürde erlaubt zudem die Anerkennung einer staatlichen Schutzpflicht.[135]

---

128 *Waquet,* L'entreprise et les libertés du salarié, 2003, S. 154.

129 *Generalanwalt Sharpston,* Schlussanträge, 30.11.2006 zu EuGH, C-227/04, Slg. 2007, I-6767 – Lindorfer, Rn. 58.

130 *Generalanwalt Sharpston,* Schlussanträge, 30.11.2006 zu EuGH, C-227/04, Slg. 2007, I-6767 – Lindorfer, Rn. 55 ff.; *Leitmeier,* FA 2010, 4 (5).

131 *Wiedemann/Thüsing,* NZA 2002, 1234; *Junker,* FS Canaris, S. 705 (714).

132 *Hueck,* Der Grundsatz der gleichmäßigen Behandlung im Privatrecht, 1958, S. 153 ff.

133 *Thüsing,* in: Münchener Kommentar zum BGB, Band 1, 8. Aufl. 2018, § 1 AGG, Rn. 7.

134 Art. L 1132-1 CT.

135 *Classen,* EuR 2008, 627 (641 f.).

Demgegenüber kann der allgemeine Gleichbehandlungsgrundsatz im Privatrecht nicht mit einem solchen Effektuierungs- und Umsetzungsauftrag an den Gesetzgeber verbunden werden.[136]

Der Diskriminierungsschutz ist für sich allein unvollkommen, solange er auf eine Liste verpönter Diskriminierungsmerkmale beschränkt ist.[137] Die Schutzlücke wird im Arbeitsrecht mit einem gruppenbezogenen Gleichbehandlungsgrundsatz geschlossen, da die sonstigen Ungleichbehandlungen mindestens auf ihren sachlichen Grund überprüft werden. Durch die Differenzierung der Systeme werden auch die Anforderungen an die Rechtfertigung unterschiedlich ausgestaltet.[138] Im Anwendungsbereich des Gleichbehandlungsgrundsatzes kann bereits ein sachlicher Grund für die Rechtfertigung ausreichen, während für direkte und indirekte Diskriminierungen der Rechtfertigungsgrund der verhältnismäßigen, wesentlichen und entscheidenden beruflichen Anforderung gilt.[139] Die unterschiedlich hohen Anforderungen an die Rechtfertigung sind Ausdruck der Begründung des Diskriminierungsrechts in der Menschenwürde.

Im französischen Rechtssystem sprechen sich die meisten Autoren für das bestehende, zweispurige System aus.[140] Auch in Deutschland ist die Unterscheidung anerkannt, wenn auch das Hinzutreten des europäischen Diskriminierungsrechts zum gewohnheitsrechtlich anerkannten Gleichbehandlungsgrundsatz kritisch diskutiert wurde.[141] In beiden Rechtssystemen wird der Gleichbehandlungsgrundsatz durch das Diskriminierungsrecht zunehmend überlagert. Allerdings ist der Gleichbehandlungsgrundsatz in beiden Systemen nach wie vor ein wichtiges Instrument der Rechtsordnung.

E. Die rechtliche Geschlechterkonzeption

Die berufliche Gleichstellung der Geschlechter basiert in Frankreich auf der Unterscheidung zwischen dem männlichen und dem weiblichen Geschlecht. In Deutschland ist darüber hinaus das diverse Geschlecht rechtlich anerkannt.

---

136 *Classen,* EuR 2008, 627 (642).

137 *Thüsing,* in: Münchener Kommentar zum BGB, Band 1, 8. Aufl. 2018, § 1 AGG, Rn. 7.

138 *Thüsing,* in: Münchener Kommentar zum BGB, Band 1, 8. Aufl. 2018, § 8 AGG Rn. 3.

139 § 8 Abs. 1 AGG.

140 *Pécaut-Rivolier,* Rapport sur les discriminations collectives en entreprise, 2013, S. 14.

141 *Wiedemann,* Die Gleichbehandlungsgebote im Arbeitsrecht, 2001, S. 13, 59 ff.; *Thüsing,* in: Münchener Kommentar zum BGB, Band 1, 8. Aufl. 2018, § 1 AGG Rn. 5 ff; *Classen,* EuR 2008, 627 (641 f.).

I. Rechtslage in Frankreich

In Frankreich wird für jede Person innerhalb von fünf Tagen nach der Geburt das weibliche oder das männliche Geschlecht in der Geburtsurkunde eingetragen.[142] Dies hat der Kassationshof in einer Entscheidung vom 4.5.2017 bekräftigt.[143] Der Kläger besaß uneindeutige Geschlechtsorgane und stellte daher einen Antrag auf Berichtigung seiner Geburtsurkunde in neutrales Geschlecht oder intersexuell. Nach Ansicht des Kassationshofs sei es im französischen Recht nicht vorgesehen, dass ein anderes Geschlecht als männlich oder weiblich in die Personenstandsurkunde aufgenommen wird. Die sexuelle Identität sei zwar durch das Recht auf Achtung des Privatlebens (*droit au respect de la vie privée*) geschützt, die Dualität des Geschlechts in Personenstandsurkunden verfolge allerdings ein legitimes Ziel, da sie als Grundelement für die soziale und rechtliche Organisation notwendig sei. Im Hinblick auf das legitime Ziel sei der Eingriff nicht unverhältnismäßig. Die Anerkennung eines neutralen Geschlechts durch den Richter hätte tiefgreifende Auswirkungen auf das französische Recht und würde zahlreiche legislative Änderungen erfordern. Eine solche Änderung könne nur durch den Gesetzgeber erfolgen.

Bisher hat der französische Gesetzgeber noch keine Änderungen vorgenommen. Auf juristischer Ebene existieren im gesamten französischen Recht weiterhin nur das männliche und das weibliche Geschlecht. Die jüngste arbeitsrechtliche Gesetzgebung zum Entgeltgleichheitsindex[144] berücksichtigt das diverse Geschlecht nicht. Allerdings ist die Geschlechtsidentität (*identité de genre*) seit 2017 ein verpöntes Diskriminierungsmerkmal.[145] Die Geschlechtsidentität ist das intime und persönliche Empfinden einer Person über ihr eigenes Geschlecht, unabhängig von der ihr bei der Geburt zugewiesenen Geschlechterrolle.[146] Somit schützt das Diskriminierungsrecht in Frankreich auch die Arbeitnehmer, die sich nicht als männlich oder weiblich empfinden.

---

142 Art. 55 ff. Code civil.

143 Cass. civ. 4.5.2017, Nr. 16-17.189, Bull. civ. I, Nr. 101.

144 Gesetz Nr. 2018-771, 5.9.2018, JORF 6.9.2018, Text Nr. 1 für die Freiheit, seine berufliche Zukunft zu wählen; vgl. Art. L 3221-2 CT.

145 Gesetz Nr. 2017-86, 27.1.2017, JORF 28.1.2017, Text Nr. 1 relative à l'égalité et à la citoyenneté; Art. L 1132-1 CT.

146 *Commission nationale consultative des droits de l'homme,* Avis sur l'identité de genre et sur le changement de la mention de sexe à l'état civil, Nr. 7, JORF 31.7.2013, Text Nr. 100.

In der französischen Rechtsliteratur wird die binäre Geschlechterkonzeption diskutiert und kritisiert.[147]

II. Rechtslage in Deutschland

In Deutschland entschied das Bundesverfassungsgericht am 10.10.2017, dass das allgemeine Persönlichkeitsrecht (Art. 2 Abs. 1 iVm Art. 1 Abs. 1 GG) auch die geschlechtliche Identität derjenigen schütze, deren Geschlechtsentwicklung gegenüber einer weiblichen oder männlichen Geschlechtsentwicklung Varianten aufweist und die sich selbst dauerhaft weder dem männlichen noch dem weiblichen Geschlecht zuordnen.[148] Ebenso seien diese Menschen gemäß Art. 3 Abs. 3 Satz 1 GG vor Diskriminierungen wegen ihres Geschlechts geschützt. Der Gesetzgeber müsse für Personen mit Varianten der Geschlechterentwicklung eine weitere Eintragungsmöglichkeit im Personenstandsregister schaffen. Das Bundesverfassungsgericht betont in dem Urteil, dass der Gesetzgeber insbesondere das persönliche Empfinden der Menschen, die sich einem anderen als dem männlichen oder weiblichen Geschlecht zuordnen, anerkennen muss.[149] Dies wurde durch das Gesetz zur Änderung der in das Geburtenregister einzutragenden Angaben[150] umgesetzt. Arbeitnehmer des diversen Geschlechts sind zudem durch das AGG vor Diskriminierungen geschützt.[151]

Allerdings basieren viele arbeitsrechtliche Normen weiterhin auf der Zweiteilung in männliche und weibliche Arbeitnehmer. Das Entgelttransparenzgesetz wurde noch vor dem Urteil des Bundesverfassungsgerichts verabschiedet und will explizit das Gebot des gleichen Entgelts für Männer und Frauen bei gleicher oder gleichwertiger Arbeit durchsetzen.[152] Diese besondere Berücksichtigung und Förderung der Gleichheit zwischen Männern und Frauen im Arbeitsrecht beruht auf Art. 3 Abs. 2 Satz 2 GG und auf der europarechtlichen Regelung, Art. 157 AEUV, die eine Umsetzung der Gleichheit zwischen Frauen und Männern in der Gesellschaft gebieten. Entsprechende Regelungen zur Gleichstellung von diversen, männlichen und weiblichen Personen existieren hingegen im internationalen, europäischen und nationalen französischen und deutschen Recht nicht.

---

147 Dazu: *Hennette-Vauchez/Pichard/Roman (Hrsg.),* La loi et le genre, Études critiques de droit français, 2014, S. 33 ff.

148 BVerfG 10.10.2017, 1 BvR 2019/16, BVerfGE 147, 1 Rn. 1 ff.

149 BVerfG 10.10.2017, 1 BvR 2019/16, BVerfGE 147, 1 Rn. 43.

150 Gesetz 18.12.2018, BGBl. 2018, Teil I Nr. 48, S. 2635 f.

151 *Körlings,* NZA 2018, 282.

152 § 1 EntgTranspG.

III. Rechtsvergleichende Würdigung

Das Urteil des Kassationshofs stellt klar, dass auch im französischen Recht die geschlechtliche Identität in den Schutzbereich eines verfassungsrechtlich geschützten Persönlichkeitsrechts fällt – dem Recht auf Achtung des Privatlebens. Dieses Persönlichkeitsrecht ist von Art. 2 der Erklärung der Menschen- und Bürgerrechte von 1789 geschützt.[153] Dem Urteil liegt eine völlig andere Grundrechtsentwicklung zugrunde als im deutschen Rechtssystem. Erst ab 1970 bildeten sich im französischen Staatsrecht Grundrechte mit Verfassungsrang im Sinne von subjektiven Abwehrrechten heraus.[154] Zudem beschränkte sich die verfassungsgerichtliche Kontrolle von Legislativakten bis 2008 auf eine abstrakte Normenkontrolle.[155] Die Verfassungsbeschwerde (*question prioritaire de constitutionnalité [QPC]*) ist erst seit der Verfassungsreform im Jahr 2008 zulässig.[156] Daher prägte vor allem der Kassationshof die Rechtsprechung zu den Persönlichkeitsrechten. Während die deutsche Rechtsprechung aus Art. 2 Abs. 1 und Art. 1 Abs. 1 GG ein allgemeines Persönlichkeitsrecht mit mehreren Fallgruppen entwickelte[157], bildete die französische Rechtsprechung mehrere eigenständige Persönlichkeitsrechte.[158]

Die Beschränkung der verfassungsmäßigen Rechte durch den Gesetzgeber ist in Frankreich anerkannt, sofern die Beschränkung durch ein allgemeines Interesse (*interêt générale*) oder einen Wert von Verfassungsrang (*objectif de valeur constitutionnelle*) gerechtfertigt ist. Es etablierte sich zwar eine Verhältnismäßigkeitsprüfung (*contrôle de proportionnalité*),[159] aber die Intensität der richterlichen Prüfung von gesetzlichen Regelungen ist viel geringer als im deutschen Recht, da dem Gesetzgeber eine weite Einschätzungsprärogative zugestanden wird.[160] Nur übermäßige Verstöße (*atteintes excessives*) des

---

153 Cons. const. 23.7.1999, Nr. 99-416 DC, JORF 28.7.1999, S. 11250.

154 Dazu: *Stelten*, Gerichtlicher Grundrechtsschutz in Frankreich, 1. Aufl. 2018, S. 208 ff.

155 Art. 61 a.F. der Verfassung der V. französischen Republik von 1958; *Hecker*, Europäische Integration als Verfassungsproblem in Frankreich, 1998, S. 31.

156 Loi constitutionnelle Nr. 2008-724, 23.7.2008, JORF 24.7.2008, Text Nr. 2 de modernisation des institutions de la Ve République (1).

157 BVerfG 24.2.1971, 1 BvR 435/68, BVerfGE 30, 173; BGH 20.3.1968, I ZR 44/66, BGHZ 50, 133 – Mephisto.

158 Dazu: *Trebes*, GRUR Int 2006, 91 (92, 99).

159 *Rousseau*, Droit du contentieux constitutionnel, 10. Aufl. 2013, S. 145 ff.

160 *Stelten*, Gerichtlicher Grundrechtsschutz in Frankreich, 1. Aufl. 2018, S. 313 ff.

Gesetzgebers werden durch die Gerichte korrigiert.[161] Die Richter sollen nicht als Gesetzgeber (*gouvernement des juges*) tätig sein.[162] Dieses Selbstverständnis der französischen Judikative zeigt sich im Urteil zum diversen Geschlecht. Der Kassationshof wollte ausdrücklich vermeiden, an die Stelle des Gesetzgebers zu treten und beurteilte die Unterscheidung in männliches und weibliches Geschlecht ohne vertiefte Begründung aufgrund der allgemeinen Ordnungsfunktion als gerechtfertigt und verhältnismäßig.

Die Grundrechtsprüfung des französischen Kassationshofs steht in einem starken Kontrast zu den Befugnissen und dem Selbstverständnis des Bundesverfassungsgerichts als maßgeblichen Interpreten und Hüter des Grundgesetzes. Das Bundesverfassungsgericht verfügt über eine umfassende Zuständigkeit für eine abstrakte, konkrete, prinzipale und inzidente Kontrolle von formellen Gesetzen.[163] Regelmäßig erklärt es Normen der Legislative für verfassungswidrig und verpflichtet den Gesetzgeber zu einer Neuregelung, wobei er in der Urteilsbegründung meist Hinweise für eine verfassungskonforme Neuregelung platziert.[164] Im Tenor trifft das Gericht gelegentlich selbst eine Ersatzregelung für den Fall, dass der Gesetzgeber die ihm gesetzte Neuregelungsfrist nicht einhält.[165]

Die beiden höchstrichterlichen Urteile zum diversen Geschlecht in Deutschland und Frankreich zeigen sehr deutlich diese grundlegenden Unterschiede. Die Zurückhaltung der französischen Judikative stärkt die Legislative und das Mehrheitsprinzip. Die grundrechtlich geschützten Rechte strukturell unterrepräsentierter Minderheiten können dadurch weniger zur Geltung kommen.[166] Die Stärke des deutschen Verfassungsgerichts begünstigt hingegen die Entstehung eines politischen Gerichts, das eine ausufernde Verfassungsinterpretation entgegen der demokratisch legitimierten Volksvertretung durchsetzt.[167]

F. Zusammenfassung

Trotz der sehr unterschiedlichen historischen Rechtsentwicklung in Deutschland und Frankreich gelangten das französische und deutsche Recht zu

161 *Rousseau*, Droit du contentieux constitutionnel, 10. Aufl. 2013, S. 145 ff.
162 *Stelten*, Gerichtlicher Grundrechtsschutz in Frankreich, 1. Aufl. 2018, S. 313 ff.
163 Art. 93 Abs. 1 GG, §§ 13, 36 ff. BVERFGG.
164 BVerfG 10.10.2017, 1 BvR 2019/16, BVerfGE 147, 1 Rn. 42 f., 65 ff.
165 *Hömig*, in: Maunz/Schmidt-Bleibtreu/Klein/Bethge (Hrsg.), Bundesverfassungsgerichtsgesetz, 60. EL Juli 2020, § 95 Rn. 57; z. B. BVerfG 10.11.1998, 2 BvR 1057/91, BVerfGE 99, 216 (219).
166 Zum Problem: *Jellinek*, Das Recht der Minoritäten, 1898, S. 7 ff.
167 *Hillgruber/Goos*, Verfassungsprozessrecht, 5. Aufl. 2020, Rn. 37 ff.

vergleichbaren Grundlagen der Rechtssysteme: In beiden Rechtsordnungen ist die tatsächliche Gleichstellung zwischen Männern und Frauen in der gesellschaftlichen Wirklichkeit ein verfassungsrechtlicher Wert.[168] Die mittelbare Drittwirkung der Grundrechte im Arbeitsrecht, insbesondere der Gleichheit, ist allgemein anerkannt. Aufgrund der lückenhaften gesetzlichen Regelungen entwickelte die Rechtsprechung beider Systeme Gleichbehandlungsgrundsätze im nationalen Arbeitsrecht. Diese allgemeine Umsetzung der Gleichheit in den Arbeitsbeziehungen wird durch das europäische Diskriminierungsrecht zunehmend überlagert. Ein grundlegender Unterschied bleibt vorerst die rechtliche Geschlechterkonzeption: Im deutschen Recht werden das diverse, männliche und weibliche Geschlecht unterschieden; das französische Rechtssystem unterteilt in männliches und weibliches Geschlecht.

---

168 Deutschland: Art. 3 Abs. 2 Satz 2 GG; BVerfG 28.1.1992, 1 BvR 1025/82, 1 BvL 16/83, 1 BvL 10/91, BVerfGE 85, 191 (206 f.); Frankreich: Art. 1 der Verfassung der V. Französischen Republik vom 4.10.1958; *Sarigny,* Les cahiers du Conseil constitutionnel, Nr. 4/2020, Titel VII Abschnitt 3.

§ 3 Der arbeitsrechtliche Gleichbehandlungsgrundsatz

Der arbeitsrechtliche Gleichbehandlungsgrundsatz (*principe d'égalité de traitement*) ist als richterrechtliches Rechtsinstitut durch die Rechtsprechung des Kassationshofs geprägt.[169] Er wird im Entgeltbereich auch als Entgeltgleichheit (*égalité de rémunération, égalité salariale*) bezeichnet.[170] Die Entgeltgleichheit zwischen Männern und Frauen ist ein Anwendungsfall des Gleichbehandlungsgrundsatzes und in den Art. L 3221-1 CT und R 3221-1 ff. CT gesetzlich geregelt.[171] Der Kassationshof beschrieb den Inhalt des Grundsatzes wie folgt: Wenn der Arbeitgeber bestimmten Arbeitnehmer einen Vorteil gewährt, müssen alle Arbeitnehmer in der gleichen Situation von diesem Vorteil profitieren können.[172] Die Zugangsvoraussetzungen des Vorteils müssen definiert und kontrollierbar sein.[173] In anderen Worten: Arbeitnehmer erhalten eine bestimmte Leistung, wenn sie deren festgelegte und kontrollierbare Voraussetzungen erfüllen.[174] Insbesondere bei der Gewährung von Sondervorteilen und Gehaltserhöhungen an bestimmte Arbeitnehmer müssen alle Arbeitnehmer in der gleichen Situation davon profitieren können und die Regelungen für die Gewährung müssen im Voraus festgelegt und überprüfbar sein.[175] Der Arbeitgeber kann somit grundsätzlich nicht nach freiem Ermessen Vorteile gewähren, sondern es müssen zuvor objektive und sachdienliche Kriterien aufgestellt werden.[176]

A. Inhalt und Anwendungsbereich

Die Rechtsprechung unterscheidet im Gegensatz zur Literatur nicht immer zwischen dem Anwendungsbereich und der Rechtfertigung der

---

169 Dazu: § 2 C. II., S. 36.

170 *Miné,* Droit du travail en pratique, 30. Aufl. 2019, Rn. 522.

171 Cass. soc. 29.10.1996, Nr. 92-43680, Bull. civ. V, Nr. 359 – Arrêt Ponsolle.

172 Cass. soc. 18.1.2000, Nrn. 98-44.745, 98-44.753, Bull. civ. V, Nr. 25.

173 Cass. soc. 18.1.2000, Nrn. 98-44.745, 98-44.753, Bull. civ. V, Nr. 25.

174 *Auzero,* Dr. social 2006, 822 f.

175 Cass. soc. 27.3.2007, Nr. 05-42.587, https://www.legifrance.gouv.fr/; 13.12.2017 Nr. 16-12.397, Bull. civ. V, Nr. 214.

176 Cass. soc. 2.10.2001, Nr. 99-17.577, https://www.legifrance.gouv.fr/.

Ungleichbehandlung.[177] Dies kann dadurch erklärt werden, dass die Prüfung der Rechtfertigungsgründe eine starke Ähnlichkeit zur Prüfung der gleichwertigen Arbeit aufweist. Allerdings ist bei jedem Gleichheitssatz zunächst der Kreis der vergleichbaren Personen (*le cercle des égaux*) zu bestimmen.[178] Erst dann kann festgestellt werden, ob eine Ungleichbehandlung dieser Personen gerechtfertigt ist.

Es muss festgestellt werden, wer bezüglich der konkreten Entgeltregelung zum vergleichbaren Arbeitnehmerkreis gehört.[179] Zu unterscheiden sind:

- das feste Grundgehalt (*salaire de base*), das auch feste Zulagen (*prime fixé*) erfasst, und
- die variablen Gehaltsbestandteile wie z. B. individuelle Gewinnbeteiligungen, Gruppenzulagen und Zusatzleistungen (*avantages*).

Bezüglich des Grundgehalts müssen sich die Arbeitnehmer in der gleichen Situation (*situation identique*)[180] befinden und gleiche oder gleichwertige Arbeit (*travail de valeur égale*)[181] leisten. Geht es um die Beurteilung der weiteren Gehaltsbestandteile, sind die gleiche Situation hinsichtlich des Vorteils und die vom Arbeitgeber an den Erhalt geknüpften Anforderungen zu prüfen,[182] sofern die Anforderungen objektiv, sachdienlich und materiell überprüfbar sind.[183] Zum Beispiel ist es rechtmäßig, dass sich die Grundgehälter der höheren Angestellten (*cadres*) und der Arbeitnehmer in der Produktion (*ouvriers*) unterscheiden, da deren Arbeit nicht gleichwertig ist. Allerdings ist es nicht rechtmäßig, nur einer dieser beiden Berufskategorien (*catégories professionnelles*) Restaurant- oder Kantinengutscheine zu gewähren.[184]

---

177 *Auzero,* Dr. social 2006, 822 f.; *Peskine/Wolmark,* Droit du travail, 12. Aufl. 2019, Rn. 365; *Aubert-Monpeyssen,* Dr. social 2005, 18 (22).

178 *Peskine/Wolmark,* Droit du travail, 12. Aufl. 2019, Rn. 367; *Auzero,* Dr. social 2006, 822 (823); *Fabre,* in: Borenfreund/Vacarie (Hrsg.), Le droit social, l'égalité et les discriminations, 2013, 107 (115).

179 Cass. soc. 20.2.2008, Nr. 05-45.60, Bull. civ. V, Nr. 39; *Fabre,* in: Borenfreund/Vacarie (Hrsg.), Le droit social, l'égalité et les discriminations, 2013, 107 (116); *Auzero,* Dr. social 2006, 822 (823); *Loiseau,* RJS 2018, 615 (618).

180 Cass. soc. 29.10.1996, Nr. 92-43.680, Bull. civ. V, Nr. 359.

181 Cass. soc. 21.6.2005, Nr. 02-42658, Bull. civ. V, Nr. 206.

182 Lamy social, 2020, Rn. 284.

183 Lamy social, 2020, Rn. 272.

184 Cass. soc. 20.2.2008, Nr. 05-45.601, Bull. civ. V, Nr. 39.

I. Gleiche Situation (*situation identique*)

Um eine gleiche Situation festzustellen, müssen die Arbeitnehmer zum selben Arbeitgeber in einem Arbeitsverhältnis stehen und der Entgeltbestandteil muss in derselben Rechtsquelle geregelt sein.

1. Derselbe Arbeitgeber

Der Arbeitgeber ist die juristische oder natürliche Person (*personne morale*), die das Weisungsrecht gegenüber dem Arbeitnehmer innehat.[185] Somit ist der Gleichbehandlungsgrundsatz anwendbar, wenn die Arbeitnehmer beim selben Unternehmen (*entreprise*) arbeiten.[186] Der Grundsatz gilt auch zwischen den Arbeitnehmern mehrerer Betriebe desselben Unternehmens.[187]

Er findet grundsätzlich keine Anwendung:

- für Arbeitnehmer unterschiedlicher Unternehmen, für die derselbe Tarifvertrag (*convention collective*) gilt;[188]
- für Arbeitnehmer unterschiedlicher Unternehmen desselben Konzerns (*groupe*);[189]
- in einer wirtschaftlichen und sozialen Einheit (*unité économique et sociale [UES]*), da die UES ein Zusammenschluss mehrerer rechtlich eigenständiger Unternehmen ist.[190]

Der Gleichbehandlungsgrundsatz ist auf Ebene einer UES ausnahmsweise anwendbar, wenn die Vergütungsbedingungen auf dieser Ebene durch Gesetz oder einen allgemeinen Tarifvertrag geregelt sind oder wenn die Arbeitnehmer in einer gemeinsamen Betriebsstätte arbeiten.[191]

---

185 *Peskine/Wolmark,* Droit du travail, 12. Aufl. 2019, Rn. 52.

186 Cass. soc. 12.7.2006, Nr. 04-46104, RJS 2006, Nr. 1186.

187 Cass. soc. 21.9.2009, Nr. 07-43.452, Bull. civ. V, Nr. 15.

188 Cass. soc. 24.9.2008, Nr. 06-45.579, Bull. civ. V, Nr. 175.

189 Cass. soc. 9.10.2013, Nr. 12-16.664, https://www.legifrance.gouv.fr/; 16.9.2015, Nr. 13-28.415, Bull. civ. V, Nr. 119.

190 Art. L 2313-8 CT; Cass. soc. 16.10.2001, Nr. 99-44.037, Bull. civ. V, Nr. 324; 2.6.2010, Nr. 08-44.152, https://www.legifrance.gouv.fr; *Peskine/Wolmark,* Droit du travail, 12. Aufl. 2019, Rn. 1112 ff.; ausführlich zum Begriff: *Barten,* Das System der Arbeitnehmervertretung in Frankreich, 2001, S. 30.

191 Cass. soc. 1.6.2005, Nr. 04-42.143, Bull. civ.V, Nr. 185; 30.5.2012.

2. *Dieselbe Rechtsquelle*

Zudem muss das Entgelt oder der Entgeltbestandteil zum Zeitpunkt der Anspruchsentstehung in derselben allgemeinen Rechtsquelle geregelt sein: Gesetz, Tarifvertrag oder eine Regelung der Unternehmensleitung (*direction d'entreprise*), wie eine einseitige Verpflichtung (*engagement unilatéral*) oder eine unternehmerische Übung (*usage d'entreprise*).[192] Das Entgelt kann natürlich auch im Arbeitsvertrag vereinbart werden. Die vertragliche Vereinbarung entbindet den Arbeitgeber nach der bisherigen Rechtsprechung nicht von der Anwendung des Gleichbehandlungsgrundsatzes.[193] Die individuell ausgehandelte Vereinbarung kann allerdings auf Ebene der Rechtfertigung berücksichtigt werden.[194]

Die Voraussetzung derselben Rechtsquelle schränkt den Anwendungsbereich des Gleichbehandlungsgrundsatzes erheblich ein. Dies wurde in einer jüngeren Entscheidung des Kassationshofs deutlich, der über die Gewährung zusätzlichen Bruttomonatsgehalts aufgrund einer Dienstalterehrung zu entscheiden hatte.[195] Der Anspruch entstand am Tag der Erreichung einer bestimmten Anzahl von Dienstjahren. Ab dem 1.1.2012 ergab sich der Anspruch aus einem Tarifvertrag. Erreichte ein Arbeitnehmer vor diesem Datum das erforderliche Dienstalter, erhielt er nur eine niedrigere Zulage von bis zu 310 € auf Grundlage der im Unternehmen üblichen Praxis (*usage*). Die Ansprüche ergaben sich also aus unterschiedlichen Rechtsquellen. Nach der Entscheidung des Kassationshofs sei der Gleichbehandlungsgrundsatz nicht anwendbar, da schon keine gleiche Situation vorgelegen habe. Eine weitere Entscheidung betraf ein Unternehmen, das zunächst eine Massenentlassung (*procédure de licenciement collectif*) mit einem Plan zur Arbeitsplatzerhaltung (*plan de sauvegarde de l'emploi*) durchführte.[196] Danach verschlechterte sich die Situation des Unternehmens und es wurde eine weitere Massenentlassung mit einem Plan zur Arbeitsplatzerhaltung notwendig. Für den zweiten Plan waren nicht mehr so viele Mittel zur Verfügung, daher fielen die Abfindungen der Arbeitnehmer geringer aus. Auch in diesem Fall lehnte der Kassationshof eine gleiche Situation ab.

Diese Eingrenzung des Anwendungsbereichs stößt teilweise auf Kritik in der französischen Rechtsliteratur, da die missbräuchliche Aufspaltung in mehrere

---

192 *Kammerer/Roß-Kirsch*, Arbeitsrecht in Frankreich, 2017, S. 10 ff.

193 *Auzero/Baugard/Dockès*, Droit du travail, 34. Aufl. 2021, Rn. 747.

194 Dazu: § 3 A. V. 2., S. 68.

195 Cass. soc. 28.3.2018, Nr. 16-19.260, Bull. civ. V, Nr. 53.

196 Cass. soc. 29.6.2017, Nrn. 15-21.008, 16-12.007, Bull. civ. V, Nrn. 109, 110.

Verträge befürchtet wird.[197] Andererseits ist es selbstverständlich, dass sich Arbeitsbedingungen über die Zeit hinweg ändern, indem zum Beispiel neue Tarifverträge geschlossen werden. Der Arbeitgeber muss in diesen Fall keine Gleichbehandlung in der Zeit garantieren.

II. Gleiche oder gleichwertige Arbeit

Hinsichtlich des Grundgehalts ist zu prüfen, ob die Vergleichspersonen gleiche oder gleichwertige Arbeit ausüben. Dies ist eine Tatsachenfrage, die schwierig zu beweisen ist.[198] Die Beweislast obliegt dem Arbeitnehmer, der sich auf den Verstoß gegen den Gleichbehandlungsgrundsatz beruft.[199]

Um die RL 75/117/EWG zur Lohngleichheit zwischen Männern und Frauen[200] umzusetzen, fügte der französische Gesetzgeber eine Definition der gleichwertigen Arbeit in das Arbeitsgesetzbuch ein (Art. L 3221-4 CT).[201] Als gleichwertig gelten Arbeiten, die von den Arbeitnehmern vergleichbare berufliche Kenntnisse, Erfahrung, Verantwortung und körperliche oder nervliche Belastung erfordern. Die beruflichen Kenntnisse können durch einen Titel, einen Abschluss (*diplôme*) oder Berufserfahrung (*expérience professionnelle*) konkretisiert werden.

Im Rahmen von Art. 157 Abs. 1 AEUV hatte auch der EuGH über Vorlagefragen zum Begriff der gleichwertigen Arbeit zu entscheiden. Genaue unionsrechtliche Vorgaben zur Begriffsbestimmung existieren bisher allerdings nicht.[202] Der EuGH überlässt diese Tatsachenfrage ausdrücklich den nationalen Gerichten und gibt nur den Rahmen vor.[203] Dabei differenziert er nicht zwischen gleicher und gleichwertiger Arbeit.[204] Nach ständiger Rechtsprechung des

---

197 *Loiseau,* RJS 2018, 615 (616 Rn. 5).

198 *Aubert-Montpeysson,* Dr. social 2005, 18 (21 f.).

199 *Loiseau,* RJS 2018, 615 (617 Rn. 5); Cass. soc. 29.11.2006, Nr. 05-43.292, https://www.legifrance.gouv.fr.

200 RL 75/117/EWG des Rates, 10.2.1975, EWG-Abl. L 45, 19.2.1975, S. 19 zur Angleichung der Rechtsvorschriften der Mitgliedstaaten über die Anwendung des Grundsatzes des gleichen Entgelts für Männer und Frauen.

201 Art. L 3221-4 CT.

202 *Franzen,* in: Franzen/Gallner/Oetker (Hrsg.), Kommentar zum Europäischen Arbeitsrecht, 3. Aufl. 2020, Art. 157 AEUV Rn. 32; *Krebber,* in: Calliess/Ruffert (Hrsg.), EUV/AEUV, 5. Aufl. 2016, Art. 157 AEUV Rn. 6.

203 EuGH 31.5.1995, C-400/93, Slg. 1995, I-1275 Rn. 42 – Royal Copenhagen; 30.3.2000, C-236/98, Slg. 2000, I-2189 – JämO; 26.6.2001, C-381/99, Slg. 2001, I-4961 Rn. 48 ff. – Brunnhofer; 28.2.2013, C-427/11, NZA 2013, 315 Rn. 26 – Kenny.

204 Vgl. EuGH 28.2.2013, C-427/11, NZA 2013, 315 Rn. 26 – Kenny.

EuGH muss das nationale Gericht eine Vielzahl von Tatsachen, wie die Art der Arbeit, Ausbildungsanforderungen und Arbeitsbedingungen, prüfen, um eine vergleichbare Situation festzustellen.[205] Im Fall *Brunnhofer* betonte der EuGH den Unterschied zwischen der Betreuung von Großkunden mit Handlungsvollmacht und einer Arbeit, die trotz derselben Eingruppierung im Tarifvertrag nur einen eingeschränkten Kundenkontakt beinhaltete.[206] Die Eingruppierung im Kollektivvertrag sei nur ein Indiz und entbinde nicht von der genauen Prüfung der Tatsachen.[207]

Die französischen Richter orientierten sich anfangs hauptsächlich am gleichen Arbeitsplatz und berücksichtigten die Eingruppierung, die Qualifikation sowie die Unternehmenszugehörigkeit (*ancienneté*).[208] Dies führte zur Klageabweisung von Arbeitnehmern, die sich mit einem Kollegen auf einem anderen Arbeitsplatz mit anderen Aufgaben oder mit einer anderen Eingruppierung verglichen.[209] Dieser strikte Ansatz wurde mittlerweile entsprechend der Konzeption des EuGH durch eine flexiblere Handhabung ersetzt.[210] Der Richter führt eine vergleichende Analyse der vom Arbeitnehmer ausgeführten Aufgaben, der Verantwortlichkeiten und der an den Arbeitsplatz gestellten Anforderungen durch.[211] Diese Tatsachen müssen durch präzise und konkrete Faktoren untermauert werden, die sich aus den von den betroffenen Arbeitnehmern tatsächlich ausgeübten Tätigkeiten ableiten.[212] Zum Beispiel kann aus derselben Berufskategorie (wie Facharbeiter oder höhere Angestellte) nicht ohne Weiteres auf die Ableistung gleichwertiger Arbeit geschlossen werden, da das Gericht die tatsächlich wahrgenommenen Aufgaben zu prüfen hat.[213] Durch diesen Ansatz ist gleichwertige Arbeit auch in unterschiedlichen Funktionen möglich.[214]

---

205 EuGH 31.5.1995, C-400/93, Slg. 1995, I-1275 Rn. 42 – Royal Copenhagen; 26.6.2001, C-381/99, Slg. 2001, I-4961 Rn. 43 – Brunnhofer.

206 EuGH 26.6.2001, C-381/99, Slg. 2001, I-4961 Rn. 50 – Brunnhofer.

207 EuGH 26.6.2001, C-381/99, Slg. 2001, I-4961 Rn. 47 – Brunnhofer.

208 Cass. soc. 15.12.1998, Nr. 95-43.630, Bull. civ. V, Nr. 551; 4.7.2000 Nr. 98-43.285, Bull. civ. V, Nr. 264; 23.10.2001 Nr. 99-43.153, Bull. civ. V, Nr. 330.

209 *Aubert-Monpeysson*, Dr. social 2005, 18 (21).

210 *Verkindt*, Dr. social 2008, 1051 (1056); *Aubert-Monpeysson*, Dr. social 2005, 18 (20 f.)

211 Cass. soc. 1.7.2009, Nr. 07-42.691, Bull. civ. V, Nr. 169; 22.10.2014, Nr. 13-18.362, Bull. civ. V, Nr. 252.

212 EuGH 26.6.2001, C-381/99, Slg. 2001, I-4961 Rn. 47 – Brunnhofer.

213 Cass. soc. 6.3.2007, Nr. 04-42.080, RJS 5/07 Nr. 600; 4.6.2014, Nr. 12-23.759, RJS 8-9/14 Nr. 630.

214 Cass. soc. 11.7.2007, Nr. 06-41.742, https://www.legifrance.gouv.fr; 6.7.2010, Nr. 09-40.021, Bull. civ. 2010, V, Nr. 158.

Beispielsweise kann die Arbeit des Abteilungsleiters für Personal, Recht und allgemeine Dienstleistungen gleichwertig zur Arbeit des Vertriebsleiters oder Finanzchefs sein.[215]

In diesem Sinne hob der Kassationshof eine Entscheidung des Berufungsgerichts auf, das nur festgestellt hatte, dass der Lohnkoeffizient (*coefficient*) der Arbeitnehmerin ihrer Verantwortung entsprach, ohne eine vergleichende Analyse mit den vergleichbaren männlichen Arbeitnehmern durchzuführen.[216] Der Lohnkoeffizient ist neben der Eingruppierung (*classification*) ein wichtiger Bestandteil der tarifvertraglichen Arbeitsplatzbewertung im französischen Arbeitsrecht. In allen Branchentarifverträgen (*conventions collectives de branche*) sind jeder Berufsgruppe mehrere Lohnkoeffizienten zugeordnet.[217] Der Lohnkoeffizient wird mit dem regelmäßig verhandelten Punktwert (*valeur du point*) multipliziert, also je höher der Koeffizient, desto höher das Grundgehalt.[218] Im konkreten Fall hatte die Arbeitnehmerin einen Koeffizienten von 600 und die männlichen Arbeitnehmer mindestens einen Koeffizienten von 800.

Zur Veranschaulichung der Verwendung von Berufsgruppen und Koeffizienten in französischen Branchentarifverträgen dient die folgende Übersicht. Sie ist dem Branchentarifvertrag der Architektur[219] nachgebildet und wurde zur besseren Verständlichkeit vereinfacht, indem kürzere Stellenbeschreibungen eingefügt wurden.

---

215 Cass. soc. 6.7.2010, Nr. 09-40.021, Bull. civ. V, Nr. 158; widersprüchliche (nach meiner Ansicht unzutreffende) Aussage in: *Vianden*, Gleiches Entgelt für gleichwertige Arbeit, 2020, S. 64 (vermutlich lag eine Verwechslung vor; in den Urteilen des Kassationshofs vor der Reform des Urteilsstils kann die Wiedergabe der Revisionsgründe sehr leicht mit der Entscheidung des Gerichts verwechselt werden; die Entscheidung findet sich erst am Ende des Urteils).

216 Cass. soc. 22.10.2014, Nr. 13-18.362, Bull. civ. V, Nr. 252.

217 *Miné*, Droit du travail en pratique, 30. Aufl. 2019, Rn. 518.

218 Beispiel für ein Gehaltsraster mit Punktwerten in: *Miné*, Droit du travail en pratique, 30. Aufl. 2019, Rn. 520.

219 Convention collective nationale, Entreprises d'architecture, 14.8.2017, abrufbar unter: https://www.architectes.org/sites/default/files/atoms/files/avenant_du_14_decembre_2017_relatif_a_la_classification.pdf [Zugriff: 26.11.2020].

Übersicht 3: Beispiel für die Arbeitsplatzbewertung in französischen Tarifverträgen

Tabelle 4: Personal in Verwaltung und Leitung

Berufsgruppe, Niveau und Kriterien für Stellenbeschreibungen			**Koeffizient**	**Erforderliche Ausbildung EN = nationale Ausbildungsnomenklatur**
Berufsgruppe 1	Niveau 1	Ständige Kontrolle; keine Erfahrung	200 220 240	EN Niveau V (kein Abitur)
Berufsgruppe 2	Niveau 1	Regelmäßige Kontrolle; keine Erfahrung	260 280 300	EN Niveau IV (Abitur)
	Niveau 2	Stichprobenkontrolle; Erfahrung	320 340 360	EN Niveau III (Abitur + zweijährige Ausbildung)
Berufsgruppe 3	Niveau 1	verantwortlich für einfache Projekte; Koordination von Fachpersonal	380 400 420	EN Niveau II (Abitur + dreijährige Ausbildung)
	Niveau 2	verantwortlich für mittelschwere Projekte; Koordination von Fachpersonal	380 400 420	EN Niveau II (Abitur + dreijährige Ausbildung)
Berufsgruppe 4	Niveau 1	untersteht dem Architekten; große Projekte; Koordination der Teams	440 460 480	EN Niveau I (Abitur + mind. fünfjährige Ausbildung)

III. Entgelt und jeder Vorteil

Der Entgeltbegriff des französischen Rechts entspricht dem europarechtlichen Entgeltbegriff des Art. 157 Abs. 2 AEUV und erstreckt sich auf sämtliche Vergütungsbestandteile.[220] Zum Entgelt gehören neben dem Grundgehalt auch alle Zusatzleistungen, die der Arbeitnehmer direkt, indirekt, bar oder als Sachleistung (*avantage en nature*) erhält.[221] Er ist auch auf Gehaltserhöhungen anwendbar, unabhängig davon, ob es sich um eine individuelle oder allgemeine Gehaltserhöhung handelt.[222] Der Gleichbehandlungsgrundsatz gilt insbesondere für:

- Sachleistungen: z. B. Dienstwagen, Diensthandy, Zugang zur Unternehmenskantine, Kantinenguthaben, Wohnraum;[223]
- Sozialleistungen: z. B. Kinderbetreuungsgeld[224] und die Zugangsbedingungen für Zusatzrenten-, Zusatzkrankenversicherungs- und andere Vorsorgesysteme;[225]
- Leistungsbezogene Entgeltbestandteile: u.a. Bonus, Provision und Gratifikation, unabhängig davon, ob sie individuell oder gruppenbezogen verteilt werden;[226]
- Leistungen in Zusammenhang mit Kündigungen: z. B. Maßnahmen des plans zur Arbeitsplatzerhaltung[227] oder vertraglich vereinbarte Abfindungen (*indemnité conventionnelles de licenciement*);[228]
- über den gesetzlichen Urlaub hinausgehende Urlaubstage (*jours de congés supplémentaires*);[229]

---

220 Art. L 3221-3 CT; zum Entgeltbegriff im EU-Recht: *Franzen,* in: Franzen/Gallner/Oetker (Hrsg.), Kommentar zum europäischen Arbeitsrecht, 3. Aufl. 2020, Art. 157 AEUV Rn. 17 ff.

221 Art. L 3221-3 CT.

222 *Miné,* Droit du travail en pratique, 30. Aufl. 2019, Rn. 526; Cass. soc. 28.9.2004, Nrn. 03-41.825 – 03-41.829, Bull. civ. V, Nr. 228.

223 Cass. soc. 10.12.2008, Nr. 07-41.879, https://www.legifrance.gouv.fr; *Alaman*, RPDS 2019, 119 (130).

224 Cass. soc. 27.2.1991, Nr. 90-42.239, Bull. civ. V, Nr. 101; 8.10.1996, Nr. 92-42.291, Bull. civ. V, Nr. 311.

225 Cass. soc. 11.1.2012, Nr. 10-15.806, Bull. civ. V, Nr. 13; 30.9.2013, Nrn. 12-14.752, 12-14.964, Bull. civ. V, Nr. 222.

226 Cass. soc. 10.10.2000, Nr. 98-41.389, Bull. civ. V, Nr. 317; 5.6.2001, Nr. 99-42.772, https://www.legifrance.gouv.fr; 18.5.1999, Nr. 98-40.201, Bull. civ. V, Nr. 213.

227 Cass. soc. 12.7.2010, Nr. 09-15.182, Bull. civ. V, Nr. 166; Lamy social 2020, Rn. 2843.

228 Cass. soc. 24.9.2014, Nr. 13-15.074, Bull. civ.V, Nr. 204.

229 Cass. soc. 1.7.2009, Nr. 07-42.675, Bull. civ. V, Nr. 168; 12.7.2017, Nr. 15-26.262, Bull. civ. V, Nr. 123; 24.4.2013, Nr. 10-20.473, Bull. civ. V, Nr. 118; 28.3.2012, Nr. 11-12.043, Bull. civ. V, Nr. 114.

– Eingruppierung und Koeffizient (*classification et coefficient*).[230]

Der Gleichbehandlungsgrundsatz ist allerdings nicht auf die Zuweisung von Überstunden (*heures supplémentaires*) und Bereitschaftszeiten (*heures d'astreinte*) anwendbar, die in der Regel mit einer höheren Vergütung verbunden sind.[231] Dies wird mit dem Weisungsrecht des Arbeitgebers (*pouvoir de direction*) begründet.[232] Der Kassationshof kontrolliert die Ausübung des Weisungsrechts nur auf Missbrauch (*abus*). Der Arbeitnehmer muss den Missbrauch zur Überzeugung des Gerichts nachweisen.[233] Die Literatur kritisiert diese Rechtsprechung teilweise und möchte den Gleichbehandlungsgrundsatz nicht nur auf Vorteile, sondern auch auf belastende Maßnahmen anwenden.[234]

IV. Anwendbarkeit auf tarifvertragliche Entgeltregelungen

Zunächst wurde die Regel „*à travail égal, salaire égal*" hauptsächlich auf einseitige Arbeitgeberentscheidungen angewendet. In Bezug auf Ungleichbehandlungen in Tarifverträgen herrschte zunächst Unklarheit, bis der Kassationshof mit dem *Arrêt Pain* im Jahr 2009 klarstellte, dass der Gleichbehandlungsgrundsatz auch auf tarifvertragliche Regelungen anwendbar sei.[235] Dies stieß in der Rechtsliteratur auf geteilte Ansichten.[236] Mittlerweile ist die Anwendung des Gleichbehandlungsgrundsatzes auf Tarifverträge kaum noch umstritten. Kollektivverhandlungen allein seien nicht ausreichend, um das Machtgleichgewicht auf dem Arbeitsmarkt herzustellen.[237] Tarifverträge müssen mit dem Gesetz konform sein und der richterrechtliche Gleichbehandlungsgrundsatz besitze die Autorität eines Gesetzes.[238] Das Gesetz und die Rechtsprechung müssen die Gleichheit in den individuellen und kollektiven Arbeitsbeziehungen

---

230 Cass. soc. 10.10.2012, Nr. 11-10.454, Bull. civ. V, Nr. 258; 12.12.2012, Nr. 11-24.562, https://www.legifrance.gouv.fr.

231 Cass. soc. 10.10.2012, Nrn. 11-10.454, 11-10.455, Bull. civ. V, Nr. 258.

232 *Fabre,* Sem. Soc. Lamy, Nr. 1560, 19.11.2012, S. 11.

233 *Fabre,* Sem. Soc. Lamy, Nr. 1560, 19.11.2012, S. 11 (13).

234 *Peskine/Wolmark,* Droit du travail, 12. Aufl. 2019, Rn. 407; *Auzero/Baugard/Dockès,* Droit du travail, 34. Aufl. 2021, Rn. 744; *Fabre*, Sem. Soc. Lamy, 19.11.2012 Nr. 1560, S. 11 (13 f.).

235 Cass. soc. 1.7.2009, Nr. 07-42675, Bull. civ. V, Nr. 168 – Arrêt Pain.

236 *Fabre,* in: Borenfreund/Vacarie (Hrsg.), Le droit social, l'égalité et les discriminations, 2013, 107 (119).

237 *Auzero/Baugard/Dockès,* Droit du travail, 34. Aufl. 2021, Rn. 730.

238 *Auzero/Baugard/Dockès,* Droit du travail, 34. Aufl. 2021, Rn. 745.

ebenfalls umsetzen.[239] Nach der Generalklausel des Arbeitsgesetzbuchs dürfe niemand, auch nicht die Koalitionen mit einem Tarifvertrag, die Menschen- und Freiheitsrechte des Arbeitnehmers ungerechtfertigt oder unverhältnismäßig beschränken.[240]

Die große Akzeptanz der richterlichen Kontrolle von Tarifverträgen lässt sich auch durch ein grundlegendes Strukturelement des französischen Tarifrechts erklären. Tarifverträge entfalten normative Wirkung auf sämtliche Arbeitsverhältnisse mit dem tarifgebundenen Arbeitgeber, unabhängig von der Tarifgebundenheit des Arbeitnehmers.[241] Zudem hat in Frankreich die Allgemeinverbindlichkeitserklärung durch den Arbeitsminister große Bedeutung.[242] Für zahlreiche Branchen existieren allgemeinverbindliche Tarifverträge (z. B. für den Einzelhandel, die metallverarbeitende Industrie, für den IT-Bereich, die chemische Industrie).[243] Für die Anwendung kommt es nur darauf an, ob ein Arbeitnehmer in Frankreich in der entsprechenden Branche eingesetzt wird. Daher können Tarifverträge erhebliche Auswirkungen auf Arbeitnehmer in Frankreich haben, ohne dass sie der Anwendung des Tarifvertrags entgehen könnten. Dies führt zu der paradoxen Situation, dass für ca. 95 % der Arbeitsverhältnisse ein Tarifvertrag anwendbar ist, obwohl nur ca. 7 % der französischen Arbeitnehmer Mitglied einer Gewerkschaft sind.[244]

V. Rechtsvergleichende Würdigung

Im deutschen Recht sind Tarifverträge anhand der mittelbaren Anwendung des Art. 3 GG zu kontrollieren; der gewohnheitsrechtliche Gleichbehandlungsgrundsatz gilt nur für Arbeitgeberentscheidungen und ist Ausdruck der mittelbaren Drittwirkung des Art. 3 GG.[245] Der arbeitsrechtliche Gleichbehandlungsgrundsatz verbietet es dem Arbeitgeber, Arbeitnehmer ohne

239 *Waquet,* L'entreprise et les libertés du salarié, 2003, S. 154; *Auzero/Baugard/Dockès,* Droit du travail, 34. Aufl. 2021, Rn. 730.

240 Art. L 1121-1 CT; dazu § 2 C. I., S. 35.

241 Art. L 2254-1 CT; *Ray,* Droit vivant, 29. Aufl. 2021, Rn. 839; vgl. *Halberstadt,* Die Gestaltung des Arbeitsvertrags durch Tarifvertrag im französischen Recht, 1. Aufl. 2017.

242 Art. L 2261-15 ff. CT; *Kammerer/Roß-Kirsch,* Arbeitsrecht in Frankreich, 2017, S. 9 f.

243 Abrufbar unter: https://www.legifrance.gouv.fr/contenu/menu/droit-national-en-vigueur/accords-collectifs [Zugriff: 10.1.2021].

244 *Ray,* Droit vivant, 29. Aufl. 2021, Rn. 1155.

245 *Junker,* Grundkurs Arbeitsrecht, 19. Aufl. 2020, Rn. 48 ff.

sachlichen Grund von Begünstigungen auszunehmen oder sie zu belasten.[246] Der Anwendungsbereich ist nicht auf den Betrieb beschränkt, sondern gilt für das Unternehmen, allerdings nur, sofern der Arbeitgeber eine überbetriebliche Regel aufstellt und anwendet.[247] Aufgrund der starken Stellung des Betriebsrats im deutschen Arbeitsrecht existiert zudem ein eigenständiger betriebsverfassungsrechtlicher Gleichbehandlungsgrundsatz.[248] Im französischen Arbeitsrecht besteht für eine vergleichbare Regelung oder Anwendung des allgemeinen Gleichbehandlungsgrundsatzes für die Arbeitnehmervertretung keine Notwendigkeit, da dem Wirtschafts- und Sozialausschuss keine Mitbestimmungsrechte zustehen.[249]

In zwei wichtigen Punkten unterscheidet sich der arbeitsrechtliche Gleichbehandlungsgrundsatz im deutschen Arbeitsrecht von der französischen Konzeption (dazu 1. und 2.). Die Anwendung des Gleichbehandlungsgrundsatzes bzw. des Gleichheitsgrundrechts auf Tarifverträge wird in beiden Rechtssystemen nach der herrschenden Meinung befürwortet (dazu 3.).

1. Keine allgemeine Regel „gleiches Entgelt für gleiche Arbeit" im deutschen Arbeitsrecht

Nach der ständigen Rechtsprechung des BAG verbietet der Gleichbehandlungsgrundsatz nur die willkürliche Schlechterstellung einzelner Arbeitnehmer gegenüber anderen in vergleichbarer Lage befindlichen Arbeitnehmern, also ihren willkürlichen Ausschluss aus einer bestimmten Ordnung.[250] Der Gleichbehandlungsgrundsatz besage hingegen nicht, dass von allen vergleichbaren Arbeitnehmern jeder einen Anspruch darauf hat, ebenso gestellt zu werden wie einzelne vom Arbeitgeber bevorzugte Arbeitnehmer. Ein vergleichbarer Ansatz lässt sich auch in der früheren Rechtsprechung des Kassationshofs vor dem *Arrêt Ponsolle* erkennen. Der Kassationshof hatte damals die Freiheit des Arbeitgebers betont, nach eigenem Ermessen Gehaltsunterschiede festzulegen und hatte lediglich eine Grenze für ungerechtfertigte Benachteiligungen

---

246 BAG 21.5.2003, 10 AZR 524/02, BAGE 106, 166 (168).

247 BAG 17.11.1998, 1 AZR 147/98, AP § 242 BGB Gleichbehandlung Nr. 162.

248 § 75 BetrVG; dazu: *Kania,* in: ErfK, 21. Aufl. 2021, § 75 BetrVG Rn. 1 ff.

249 Ausnahme nur durch Tarifvertrag, der einen Unternehmensrat (*conseil d'entreprise*) errichtet, dazu: *Engler,* EuZA 2020, 122 (131).

250 BAG 3.4.1957, 4 AZR 644/54, AP§ 242 BGB Gleichbehandlung Nr. 4; 12.7.1957, 1 AZR 129/56, AP BGB § 242 Gleichbehandlung Nr. 5; 25.4.1995, 3 AZR 446/94, AP § 242 BGB Gleichbehandlung Nr. 128.

(*discriminations injustifiées*) gesetzt.[251] Erst mit dem *Arrêt Ponsolle* wurde die richterliche Kontrolle mit einer allgemeinen Gleichbehandlungsregel erheblich ausgeweitet und es begann eine umfassende Objektivierung von Normen und Arbeitgeberentscheidungen. Daher sind im französischen Arbeitsrecht auch willkürliche Besserstellungen einzelner Arbeitnehmer ein Verstoß gegen den Gleichbehandlungsgrundsatz. Für die deutsche Konzeption spricht, dass für die willkürliche Benachteiligung eines einzelnen Arbeitnehmers oder einer Arbeitnehmergruppe eine erhebliche Schutzlücke bestand, die der Schließung mittels Richterrecht bedurfte. Die willkürliche Bevorzugung kommt demgegenüber vermutlich eher selten vor, da es für den Arbeitgeber regelmäßig nicht wirtschaftlich ist, ohne sachlichen Grund einen einzelnen Arbeitnehmer zu bevorzugen. Für die französische Lösung einer allgemeinen Regel mit einem weiten Anwendungsbereich spricht, dass ein Entgeltsystem gefördert wird, das auf objektiven und sachdienlichen Kriterien beruht, die der Richter ggf. überprüfen kann und an denen sich die Arbeitsvertragsparteien orientieren können.

Im deutschen Arbeitsrecht existiert eine entsprechende Zwecksetzung des Gleichbehandlungsgrundsatzes nicht. Allerdings fügte der Gesetzgeber eine spezielle Regelung im EntgTranspG ein, um objektive Anforderungen an die vom Arbeitgeber verwendeten Entgeltsysteme festzulegen.[252] Diese Anforderungen gelten für alle betrieblichen oder kollektivrechtlichen Bewertungs-, Einstufungs- oder sonstigen Entgeltsysteme, die in irgendeiner Form das Entgelt der Beschäftigten festlegen.[253] Das Entgeltsystem muss als Ganzes und in den einzelnen Entgeltbestandteilen so ausgestaltet sein, dass eine Diskriminierung wegen des Geschlechts ausgeschlossen ist. Die Regelung richtet sich an den Arbeitgeber und überträgt ihm die Ergebnisverantwortung für das verwendete System.[254] Insbesondere ist gem. § 4 Abs. 4 Satz 2 EntgTranspG die Art der Tätigkeit objektiv zu berücksichtigen, es sind gemeinsame Kriterien für alle Arbeitnehmer zu verwenden, die Kriterien sind diskriminierungsfrei zu gewichten und das System muss insgesamt durchschaubar sein. Die Regelung bezweckt die Objektivierung und Überprüfbarkeit von Entgeltregelungen. Es bleibt abzuwarten, ob und wie die Rechtsprechung § 4 Abs. 4 EntgTranspG in ihren Entscheidungen im Entgeltbereich berücksichtigen wird.

---

251 *Lyon-Caen*, Dr. social 1996, 1013 (1014); Cass. soc. 10.12.1987, Nr. 84-44.977, Bull. civ. V, Nr. 720.

252 § 4 Abs. 4 EntgTranspG.

253 Entwurf eines Gesetzes zur Förderung der Transparenz von Entgeltstrukturen, BT-Dr. 18/11133, 13.2.2017, S. 52.

254 *Oberthür*, NJW 2017, 2228 (2230 f.).

2. *Individuelle Vertragsfreiheit*

Im deutschen Rechtssystem wird der Gleichbehandlungsgrundsatz aufgrund der Vertragsfreiheit nur eingeschränkt auf die Vergütung angewendet.[255] Umstritten ist insbesondere die Anwendung auf das Grundgehalt und die Erstlohnfestsetzung.[256] Im Entgeltbereich gilt der Grundsatz nur, wenn die Vergütungen durch eine Einheitsregelung des Arbeitgebers generell angehoben werden und die Leistungen nach einem bestimmten erkennbaren und generalisierenden Prinzip gewährt werden, indem bestimmte Voraussetzungen oder Zwecke festgelegt werden.[257] Bei einem individuell verhandelten Gehalt oder Gehaltserhöhung fehle es bereits an der erforderlichen allgemeinen Regel.[258] Die Verhandlung eines höheren Gehalts führe grundsätzlich nicht zu einer Unwirksamkeit der Vergütung des schlechter bezahlten Arbeitnehmers.[259]

Der Grundsatz wird allerdings auch auf die Erstlohnfestsetzung angewendet, wenn der Arbeitgeber ein allgemeines Vergütungssystem verwendet.[260] Die Rechtsprechung des BAG zum allgemeinen Vergütungssystem wird in der Literatur befürwortet. In vielen Fällen sei der Arbeitsvertrag durch die allgemeinen Arbeits- und Vergütungsbedingungen des Unternehmens geprägt und daher vom Arbeitgeber vorgegeben.[261] Auf diese Fälle sei der Gleichbehandlungsgrundsatz anwendbar und die Ungleichbehandlung sei auf die sachliche Rechtfertigung zu überprüfen.[262] Soweit allerdings ein Arbeitsvertrag in Verhandlungsparität individuell ausgehandelt werde, bleibe für die Anwendung des Gleichbehandlungsgrundsatzes kein Raum. Der Arbeitgeber sei zudem nicht verpflichtet, ein allgemeines Vergütungssystem zu etablieren oder eine allgemeine Gehaltserhöhung zu regeln.[263]

---

255 BAG 9.11.1972, 5 AZR 224/72, AP § 242 BGB Gleichbehandlung Nr. 36.

256 Dazu ausführlich: *Zierold,* Arbeitsrechtliche Gleichbehandlung und Diskriminierungsverbote im Entgeltbereich, 2004, S. 48 ff., 55 ff.

257 BAG 14.12.2011, 10 AZR 510/10, AP § 242 BGB Gleichbehandlung Nr. 216; 21.9.2011, AP § 242 BGB Gleichbehandlung Nr. 215.

258 *Zierold,* Arbeitsrechtliche Gleichbehandlung und Diskriminierungsverbote im Entgeltbereich, 2004, S. 54.

259 BAG 21.6.2000, 5 AZR 806/98, NZA 2000, 1050 f.

260 BAG 21.6.2000, 5 AZR 806/98, NZA 2000, 1050 f.

261 *Wiedemann,* Die Gleichbehandlungsgebote im Arbeitsrecht, 2001, S. 18 ff.

262 *Hilger,* RdA 1975, 32 (33 f.); *Frey,* Der Grundsatz der Gleichbehandlung im Arbeitsrecht bei geldlichen Ansprüchen, 1963, S. 98.

263 BAG 15.11.1994, 5 AZR 682/93, AP § 242 BGB Gleichbehandlung Nr. 121.

Obwohl der Gleichbehandlungsgrundsatz im französischen Rechtssystem als allgemeine Regel gilt und er im *Arrêt Ponsolle* auf ein im Arbeitsvertrag vereinbartes Grundgehalt angewendet wurde, wird das Verhältnis der Vertragsfreiheit zum Gleichbehandlungsgrundsatz kaum diskutiert.[264] Bisher ist eine schwierige Arbeitsmarktsituation als ein Rechtfertigungsgrund für ein höheres Gehalt des neu eingestellten Arbeitnehmers anerkannt.[265] Zudem kann nach ständiger Rechtsprechung des Kassationshofs ein Bonus im Arbeitsvertrag vereinbart werden, dessen Höhe im freien Ermessen des Arbeitgebers liegt (*bonus discrétionnaire*).[266] Wurde ein solcher Bonus vereinbart, ist der Gleichbehandlungsgrundsatz zwar anwendbar. Ein Arbeitnehmer mit einem niedrigeren Bonus als seine Kollegen kann in diesem Fall aber nicht erfolgreich auf die Bonuszahlung klagen, indem er nur die Höhe der Boni vorträgt und behauptet, sie seien nicht nach objektiven und nachprüfbaren Kriterien vergeben worden, sondern er trägt die Beweislast für die fehlende Rechtfertigung.[267]

Soweit ersichtlich existieren darüber hinaus keine höchstrichterlichen Entscheidungen zu der Frage, inwiefern die individuelle Verhandlungsfähigkeit eines Arbeitnehmers die Anwendung des Gleichbehandlungsgrundsatzes begrenzt. Das Problembewusstsein des Kassationshofs ist durchaus vorhanden. In seinem jährlichen Bericht von 2008 wies er knapp darauf hin, dass diese Frage noch offen sei.[268] Die Umsetzung der Gleichheit in den privaten Rechtsbeziehungen stehe in Widerspruch zum individuellen Arbeitsvertrag, der beiden Vertragsparteien das Aushandeln gesonderter Regelungen ermögliche.[269]

Angelegt ist das Problem bereits in der Herleitung des Gleichbehandlungsgrundsatzes. Der Kassationshof leitete ihn aus den Regelungen zur Entgeltgleichheit zwischen Frauen und Männern ab.[270] Für diese hatte sich der französische Gesetzgeber an den internationalen und europarechtlichen Regelungen orientiert.[271] Bereits 1976 hatte der EuGH Art. 157 AEUV für unmittelbar zwischen Privaten anwendbar erklärt. In Kombination mit dem Anwendungsvorrang kann die europarechtliche Entgeltgleichheitsregel daher

264 *Dabosville*, RDT 2019, 59 (65).

265 Cass. soc. 21.6.2005, Nr. 02-42 658, Bull. civ. V, Nr. 206.

266 Cass. soc. 10.10.2012, Nr. 11-15.296, Bull. civ. V, Nr. 259.

267 Lamy social 2020, Rn. 272.

268 *Cour de cassation*, Rapport annuel 2008, S. 88 f.

269 *Cour de cassation*, Rapport annuel 2008, S. 88 f.

270 Cass. soc. 29.10.1996, Nr. 92-43680, Bull. civ. V, Nr. 359 – Arrêt Ponsolle.

271 *Auzero/Baugard/Dockès*, Droit du travail, 34. Aufl. 2021, Rn. 738; *Laufer*, L'égalité professionnelle entre les femmes et les hommes, 2014, S. 23.

der Anwendung einzelvertraglicher Regelungen entgegenstehen.[272] Die Berücksichtigung der Vertragsfreiheit wird auf europarechtlicher Ebene aufgrund der unterschiedlichen Gleichheitskonzeption nicht problematisiert. Die Herleitung aus der Menschenwürde erleichterte es dem EuGH, den Vorrang der Entgeltgleichheit im Sinne von Nichtdiskriminierung vor der Vertragsfreiheit zu statuieren. Es scheint, als würde der französische Kassationshof dieser Frage daher auf nationaler Ebene ausweichen. Obwohl der Kassationshof dem Arbeitgeber nicht gewährt, das vertraglich vereinbarte Entgelt der Anwendung des Gleichbehandlungsgrundsatzes entgegenzuhalten, stellte er nie explizit den Vorrang der allgemeinen Gleichbehandlung vor der Vertragsfreiheit fest.[273]

Letztendlich liegt im französischen und deutschen Arbeitsrecht der Großteil der Anwendungsfälle im Bereich der einseitigen Arbeitgeberentscheidungen und auf den zusätzlichen Gehaltsbestandteilen.[274] Sofern Arbeitnehmer mit dem Arbeitgeber einen Arbeitsvertrag aushandeln, sind dies in der Regel hoch qualifizierte, gefragte oder spezialisierte Arbeitnehmer. Ein strukturelles Machtungleichgewicht besteht in diesen Fällen nicht. Zudem fehlt es in der Regel am vergleichbaren Arbeitnehmerkreis und es wird daher vermutlich selten zu Klagen wegen Gehaltsunterschieden kommen. Auch wenn einzelne Arbeitnehmer erfolgreich eine individuelle Gehaltserhöhung verhandeln, kommt es kaum zu Klagen anderer Arbeitnehmer. Es ist daher fraglich, ob es in beiden Rechtssystemen zu weiteren höchstrichterlichen Entscheidungen über diese Frage kommen wird.

3. Anwendung auf Tarifverträge

In Frankreich können nach Ansicht der herrschenden Lehre und Rechtsprechung die tarifvertraglichen Regelungen durch den Richter kontrolliert werden. Im deutschen Rechtssystem wird der gewohnheitsrechtliche Gleichbehandlungsgrundsatz nicht auf Tarifverträge angewendet, sondern es hat sich eigenständiges Richterrecht zur Grundrechtskontrolle von Tarifverträgen entwickelt. Die Anwendung des Gleichheitsgrundrechts, Art. 3 GG, auf Tarifverträge ist weitgehend anerkannt, wobei teils eine unmittelbare Grundrechtsbindung und teils eine mittelbare Grundrechtsbindung vertreten wird.[275]

---

272 *Franzen,* in: Franzen/Gallner/Oetker (Hrsg.), Kommentar zum europäischen Arbeitsrecht, 3. Aufl. 2020, Art. 157 AEUV Rn. 4, 8.

273 *Dabosville,* RDT 2019, 59 (66).

274 *Bailly,* in: Cour de cassation, Rapport annuel 2003, S. 67 (77 f.); für die deutsche Rechtslage: *Preis,* in: ErfK, 21. Aufl. 2021, § 611a Arbeitsvertrag Rn. 593.

275 Zum Streitstand: *Löwisch/Rieble,* Tarifvertragsgesetz, 4. Aufl. 2017, § 1 Rn. 664.

Tarifnormen gelten im deutschen Recht grundsätzlich nur zwischen beiderseits tarifgebundenen Arbeitsvertragsparteien unmittelbar und zwingend.[276] Daher existierte unter dem Stichwort Belastungseinwilligung lange ein Argument gegen die Notwendigkeit einer richterlichen Kontrolle von Tarifverträgen.[277] Die höchstrichterliche Rechtsprechung des BAG bleibt bezüglich der richterlichen Kontrollen von Tarifverträgen uneinheitlich.[278] Bemerkenswert ist insofern die jüngste Rechtsprechung des 4. Senats.[279] Der Senat begründet die Nichtanwendung des Gleichheitsgrundsatzes auf tarifliche Regelungen mit dem fehlenden strukturellen Ungleichgewicht der Verhandlungspartner. Die Verfassung setze Verhandlungsparität voraus und deshalb bedürfe das privatautonome Handeln des Arbeitgebers keiner Inhaltskontrolle. Der Leitsatz des Urteils geht bereits von einer grundlegend anderen Annahme aus, als das Bundesverfassungsgericht, das in ständiger Rechtsprechung den Sinn und Zweck der Tarifautonomie in der Herstellung fairer Verhandlungschancen sieht.[280] Es wäre ein logischer Widerspruch, wenn eine Norm mit einem bestimmten Ziel von eben diesem Zustand als Voraussetzung ausgeht.[281] Zudem macht eine tariffähige Gewerkschaft als Verhandlungspartner eine richterliche Grundrechtskontrolle einer verhandelten Tarifnorm nicht entbehrlich. Die anderen Senate des BAG vertreten demgegenüber die mittelbare Bindung der Tarifpartner an Art. 3 GG,[282] wobei den Tarifvertragsparteien eine Einschätzungsprärogative eingeräumt wird, soweit es um die Beurteilung der tatsächlichen Regelungsprobleme und der Regelungsfolgen geht, sowie ein Beurteilungs- bzw. Ermessensspielraum, soweit es um die inhaltliche Gestaltung der Regelungen geht.[283]

Somit ist auch in Deutschland eine richterliche Tarifvertragskontrolle anhand des Gleichheitsgrundrechts Art. 3 GG weitgehend anerkannt, wobei

---

276 § 4 Abs. 1 Satz 1 TVG.

277 *Dieterich,* RdA 2001, 112 (115 ff.).

278 Dazu: *Ulber,* in: Däubler (Hrsg.), Tarifvertragsgesetz, 4. Aufl. 2016, Einl. Rn. 207 ff.

279 BAG 21.5.2014, 4 AZR 50/13, AP § 242 BGB Gleichbehandlung Nr. 220.

280 BVerfG 11.7.2017, 1 BvR 1571/15, 1 BvR 1477/16, 1 BvR 1043/16, 1 BvR 2883/15, 1 BvR 1588/15, BVerfGE 146, 71 Rn. 145 f.; BVerfG 26.06.1991, 1 BvR 779/85, BVerfGE 84, 212, NJW 1991.

281 Weitere Kritik: Anm. *Giesen,* in: AP § 242 BGB Gleichbehandlung Nr. 220.

282 BAG 15.1.1955, 1 AZR 305/54, BAGE 1, 258; 27.5.2004, 6 AZR 129/03, AP § 1 TVG Gleichbehandlung Nr. 5; 16.8.2005, 9 AZR 378/04, AP § 1 TVG Gleichbehandlung Nr. 8.

283 BAG 4.4.2000, 3 AZR 729/98, AP § 1 TVG Gleichbehandlung Nr. 2; 18.5.1999, 9 AZR 419/98, AP § 1 TVG Tarifverträge: Fleischerhandwerk Nr. 1.

der Umfang der richterlichen Kontrolle wie im französischen Recht umstritten ist.[284]

B. Rechtfertigung von Ungleichbehandlungen

Eine Ungleichbehandlung im Anwendungsbereich des Gleichbehandlungsgrundsatzes kann aus objektiven und sachdienlichen Gründen gerechtfertigt sein. Damit der Richter feststellen kann, ob diese Gründe wirklich vorliegen, müssen die Rechtfertigungsgründe auch materiell nachprüfbar sein.[285] Die Sachdienlichkeit eines Grundes wird im Hinblick auf die Zwecksetzung der Regelung beurteilt.[286] Grundsätzlich trägt der Arbeitgeber die Darlegungs- und Beweislast für die Rechtfertigungsgründe der Ungleichbehandlung. Zu Ungleichbehandlungen in Kollektivverträgen existierte seit 2015 eine allgemeine Rechtfertigungsvermutung, die der Kassationshof in einer stark kritisierten Entscheidung im Jahr 2019 wegen europarechtlicher Bedenken bezüglich Art. 157 AEUV aufgab (dazu II.).

I. Objektive, sachdienliche und materiell nachprüfbare Gründe

Die französischen Gerichtsentscheidungen zu den objektiven, sachdienlichen und materiell nachprüfbaren Gründen sind zahlreich.

1. Rechtfertigungsgründe und ihre Ausnahmen

Obwohl die Merkmale Unternehmenszugehörigkeit, Verantwortung und Ausbildung für die Bestimmung der vergleichbaren Arbeitnehmer berücksichtigt werden, können diese Merkmale auch Rechtfertigungsgründe sein. Dies ist kein Widerspruch, da der Kreis der vergleichbaren Arbeitnehmer je nach Entgeltregelung vom Gericht sehr unterschiedlich eingegrenzt werden kann. Zudem können durch die weite Auslegung des Begriffs „gleichwertige Arbeit"[287] auch unterschiedliche Funktionen im Unternehmen vergleichbar sein.

---

284 Dazu § 3 B. II., S. 78.

285 Cass. soc. 1.7.2009, Nr. 07-42.675, Bull. civ. V, Nr. 168; 21.6.2005, Nr. 02-42.658, Dr. social 2005, 1047.

286 Lamy social 2020, Rn. 284.

287 *Aubert-Monpeyssen,* Dr. social 2005, 19 (25).

a. Rechtfertigungsgründe aus der Sphäre des Arbeitnehmers

Die längere Unternehmenszugehörigkeit kann eine ungleiche Vergütung rechtfertigen, außer wenn auf ihrer Grundlage bereits ein Bonus (*prime*) gezahlt wird.[288] In Frankreich sind Boni für eine längere Unternehmenszugehörigkeit üblich.[289] Auch unterschiedliche Verantwortlichkeiten (*responsabilités*) können eine Ungleichbehandlung rechtfertigen. Im entschiedenen Fall hatte ein männlicher Filialleiter vier Standorte geleitet und eine Filialleiterin einen Standort.[290]

Ein bestimmter Abschluss oder die Berufserfahrung können Ungleichbehandlungen rechtfertigen, wenn sie im Zusammenhang zum Arbeitsplatz und der ausgeübten Verantwortung stehen.[291] Die bei einem früheren Arbeitgeber erworbene Berufserfahrung kann eine Gehaltsdifferenz nur zum Zeitpunkt der Einstellung und nur insoweit rechtfertigen, als sie mit den Anforderungen der Stelle und den tatsächlich ausgeübten Verantwortlichkeiten zusammenhängt.[292] Ein spezieller Abschluss rechtfertigt eine höhere Vergütung im Vergleich zu einem anderen Abschluss nur, wenn er für die Ausübung der Arbeit spezifische Kenntnisse vermittelt. In einem entschiedenen Fall hatten zwei Arbeitnehmer in der Marketingabteilung auf der gleichen Position gearbeitet. Der Arbeitnehmer mit einem Ingenieurstudium und einem weiteren technischen Hochschulabschluss erhielt eine um 20 % höhere Vergütung als der Arbeitnehmer, der ein Studium im Managementbereich absolviert hatte.[293] Der Arbeitgeber konnte in diesem Fall nicht zur Überzeugung des Gerichts belegen, inwiefern die technischen Kenntnisse auf dem kaufmännischen Arbeitsplatz von Nutzen sind.[294] Die Rechtsprechung des Kassationshofs erfolgte vor dem Hintergrund, dass in Frankreich viele gut ausgebildete Studienabgänger auf Positionen arbeiten, die den konkret erworbenen Studienabschluss nicht erfordern. Eine höhere Bezahlung allein aufgrund des Abschlusses ist in diesen Fällen nicht gerechtfertigt.

---

288 Cass. soc. 19.12.2007, Nr. 06-44.795, https://www.legifrance.gouv.fr.

289 *Aubert-Monpeyssen*, Dr. social 2005, 19 (24).

290 Cass. soc. 23.3.1999, Nr. 96-43.767, https://www.legifrance.gouv.fr.

291 Cass. soc. 9.12.2003, Nr. 01-43.039, https://www.legifrance.gouv.fr/; 17.3.2010, Nr. 08-43.088, Bull. civ. V, Nr. 70.

292 Cass. soc. 11.1.2012, Nr. 10-19.438, https://www.legifrance.gouv.fr; 10.11.2009, Nr. 07-45.528, Bull. civ. V, Nr. 252.

293 Cass. soc. 13.11.2014, Nrn. 12-20.069, 13-10.274, Bull. civ. V, Nr. 264.

294 Lamy social 2020, Rn. 287.

Als verhaltensbedingte Rechtfertigungsgründe sind unumstritten die Leistungen des Arbeitnehmers und die Qualität der geleisteten Arbeit anerkannt.[295] Der Arbeitgeber kann insbesondere die erreichten Ziele des Arbeitnehmers und Arbeitsevaluationen berücksichtigen.[296] Die Arbeitsevaluationen müssen auf objektiven und nachprüfbaren Kriterien beruhen.[297] Eine pauschale Behauptung der schlechteren oder mittelmäßigen Leistung ist nicht ausreichend, um z. B. die Nichtgewährung einer kollektiv gewährten Zulage (*prime collective)* zu begründen.[298] Es handelt sich dabei um eine Zulage, die gruppenbezogen verteilt wird, also für jeden Arbeitnehmer einer Gruppe gleich hoch ausfällt und nicht individuell für jeden Arbeitnehmer einzeln berechnet wird (*prime individuelle*). Aus dieser Rechtsprechung folgt, dass der Arbeitgeber ein objektives Evaluationssystem einrichten sollte, wenn er Gehaltsbestandteile nach Arbeitsqualität und Verhalten differenzieren möchte.[299]

Sehr schwierig zu beurteilen ist es, wenn die Arbeitnehmer unterschiedliche Funktionen (*fonctions*) auf derselben Hierarchieebene ausüben, z. B. im Vorstand (*comité exécutif*). In zwei sehr ähnlich gelagerten Fällen hatte der Kassationshof gegensätzlich entschieden.[300] Es ging in beiden Fällen um eine Personalvorständin (*directrice des ressources humaines*), die sich mit dem männlichen Finanzvorstand (*directeur financier*) und dem männlichen Vertriebsvorstand (*directeur commercial*) verglich. In Frankreich können Mitglieder der Geschäftsführung neben der Organstellung unter bestimmten Voraussetzungen einen Arbeitsvertrag haben,[301] daher war in diesen Fällen der Gleichbehandlungsgrundsatz anwendbar.[302] Im ersten Fall entschied der Kassationshof, dass die Unterschiede im Grundgehalt und den Zusatzleistungen durch die unterschiedlichen Positionen gerechtfertigt seien.[303] Im zweiten

---

295 *Cour de cassation,* Rapport annuel 2006, S. 276; *Gasser,* RJS 2007, 687 (692); *Peskine/Wolmark,* Droit du travail, 12. Aufl. 2019, Rn. 370.

296 *Gosselin,* Sem. Soc. Lamy, Nr. 1344, 10.3.2008, 8 (9).

297 Cass. soc. 8.11.2005, Nr. 03-46.080, https://www.legifrance.gouv.fr.

298 Cass. soc. 26.11.2002, Nr. 00-41.633, Bull. civ. V, Nr. 354; 2.10.2001, Nr. 99-17.577, https://www.legifrance.gouv.fr.

299 Lamy social 2020, Rn. 290.

300 Cass. soc. 26.6.2008, Nr. 06-46.204, Bull. civ. V, Nr. 141; 6.7.2010, Nr. 09-40.021, Bull. civ. V, Nr. 158.

301 Dazu ausführlich: *Hohenadel,* Die arbeitsrechtliche Stellung der Geschäftsleiter im französischen Recht, 1997.

302 *Kammerer/Roß-Kirsch,* Arbeitsrecht in Frankreich, 2017, S. 70 f.

303 Cass. soc. 26.6.2008, Nr. 06-46.204, Bull. civ. V, Nr. 141.

Fall lehnte der Kassationshof die Rechtfertigung der Gehaltsunterschiede ab. Das Berufungsgericht (Cour d'appel) hatte zuvor festgestellt, dass die höheren Angestellten (*cadres dirigeants*) auf derselben Hierarchieebene mit der gleichen Einstufung und vergleichbarer Bedeutung für das Unternehmen tätig waren, wobei die nervliche Belastung (*charge nerveuse*), die Verantwortung und das Ausbildungsniveau ebenfalls gleichwertig waren.[304]

Problematisch sind zudem Gehaltsbestandteile, die an die Schwangerschaft oder die Mutterschaft anknüpfen. Wenn sie den Zweck haben, die Betreuungsarbeit und deren Kosten zu kompensieren, können solche Zulagen eine Ungleichbehandlung anderer Arbeitnehmer sein, die ebenfalls in einer solchen Situation sind. Die Anknüpfung nur an die Mutterschaft wäre bei einer solchen Zwecksetzung nicht gerechtfertigt. Allerdings können schwangere Arbeitnehmerinnen und Mütter auf Grundlage von Art. 157 Abs. 4 AEUV rechtmäßig eine Zulage erhalten, die den Zweck hat, tatsächliche Ungleichheiten auszugleichen (positive Diskriminierung).[305]

Ein arbeitsplatzbezogener Grund für ein ungleiches Gehalt kann zudem die gelegentliche Nachtarbeit im Vergleich zur regelmäßigen Nachtarbeit sein. Der regelmäßig nachts arbeitende Arbeitnehmer muss besondere Vorkehrungen treffen, um sein Privatleben für die ständige Nachtarbeit zu organisieren, während dies bei gelegentlichen nächtlichen Einsätzen nur punktuell erforderlich ist.[306] Daher sei das um 25 Prozent erhöhte Grundgehalt für die ständige Nachtarbeit gerechtfertigt. Der gelegentlich nachts Arbeitende kann demgegenüber einen höheren Stundenlohn für seine nächtlichen Arbeitsstunden erhalten.

b. *Wirtschaftliche und soziale Gründe*

Die Gründe für eine Ungleichbehandlung können auch wirtschaftlicher Art sein.[307] Die schwierige Suche nach neuen Arbeitskräften kann ein höheres Entgelt für neu eingestellte Arbeitnehmer rechtfertigen.[308] Der Arbeitgeber kann die Knappheit durch die lange Vakanz der Stelle und die Anzahl der Bewerber belegen.[309] Ebenso können unterschiedliche Lebenshaltungskosten in zwei Regionen eine unterschiedliche Bezahlung in den Regionen rechtfertigen.[310]

---

304 Lamy social 2020, Rn. 286.

305 Cass. soc. 21.3.2000, Nrn. 98-45.485, 98-45.490, Bull. civ. V, Nr. 110.

306 Lamy social 2020, Rn. 286.

307 *Gasser*, RJS 2007, 687 (688).

308 Cass. soc. 21.6.2005, Nr. 02-42.658, Bull. civ. V, Nr. 206.

309 Cass. soc. 16.3.2011, Nr. 09-43.529, https://www.legifrance.gouv.fr.

310 Cass. soc. 14.9.2016, Nr. 15-11.386, Bull. civ. V, Nr. 210.

Ein Plan zur Arbeitsplatzerhaltung kann die niedrig bezahlten Arbeitnehmer begünstigen, indem eine pauschale Obergrenze für die Abfindungen der Arbeitnehmer festgelegt wird.[311] So werde verhindert, dass bei der Verteilung der Entschädigungssumme deren Großteil an Arbeitnehmer mit den höchsten Gehältern ausbezahlt wird.

c. Kollektive Organisation

Eine Besonderheit gilt aufgrund der Organisation der Arbeitnehmervertretung in eigenständigen Betrieben (*établissements distincts*), in denen eine eigene Gewerkschaftsvertretung gewählt wurde.[312] Die im Betrieb repräsentativen Gewerkschaften können für solche Betriebe einen Betriebstarifvertrag (*accord d'établissement*) abschließen oder Sonderregelungen im Unternehmenstarifvertrag (*accord d'entreprise*) verhandeln. Für die dadurch entstehenden Ungleichbehandlungen gilt eine Rechtfertigungsvermutung.[313] Der Arbeitnehmer müsste daher den in der Regel schwierigen Beweis erbringen, dass er ohne jeden berufsbezogenen Grund ungleich behandelt wurde.[314] Diese Vermutung gilt allerdings nicht für einseitiges Arbeitgeberhandeln.[315]

d. Gesetze und Gerichtsentscheidungen

Folgt eine Ungleichbehandlung aus gesetzlichen Regelungen oder einer Gerichtsentscheidung, ist die Ungleichbehandlung gerechtfertigt.[316] Zum Beispiel sind nach einem Arbeitgeberwechsel den Arbeitnehmern des Erwerbers nicht die gleichen Vorteile wie den Arbeitnehmern des erworbenen Unternehmens zu zahlen, da diese nur begrenzt aufgrund der gesetzlichen Vorschriften aufrechterhalten werden.[317] Auch neu eingestellte Arbeitnehmer sind vom Erwerber nicht mit den übergegangenen Arbeitsverhältnissen gleichzustellen.[318] Zudem kommt es in diesem Bereich zu einer Überschneidung mit dem

---

311 Cass. soc. 28.10.2015, Nr. 14-16115, Bull. civ. V, Nr. 360.

312 Dazu: *Peskine/Wolmark*, Droit du travail, 12. Aufl. 2019, Rn. 1124; Zur Arbeitnehmervertretung in Frankreich: *Engler*, EuZA 2020, 122 ff.

313 Cass. soc. 3.11.2016, Nr. 15-18.444, Bull. civ. V, Nr. 206; 4.10.2017, Nr. 16-17.517, Bull. civ. V, Nr. 170; 30.5.2018, Nr. 17-12.782, Bull. civ. V, Nr. 94.

314 *Alaman*, RPDS 2019, 119 (124).

315 Cass. soc. 14.9.2016, Nr. 15-11.386, Bull. civ. V, Nr. 210.

316 Für Ungleichbehandlung in Folge einer Gerichtsentscheidung: Cass. soc. 23.10.2013, Nr. 12-12.894, Bull. civ. V, Nr. 250.

317 Art. L 2261-13 f. CT.

318 Cass. soc. 19.6.2007, Nr. 06-44.047, Bull. civ. V, Nr. 104.

Diskriminierungsrecht. Im französischen Recht sind tarifvertragliche Maßnahmen der positiven Diskriminierungen zugunsten von Frauen anerkannt, wenn sie dem Ausgleich tatsächlich existierender Ungleichheiten dienen.[319] Eine solche Besserstellung von weiblichen Arbeitnehmern ist gleichzeitig eine Ungleichbehandlung im Sinne des Gleichbehandlungsgrundsatzes, die jedoch durch das Diskriminierungsrecht und Art. 157 Abs. 4 AEUV gerechtfertigt ist.[320]

2. *Keine anerkannten Rechtfertigungsgründe*

Einige Gründe können ohne weitere Begründung eine Ungleichbehandlung nicht rechtfertigen. Das wirtschaftliche Risiko des Arbeitgebers bei der Neueröffnung einer weiteren Filiale ist keine Rechtfertigung für ein niedrigeres Gehalt der dort arbeitenden Arbeitnehmer.[321] Auf einem verpönten Diskriminierungsmerkmal beruhende Gründe können eine Ungleichbehandlung ebenso wenig rechtfertigen.[322]

Das Einstellungsdatum (*date d'embauche*) allein kann eine Ungleichbehandlung nicht rechtfertigen.[323] In einem Fall hatte der Arbeitgeber eine einseitige Verpflichtung (*engagement unilatéral*) beendet und seine Arbeitnehmer auf den gleichen Positionen unterschiedlich vergütet, da er die neu eingestellten Arbeitnehmer in eine andere Gruppe des Tarifvertrags eingruppierte, ohne die früher eingestellten Arbeitnehmer umzugruppieren.[324] Auch Tarifverträge dürfen nicht ohne weiteren objektiven und sachdienlichen Grund nach Einstellungsdatum differenzieren.[325]

Dies gilt auch für Ungleichbehandlungen, die an die Zugehörigkeit zu einer Berufskategorie (z. B. Arbeiter, Ingenieure, höhere Angestellte) anknüpfen – sog. Kategorievorteile (*avantages catégoriels*). Sind sie in einer einseitigen Arbeitgeberentscheidung oder in einer Vereinbarung des Arbeitgebers mit der gewählten Personalvertretung (*accord atypique*) vorgesehen, müssen

319 Art. L 1142-4 CT.
320 Cass. soc. 12.7.2017, Nr. 15-26.262, Bull. civ. V, Nr. 123.
321 Cass. soc. 17.6.2012, Nr. 10-27.044, https://www.legifrance.gouv.fr.
322 Lamy social 2020, Rn. 303 Nationalität.
323 Cass. soc. 12.2.2008, Nr. 06-45.397, Bull. civ. V, Nr. 36; 3.4.2019, Nr. 17-11.970, https://www.legifrance.gouv.fr.
324 Cass. soc. 12.2.2008, Nr. 06-45.397, Bull. civ. V, Nr. 36.
325 Lamy social 2020, Rn. 298.

weitere Rechtfertigungsgründe vorliegen.[326] Gerechtfertigte Kategorievorteile sind z. B.:

- eine höhere Abfindung für höhere Angestellte aufgrund einer größeren Kündigungswahrscheinlichkeit;[327]
- ein 13. Monatsgehalt für höhere Angestellte, das die Jahresarbeitsleistung honorieren soll;[328]
- ein zusätzlicher Urlaubstag für höhere Angestellte, wenn sie längere Arbeitszeiten ableisten.[329]

II. Ungleichbehandlungen durch Tarifverträge

Wie bereits ausgeführt, ist der Gleichbehandlungsgrundsatz auch auf Tarifverträge anwendbar, jedoch ist der Umfang der richterlichen Kontrolle höchst umstritten und war Gegenstand mehrerer Rechtsprechungsänderungen des Kassationshofs.

1. Rechtslage in Frankreich

In Frankreich ist es üblich, in Tarifverträgen zwischen den Berufskategorien Angestellte (*employés*), Arbeiter (*ouvriers*), Facharbeiter (*techniciens*), technische Aufsichtspersonen/Meister (*agents de maîtrise*) und Ingenieure (*ingénieurs*) und höhere Angestellte (*cadres*) zu unterscheiden.[330] Daher hatte der französische Kassationshof regelmäßig über Ungleichbehandlungen von Berufskategorien – sog. Kategorievorteile (*avantages catégoriels*) – in Tarifverträgen zu entscheiden.

Nach der anfänglichen Rechtsauffassung des Kassationshofs im *Arrêt Pain* konnte allein der Unterschied in der Berufskategorie die Gewährung zusätzlicher Vorteile nicht rechtfertigen.[331] Der Entscheidung lag ein Tarifvertrag zugrunde, der den höheren Angestellten 30 Tage bezahlten Urlaub einräumte und den Arbeitern 25 Tage.[332] Der Kassationshof hatte damals entschieden, dass die Gewährung eines Kategorievorteils auf einem objektiven und

---

326 Cass. soc. 27.1.2015, Nr. 13-17.622, Bull. civ. V, Nr. 6.
327 Cass. soc. 24.9.2014, Nr. 13-15.074, Bull. civ. V, Nr. 204.
328 Cass. soc. 26.9.2018, Nr. 17-15.101, https://www.legifrance.gouv.fr.
329 Cass. soc. 28.3.2012, Nr. 11-12.043, Bull. civ. V, Nr. 114.
330 *Miné,* Droit du travail en pratique, 30. Aufl. 2019, Rn. 518.
331 Cass. soc. 1.7.2009, Nr. 07-42.675, Bull. civ. V, Nr. 168 – Arrêt Pain; 28.10.2009, Nr. 08-40.457, Bull. civ. V, Nr. 239.
332 Cass. soc. 1.7.2009, Nr. 07-42.675, Bull. civ. V, Nr. 168 – Arrêt Pain.

sachdienlichen Grund beruhen müsse.[333] Tarifvertragliche Ungleichbehandlungen wurden also wie Entscheidungen des Arbeitgebers kontrolliert.[334] Dies wurde in der Literatur stark kritisiert.[335] Der Arbeitgeber wisse in den meisten Fällen nicht den Grund für das Verhandlungsergebnis eines Tarifvertrags, das im Falle von Branchentarifverträgen auch Jahrzehnte zurückliegen könne.[336] Im Gegensatz zur einseitigen Macht des Arbeitgebers bedürfe das Ergebnis einer Tarifverhandlung nur einer lockeren Kontrolle.[337] Die Autoren schlugen daher eine Rechtfertigungsvermutung (*présomption de justification*) vor.[338]

In darauffolgenden Entscheidungen lockerte der Kassationshof die Kontrolle von Tarifverträgen.[339] Ein tarifvertraglicher Kategorievorteil sei objektiv und sachdienlich gerechtfertigt, wenn er spezifische Merkmale der Tätigkeit in einer Berufskategorie berücksichtigt, insbesondere die Arbeitsbedingungen, die Laufbahnentwicklung oder die Vergütungsregelungen.[340] Beispielsweise beurteilte der Kassationshof eine höhere Abfindung für höhere Angestellte, die für die Umsetzung eines Projekts verantwortlich sind, als rechtmäßig, da diese mit größerer Wahrscheinlichkeit von einer Kündigung betroffen seien.[341] Mit Ausnahme der Kategorievorteile blieb es jedoch bei der umfassenden richterlichen Kontrolle von Tarifnormen.[342]

---

333 Cass. soc. 1.7.2009, Nr. 07-42.675, Bull. civ. V, Nr. 168 – Arrêt Pain.

334 *Porta/Lokiec,* Recueil Dalloz 2015, S. 829 (831 f.); *Fabre,* in: Borenfreund/Vacarie (Hrsg.), Le droit social, l'égalité et les discriminations, 2013, 107 (119); *Langlois,* Dr. social 2011, 1172 f.

335 *Ray,* Dr. social 2011, 42 (47 ff.); *Antonmattéi,* Dr. social 2009, 1169; *Fabre,* in: Borenfreund/Vacarie (Hrsg.), Le droit social, l'égalité et les discriminations, 2013, 107 (119); *Langlois,* Dr. social 2011, 1172 f.; *Barthélemy,* Les Cahiers des DRH, 2009, Nr. 159 f.; *Pereira,* JCP S 2011, Nr. 1436.

336 *Ray,* Dr. social 2011, 42 (49); *Antonmattéi,* Dr. social 2009, 1169 (1170); *Césaro/Teissier,* JCP G 2015, 430 (431).

337 *Radé,* Dr. social 2011, 42 (50); *Antonmattéi,* Dr. social 2009, 1169 (1170).

338 *Radé,* Dr. social 2011, 42 (50); *Antonmattéi,* Dr. social 2009, 1169 (1170).

339 Cass. soc. 8.7.2011, Nrn. 10-11.933, 10-14-725, Bull. civ. V, Nr. 155, Dr. social 2011, 986 mit Anmerkung *Antonmattei/Radé.*

340 Cass. soc. 8.7.2011, Nrn. 10-11.933, 10-14-725, Bull. civ. V, Nr. 155, Dr. social 2011, 986 mit Anmerkung *Antonmattei/Radé.*

341 Cass. soc. 24.9.2014, Nr. 13-15.074, Bull. civ. V, Nr. 204, Dr. social 2015, 183 mit Anmerkung *Vatinet.*

342 *Huglo,* RJS 2018, 179 (180); Cass. soc. 8.6.2011, Nr. 10-14.725, Bull. civ. V, Nr. 155; 8.6.2011, Nr. 10-11.933, Bull. civ. V, Nr. 143.

Sodann änderte der Kassationshof seine Rechtsprechung in mehreren Entscheidungen im Jahr 2015 und 2017 grundlegend, indem er für Kategorievorteile eine Rechtfertigungsvermutung annahm.[343] Diese Beweislastumkehr (*renversement de la charge de la preuve*) sei gerechtfertigt, da die Tarifverträge von repräsentativen Gewerkschaften ausgehandelt werden, die die Rechte und Interessen der Arbeitnehmer vertreten und durch die Personalvertretungswahl (*élection professionnelle*) legitimiert werden.[344] Der Kläger musste somit nachweisen, dass der Kategorievorteil nicht gerechtfertigt ist. Diese Vermutung wurde durch mehrere Entscheidungen auf weitere Ungleichbehandlungen in Tarifverträgen zu einer allgemeinen Rechtfertigungsvermutung ausgedehnt,[345] etwa auf Arbeitnehmer in derselben Berufskategorie mit unterschiedlichen Aufgaben[346] oder auf zwei Arbeitnehmer in zwei eigenständigen Betrieben (*établissements distincts*) desselben Unternehmens.[347] Eine richterliche Kontrolle von Tarifverträgen fand kaum noch statt, da es für die Kläger fast unmöglich war, den Beweis zu führen, dass die Ungleichbehandlung durch keinen einzigen objektiven Grund gerechtfertigt war.[348] Beispielsweise beurteilte der Kassationshof eine höhere Abfindung für Ingenieure und höhere Angestellte als rechtmäßig, da deren Arbeitslosenunterstützung in der Höhe begrenzt sei.[349] Nur selten konnten die Arbeitnehmer die fehlende Rechtfertigung beweisen; wie im Fall eines Tarifvertrags zur Beendigung eines Streiks (*accord de fin de grève*), der nur den streikenden Arbeitnehmern bestimmte Vorteile einräumte.[350]

Zuletzt änderte der Kassationshof seine Rechtsprechung im Jahr 2019.[351] Die Anerkennung einer allgemeinen Rechtfertigungsvermutung für jede Ungleichbehandlung von Arbeitnehmern in Tarifverträgen sei im Anwendungsbereich

343 Cass. soc. 27.1.2015, Nrn. 13-14.773, 13-22.179, 13-25.437, Bull. civ. V, Nrn. 8, 9, 10; 30.11.2017, Nr. 16-20.532, Bull. civ. V, Nr. 204; *Huglo,* RJS 2018, 179; *Loiseau,* RJS 2018, 615 f.; *Auzero/Baugard/Dockès,* Droit du travail, 34. Aufl. 2021, Rn. 745.

344 Cass. soc. 27.1.2015, Nrn. 13-14.773, 13-22.179, 13-25.437, Bull. civ. V, Nrn. 8, 9, 10; 3.11.2016, Nr. 15-18.444, Bull. civ. V, Nr. 206; 30.11.2017, Nr. 16-20.532, Bull. civ. V, Nr. 204; *Césaro/Teissier,* JCP G 2015, 430 (431).

345 *Omarjee,* RDT 2019, 301 (302).

346 Cass. soc. 8.6.2016, Nr. 15-11.324, Bull. civ. V, Nr. 130.

347 Cass. soc. 4.10.2017, Nrn. 16-17.517, 16-17.518, Bull. civ. V, Nr. 170.

348 *Loiseau,* RJS 2018, 615 (616 Rn. 2) „ preuve diabolique “; *Auzero/Baugard/Dockès,* Droit du travail, 34. Aufl. 2021, Rn. 745; *Porta/Lokiec,* Recueil Dalloz 2015, 829 (832); *Caro,* Sem. Soc. Lamy, 15.10.2018, Nr. 1832.

349 Cass. soc. 27.1.2015, Nrn. 13-14.773, 13-14.908, Bull. civ. V, Nr. 8.

350 Cass. soc. 13.12.2017, Nr. 16-12.397, Bull. civ. V, Nr. 214.

351 Cass. soc. 3.4.2019, Nr. 17-11.970, https://www.legifrance.gouv.fr.

des Unionsrechts europarechtswidrig, da die Beweislast für die Verletzung des Gleichheitsgrundsatzes allein dem Arbeitnehmer auferlegt wäre und ein Tarifvertrag allein noch keine Ungleichbehandlung rechtfertigen könne. Dies begründete das Gericht mit der ständigen Rechtsprechung des EuGH in den Urteilen *Defrenne II,*[352] *Del Cerro Alonso*[353] und *Egenberger*[354]. Für folgende Ungleichbehandlungen gelte weiterhin eine Rechtfertigungsvermutung:

- Kategorievorteile;
- Arbeitnehmer in unterschiedlichen, eigenständigen Betrieben;
- unterschiedliche Aufgaben in derselben Berufskategorie.[355]

In diesen Fällen obliege es dem Kläger zu beweisen, dass die Ungleichbehandlung in keinem Zusammenhang zu einer beruflichen Erwägung steht.[356] Dieser Nachweis wird in der Regel nur für offensichtlich willkürliche Ungleichbehandlungen möglich sein, etwa im Falle von Heiratszulagen, Kantinengutscheinen oder Betreuungszulagen nur für eine Arbeitnehmergruppe.[357] In allen anderen Fällen müsse der Arbeitgeber beweisen, dass die tarifvertragliche Ungleichbehandlung gerechtfertigt sei. Die französische Praxisliteratur empfiehlt deshalb, die Rechtfertigung bereits im Tarifwerk zu präzisieren.[358] In einem weiteren Urteil führte der Kassationshof seine Rechtsprechung fort und stellte nochmals klar, dass im Anwendungsbereich des französischen Diskriminierungsrechts mit seiner langen Liste verpönter Diskriminierungsmerkmale keine Rechtfertigungsvermutung gelten könne.[359] Somit gilt nur noch in den obigen Fallgruppen eine Rechtfertigungsvermutung von tarifvertraglichen Ungleichbehandlungen.

Die jüngste Rechtsprechungsänderung des Kassationshofs ist in der französischen Literatur erneut höchst umstritten.[360] Hinsichtlich der Kontrolle von

---

352 EuGH 8.4.1976, C-43/75, Slg. 1976, 455 Rn. 39 – Defrenne II.

353 EuGH 13.9.2007, C-307/05, Slg. 2007, I-7109 Rn. 57 ff. – Del Cerro Alonso.

354 EuGH 17.4.2018, C-414/16, ECLI:EU:C:2018:257, Rn. 77 – Egenberger.

355 *Cour de cassation,* Note explicative relative à l'arrêt n°558 du 3 avril 2019 (17-11.970) – Chambre sociale, abrufbar unter: https://www.courdecassation.fr.

356 Cass. soc. 27.1.2015, Nrn. 13-14.773, 13-22.179, 13-25.437, Bull. civ. V, Nrn. 8, 9, 10.

357 Lamy social 2020, Rn. 308.

358 Lamy social 2020, Rn. 291.

359 Vgl. Art. L 1132-1 CT; Cass. soc. 9.10.2019, Nr. 17-16.642, D. 2019, 1999, https://www.legifrance.gouv.fr; *Daniel,* JCP S 2019, Nr. 1336 (S. 3).

360 *Omarjee/Loiseau,* RDT 2019, 301; *Auzero/Baugard/Dockès,* Droit du travail, 34. Aufl. 2021, Rn. 745; *Berriat,* JCP S 2020, Nr. 1078 (S. 13); *Lamothe/Vasselot,* Sem. Soc. Lamy, 23.4.2019, Nr. 1858, S. 8; *Daniel,* JCP S 2019, Nr. 1336 (S. 2).

Tarifverträgen anhand des Gleichbehandlungsgrundsatzes existieren weiterhin sehr unterschiedliche Literaturansichten: Eine Ansicht kritisiert jegliche Bevorzugung von Tarifverträgen.[361] Die Arbeitnehmer, auf die eine Norm angewendet werde, seien von den verhandelnden und unterzeichnenden Gewerkschaftsvertretern (*délégués syndicaux*) zu unterscheiden. Die in Frankreich erforderliche Repräsentativität[362] der Gewerkschaften bedeute zwar, dass die unterzeichnenden Gewerkschaften durch eine Mehrheit der wahlberechtigten Arbeitnehmer im Unternehmen für den Abschluss der Vereinbarung legitimiert seien. Die Repräsentativität sei allerdings von der rechtlichen Legitimation der Vertretung (*représentation*) zu unterscheiden.[363] Die Vertretung sei die ausdrückliche Ermächtigung zur Vornahme eines bestimmten Rechtsgeschäfts. Da selbst der gewählte Gesetzgeber an den verfassungsrechtlichen Gleichheitssatz gebunden sei, müsse dies auch für Tarifparteien gelten. Die Rechtmäßigkeitsvermutung entspreche zudem nicht immer der Realität der Tarifverhandlungen (*négociations collectives*) in Frankreich, weil die ausgeglichene Verhandlungsmacht nicht gewährleistet sei.[364] Die französische Tariflandschaft ist stark zersplittert und der gewerkschaftliche Organisationsgrad sehr gering.[365] Seit der Arbeitsmarktreform *Macrons* ist es zudem möglich, dass die arbeitsvertraglichen Rechte der Arbeitnehmer durch einen Tarifvertrag verschlechtert werden können.[366]

Andere Stimmen in der Literatur betonen demgegenüber, dass Tarifverträge, die auf übereinstimmenden Willenserklärungen der Sozialpartner basieren, nicht wie eine einseitige Arbeitgeberentscheidung auf Gleichbehandlung kontrolliert werden können.[367] Für eine allgemeine Rechtfertigungsvermutung sprechen das verfassungsrechtliche Teilhaberecht der Gewerkschaften[368] und deren rechtliche Legitimation über die Personalvertretungswahl. Zudem seien

---

361 *Auzero/Baugard/Dockès,* Droit du travail, 34. Aufl. 2021, Rn. 745.

362 Zur Repräsentativität ausführlich: *Schwarzbach,* Die Geltung von Tarifverträgen in Frankreich, 2013, S. 65 ff.; *Halberstadt,* Die Gestaltung des Arbeitsvertrags durch Tarifvertrag im französischen Recht, 1. Aufl. 2017, S. 54 ff.

363 *Auzero/Baugard/Dockès,* Droit du travail, 34. Aufl. 2021, Rn. 745.

364 *Dabosville,* RDT 2019, 59 (64 f.).

365 Organisationsgrad 7 % nach *Ray,* Droit vivant, 29. Aufl. 2021, Rn. 1155; Ausführlich mwN: *Halberstadt,* Die Gestaltung des Arbeitsvertrags durch Tarifvertrag im französischen Recht, 1. Aufl. 2017, S. 55 ff.; Rechtsvergleich aus französischer Sicht: *Rémy/Henssler,* RDT 2015, 562.

366 *Loiseau,* RDT 2019, 301 (307).

367 *Lamothe/Vasselot,* Sem. Soc. Lamy, 23.4.2019, Nr. 1858, S. 8; *Omarjee,* RDT 2019, 301; *Huglo,* RJS 2018, 179; *Ray,* Dr. social 2011, 42; *Antonmattéi,* Dr. social 2009, 1169.

368 Abs. 8 Präambel der Verfassung der IV. französischen Republik von 1946.

für den Abschluss von Tarifverträgen Kompromisse notwendig, die in der Regel zulasten bestimmter Arbeitnehmer gehen.[369] Das jüngste Urteil drücke das Misstrauen der Richter gegenüber den Sozialpartnern aus.[370] Die Verordnung *Macrons* Nr. 2017-1385 führte zudem eine klare Beweislastregelung ein.[371] Gemäß Art. L 2262-13 CT trägt die Person, die sich auf die Rechtswidrigkeit einer tarifvertraglichen Regelung beruft, die Beweislast für diese Behauptung. Innerhalb dieser Ansicht hatten sich bereits vor der jüngsten Rechtsprechungsänderung im Jahr 2019 einige Autoren für eine differenzierte Rechtfertigungsvermutung ausgesprochen, um schwächer vertretene Arbeitnehmergruppen zu schützen.[372] Durch die allgemeine Rechtfertigungsvermutung für tarifvertragliche Ungleichbehandlungen würde in diesem Bereich der Gleichheitsgrundsatz aufgegeben.[373]

Erheblicher Nachbesserungsbedarf wird der rechtlichen Begründung im jüngsten Urteil des Kassationshofs attestiert.[374] Obwohl der Kassationshof seinen neuen Begründungsstil[375] für diese wichtige Entscheidung verwendete, verursachte er anstatt der bezweckten Rechtsklarheit große Verunsicherung in der Literatur.[376] Zunächst berief sich der Kassationshof auf die Gleichbehandlung als allgemeinen Grundsatz des Unionsrechts, abgeleitet aus Art. 20 und Art. 21 GRC. Im Anwendungsbereich des Unionsrechts könne es daher keine allgemeine Rechtfertigungsvermutung für tarifvertragliche Ungleichbehandlungen geben. Die GRC binde die Mitgliedstaaten und Privatpersonen nur, wenn diese das Unionsrecht anwenden.[377] Im entschiedenen Fall sei allerdings das Unionsrecht nicht anwendbar gewesen.[378] Einige Autoren sehen daher in der Entscheidung eine widersprüchliche und paradoxe Instrumentalisierung des Unionsrechts außerhalb seines Anwendungsbereichs.[379] Hinzu komme,

369 *Cesaro/Teissier,* JCP G 2015, 430 (431); *Daniel,* JCP S 2015, Nr. 1054 (S. 3 f.).

370 *Lamothe/Vasselot,* Sem. Soc. Lamy, 23.4.2019, Nr. 1858, S. 8 (11).

371 Verordnung Nr. 2017-1385, 22.9.2017, JORF 23.9.2017, Text Nr. 29 relative au renforcement de la négociation collective; Art. L 2262-13 CT; *Lamothe/Vasselot,* Sem. Soc. Lamy, 23.4.2019, Nr. 1858, S. 8 (10).

372 *Fabre,* Dr. social 2015, 237 (240 ff.); *Peskine,* RDT 2015, 339 (341).

373 *Loiseau,* RJS 2018, 615.

374 *Omarjee,* RDT 2019, 301 (302); *Berriat,* JCP S 2020, Nr. 1078 (S. 15).

375 Dazu: § 1 A., S. 23.

376 *Omarjee,* RDT 2019, 301 (302); *Berriat,* JCP S 2020, Nr. 1078 (S. 15).

377 Art. 51 GRC.

378 *Omarjee,* RDT 2019, 301 (303).

379 *Lamothe/Vasselot,* Sem. Soc. Lamy, 23.4.2019, Nr. 1858, S. 8 (9); *Omarjee,* RDT 2019, 301 (302).

dass die vom Kassationshof zitierten Urteile des EuGH nur das europäische Diskriminierungsrecht behandeln, dem eine gänzlich andere Gleichheitskonzeption zugrunde liege als dem nationalen Gleichbehandlungsgrundsatz.[380] Besser wäre es, die Beweislastverteilung des Unionsrechts nur anzuwenden, wenn im konkreten Fall auch Unionsrecht anwendbar sei. Zuletzt sei es nicht nachvollziehbar, warum der Kassationshof eine abschließende Liste von Fällen aufstelle, in denen weiterhin eine Rechtfertigungsvermutung gelte.[381]

Zusammenfassend lässt sich feststellen, dass in Frankreich die Entwicklung der richterlichen Kontrolle von tarifvertraglichen Ungleichbehandlungen anhand des Gleichbehandlungsgrundsatzes noch nicht abgeschlossen ist. Nach der jüngsten höchstrichterlichen Entscheidung gilt eine Rechtfertigungsvermutung für bestimmte Fallgruppen von Ungleichbehandlungen, sofern das EU-Diskriminierungsrecht nicht anwendbar ist.

2. *Rechtsvergleichende Würdigung*

Im deutschen Recht ist die richterliche Prüfung der Rechtfertigung von tarifvertraglichen Ungleichbehandlungen weniger umstritten als in Frankreich. Eine pauschale Richtigkeitsgewähr für Tarifverträge gilt auch im deutschen Arbeitsrecht nicht.[382] Der BGH und das BAG räumen den Tarifvertragsparteien in ständiger Rechtsprechung einen Einschätzungsspielraum für die sachliche Rechtfertigung einer Differenzierung ein.[383] Diese Einschätzungsprärogative gilt hinsichtlich der tatsächlichen Umstände und der inhaltlichen Ausgestaltung der Regelung.[384] Begründet wird sie mit der verfassungsrechtlich gewährleisteten Tarifautonomie (Art. 9 Abs. 3 GG).[385] Verselbstständigte Begründungs- oder Transparenzpflichten, wonach der Zweck der Differenzierung ausdrücklich mitgeregelt oder auf Rückfrage erläutert werden müsste, gibt es nicht.[386]

Die schwierige Beweisführung für die Rechtfertigung einer Tarifnorm wird im deutschen Recht im Gegensatz zum französischen Recht nicht auf eine

---

380 *Omarjee,* RDT 2019, 301 (303).

381 *Omarjee,* RDT 2019, 301 (304).

382 BAG 16.9.1993, 2 AZR 697/92, NZA 1994, 221 (223).

383 BGH 14.11.2007, IV ZR 74/06, BGHZ 174,127 Rn. 34 ff.; BAG 16.9.1993, 2 AZR 697/92, NZA 1994, 221 (223); 4.3.1993, 2 AZR 355/92, NZA 1993, 995 (II 2b).

384 BGH 14.11.2007, IV ZR 74/06, BGHZ 174,127 Rn. 35; BAG 27.5.2004, 6 AZR 129/03, NZA 2004, 1399 (1403).

385 BAG 16.9.1993, 2 AZR 697/92, NZA 1994, 221 (223).

386 *Schmidt,* in: ErfK, 21. Aufl. 2021, Art. 3 GG Rn. 47.

Prozesspartei verlagert. Für die Tatsachenermittlung gilt in analoger Anwendung des § 293 ZPO der Amtsermittlungsgrundsatz, wenn eine Prozesspartei die Verfassungsmäßigkeit einer tariflichen Regelung bezweifelt.[387] Die Einschätzungsprärogative und der Prognosespielraum der Tarifvertragsparteien sind zu berücksichtigen. Das heißt, dass die Regelung je nach Regelungsgegenstand und Differenzierungsmerkmalen einer abgestuften Nachprüfung unterliegt, die von einer bloßen Willkürkontrolle bis zu einer strengen Bindung an Verhältnismäßigkeitserfordernisse reichen.[388] Ungleiche Behandlungen von Personengruppen unterliegen im deutschen Recht regelmäßig einer strengeren Kontrolle.[389] Verhaltensbezogene Ungleichbehandlungen sind demgegenüber lediglich am Willkürverbot zu messen.[390] An diskriminierende Gruppenmerkmale, wie z. B. eine mittelbare oder unmittelbare Anknüpfung an das Geschlecht, sind deutlich erhöhte Begründungsanforderungen an den Rechtfertigungsgrund zu stellen.[391] Die Anforderungen an den sachlichen Grund bestimmen auch die Kontrolldichte bezüglich der Tatsachenfeststellung; so dürfen hohe Anforderungen an den sachlichen Grund nicht durch gesenkte Anforderungen an die Tatsachenfeststellung unterlaufen werden.[392]

Trotz der Tatsachenermittlung von Amts wegen verbleibt das Risiko des unaufklärbaren Sachverhalts (non liquet), welches auf die Prozessparteien interessengerecht verteilt werden muss.[393] Unaufklärbare Tatsachen bezüglich der Feststellung einer Ungleichbehandlung gehen grundsätzlich zulasten der Prozesspartei, die sich auf die Ungleichbehandlung beruft.[394] Die Gegenpartei trägt grundsätzlich das entsprechende Risiko hinsichtlich der sachlichen Gründe für die Ungleichbehandlung.[395]

---

387 BAG 16.9.1993, 2 AZR 697/92, AP § 622 BGB Nr. 42; 4.3.1993, 2 AZR 355/92, NZA 1993, 995; 29.3.1957, 1 AZR 208/55, BAGE 4, 37 (39), AP § 4 TVG Tarifkonkurrenz Nr. 4.

388 BAG 27.5.2004, 6 AZR 129/03, BAGE 111, 8; 25.4.2007, 6 AZR 746/06, NZA 2007, 881 Rn. 24.

389 BAG 25.4.2007, 6 AZR 746/06, NZA 2007, 881 Rn. 24.

390 BAG 25.4.2007, 6 AZR 746/06, NZA 2007, 881 Rn. 24.

391 *Schmidt,* in: ErfK, 21. Aufl. 2021, Art. 3 GG Rn. 47.

392 *Schmidt,* in: ErfK, 21. Aufl. 2021, Art. 3 GG Rn. 47.

393 *Schmidt,* in: ErfK, 21. Aufl. 2021, Art. 3 GG Rn. 47.

394 *Hergenröder,* in: Henssler/Willemsen/Kalb (Hrsg.), Arbeitsrecht Kommentar, 9. Aufl. 2020, Art. 3 GG Rn. 54.

395 *Hergenröder,* in: Henssler/Willemsen/Kalb (Hrsg.), Arbeitsrecht Kommentar, 9. Aufl. 2020, Art. 3 GG Rn. 54.

Im Vergleich zur französischen Rechtslage praktizieren die deutschen Gerichte eine differenzierte Abstufung für die Kontrolle tarifvertraglicher Normen. In Frankreich wird insbesondere keine Abstufung nach Art der Differenzierung (personenbezogen, verhaltensbezogen) verwendet. Eine Verhältnismäßigkeitsprüfung findet nicht statt. Die im deutschen Recht praktizierte Ermittlung der entscheidungserheblichen Tatsachen von Amts wegen ist eine sachgerechte Lösung für die schwierige bis unmögliche Beweisführung („*preuve diabolique*"), wenn die sachliche Rechtfertigung einer Tarifnorm infrage steht. Hingegen trägt in Frankreich nach der jüngsten Rechtsprechungsänderung grundsätzlich der Arbeitgeber die Beweislast für die Rechtfertigung der tarifvertraglichen Differenzierung.

Zudem ist es aus deutscher Perspektive nicht nachvollziehbar, warum gerade Sondervorteile für bestimmte Berufskategorien, die sog. Kategorievorteile, vom Kassationshof bevorzugt werden, indem für sie weiterhin die Rechtfertigungsvermutung gilt. Die Ungleichbehandlung von Arbeitern und Angestellten ist im deutschen Recht nach einem Rechtsprechungswandel ab 1984 grundsätzlich rechtswidrig.[396] Nur in Ausnahmefällen ist eine solche Differenzierung gerechtfertigt, wenn der Arbeitgeber ein nachvollziehbares Interesse hat, eine Berufskategorie stärker an das Unternehmen bzw. Betrieb zu binden.

Letztendlich ist im deutschen und französischen Arbeitsrecht dieses Rechtsproblem durch das Unionsrecht überlagert. Die Praxisfälle finden meistens im Anwendungsbereich des Unionsrechts statt, wobei hinsichtlich der speziellen Diskriminierungsverbote nahezu kein Bewertungsspielraum der Tarifvertragsparteien denkbar ist.[397] Insbesondere bei mittelbaren oder unmittelbaren geschlechtsbezogenen Differenzierungen des Tarifvertrags im Entgeltbereich werden sich die Kläger in der Regel auf das Diskriminierungsrecht berufen. Denn in dessen Anwendungsbereich muss das Gericht die Beweislastverteilung des Unionsrechts[398] beachten. Nach der Rechtsprechung des EuGH rechtfertigen die Modalitäten von Kollektivverhandlungen allein keine Ungleichbehandlung von Männern und Frauen.[399]

---

396 Vgl. BAG 25.1.1984, 5 AZR 44/82, NZA 1984, 327; 19.11.1992, 10 AZR 290/91, NZA 1993, 405; *Bepler*, NZA-Sonderbeil. Heft 18/2004, 3 (4 f.).

397 *Löwisch/Rieble*, Tarifvertragsgesetz, 4. Aufl. 2017, § 1 Rn. 666.

398 Dazu: § 4 D. II. 1., S. 105.

399 EuGH 27.10.1993, C-127/92, Slg. 1993, I-5535, Rn. 20 ff. – Enderby.

C. Rechtsfolgen und Gerichtsverfahren

Die Nichteinhaltung der in den Art. L. 3221-2 ff. CT festgelegten Bestimmungen über die Entgeltgleichheit für Männer und Frauen wird mit der für Verstöße der fünften Klasse vorgesehenen Geldbuße (1500 €) geahndet.[400] Für jeden Arbeitnehmer, der unter rechtswidrigen Bedingungen bezahlt wird, wird das Bußgeld verhängt. Bei einem nochmaligen Verstoß innerhalb eines Jahres nach Verhängung der ersten Geldbuße werden 3000 € Geldstrafe für jeden betroffenen Arbeitnehmer verhängt.

I. Ansprüche des Arbeitnehmers

Im Entgeltbereich entsprechen sich die zivilrechtlichen Rechtsfolgen eines Verstoßes gegen den Gleichbehandlungsgrundsatz und die einer rechtswidrigen Diskriminierung.[401] Die zugrunde liegende Handlung ist nichtig und die entstandenen Schäden sind auszugleichen.[402] Die Nichtigkeit gilt auch für die Anwendung von tarifvertraglichen Normen, die ihrerseits vom Richter für nichtig erklärt werden können.[403] Die Nichtigkeitserklärung einer Tarifvertragsnorm wirkt nur für die Zukunft.[404] Die höhere Vergütung tritt von Rechts wegen an die Stelle der Vergütung, die in der nichtigen Norm geregelt war.[405] Diskriminierende oder gegen die Gleichbehandlung verstoßende Entgeltvoraussetzungen in Tarifverträgen sind ebenfalls nichtig und können gegenüber dem Kläger nicht zur Anwendung kommen.[406]

Anspruchsgegner sind grundsätzlich der Arbeitgeber und die Person, die die zugrunde liegende Handlung vorgenommen hat.[407] Der handelnde Arbeitnehmer kann sich nicht auf seinen untergeordneten Arbeitnehmerstatus berufen.[408] Der Arbeitgeber haftet für seine weisungsgebundenen Arbeitnehmer, sofern er nicht beweist, dass diese ihre Stellung missbraucht haben.[409]

---

400 Art. R 3222-1 ff. CT; Guide pratique, Le Lamy Social, Nr. 6499.

401 *Grévy*, in: Akandji-Kombé (Hrsg.), Égalité et droit social, 2014, S. 437 (438).

402 *Grévy*, in: Akandji-Kombé (Hrsg.), Égalité et droit social, 2014, S. 437.

403 Art. L 3221-7, L 1132-4 CT; Cass. soc. 24.9.2008, Nrn. 06-46.179, 06-46.180, 07-40.935, Bull. civ. V, Nr. 187.

404 Lamy social 2020, Rn. 246.

405 *Grévy*, in: Akandji-Kombé (Hrsg.), Égalité et droit social, 2014, S. 437 (441).

406 *Radé*, Discriminations et inégalités de traitement dans l'entreprise, 2011, Rn. 311.

407 *Cœuret/Fortis/Duquesne*, Droit pénal du travail, 6. Aufl. 2016, S. 131 ff.

408 Cass. soc. 21.6.2006, Nr. 05-43.914, Bull. civ. V, Nr. 223.

409 Art. 1384 Abs. 5 Code civ.

Zugunsten der betroffenen Arbeitnehmer sind die Anforderungen der Rechtsprechung an den Beweis des Arbeitgebers sehr hoch.[410] Der Weisungsgebundene muss außerdienstlich und ohne Anweisung gehandelt sowie andere Ziele als seine beruflichen Aufgaben verfolgt haben.[411] Der Arbeitgeber hat gegen den mithaftenden Arbeitnehmer im Falle eines schweren Fehlverhaltens, das auf eine Schädigungsabsicht schließen lässt, einen Regressanspruch.[412]

Im Entgeltbereich kommen die folgenden Ansprüche in Betracht:

- Gehaltsnachzahlung (*rappel de salaire*);
- Anpassung an das höhere Gehalt, ggf. Umgruppierung;
- Schadensersatz (*dommages-intérêts*);
- Entschädigung für den immateriellen Schaden (*préjudice moral*).[413]

Die Höhe der Gehaltsnachzahlung und der Gehaltsanpassung richten sich nach der höchsten Vergütung, die einem vergleichbaren Arbeitnehmer gezahlt wurde.[414] Im Falle von nicht gewährten Gehaltsbestandteilen sind diese dem Arbeitnehmer nachzuzahlen.[415]

Es kann schwierig sein, den Ausgleichsbetrag von nicht erfolgten Beförderungen oder Gehaltserhöhungen zu ermitteln. Nach ständiger Rechtsprechung ist anerkannt, dass der Richter den betroffenen Arbeitnehmer umgruppieren oder sein Gehalt an das höhere Entgelt der nicht benachteiligten Arbeitnehmer anpassen kann.[416] Für die Neubewertung des Arbeitnehmers kann eine Gruppe mit Arbeitnehmern gebildet werden, die mit dem Kläger hinsichtlich Abschluss, Berufszweig und Berufserfahrung vergleichbar ist (*panel*), um deren durchschnittliche Gehalts- bzw. Karriereentwicklung im Unternehmen abzubilden (sog. *Clerc*-Methode).[417]

---

410 *Radé,* Discriminations et inégalités de traitement dans l'entreprise, 2011, Rn. 201; *Cœuret/Fortis/Duquesne,* Droit pénal du travail, 6. Aufl. 2016, S. 133.

411 Cass. Ass. plén. 19.5.1988, Nr. 87-82.654, Bull. civ. Ass. plén., Nr. 5, D. 1988, S. 513.

412 *Cœuret/Fortis/Duquesne,* Droit pénal du travail, 6. Aufl. 2016, S. 136.

413 Lamy social 2020, Rn. 312; *Grévy,* in: Akandji-Kombé (Hrsg.), Égalité et droit social, 2014, S. 437 (438 f.); *Guiomard,* in: Borenfreund/Vacarie (Hrsg.), Le droit social, l'égalité et discriminations, 2013, S. 61 (71).

414 *Grévy,* in: Akandji-Kombé (Hrsg.), Égalité et droit social, 2014, S. 437 (441).

415 Lamy social 2020, Rn. 248.

416 Art. L 3221-7 CT; Cass. soc. 26.12.2010, Nr. 08-44.397, https://www.legifrance.gouv.fr; 23.11.2005, Nr. 03-40.826, Bull. civ. V, Nr. 332.

417 *Boussard-Verrecchia,* Dr. ouvrier 2018, 226 f.; zur *Clerc*-Methode ausführlich: § 4 D. II. 2. a., S. 109.

Ggf. kann der Arbeitnehmer eine Entschädigung für immaterielle Schäden[418] oder Schadensersatz wegen Verspätung geltend machen, der über die Zahlung des gesetzlichen Zinssatzes hinausgeht.[419] Zudem kann er alle weiteren Schäden geltend machen, die sich im weitesten Sinne aus der Nichtzahlung des Entgelts ergeben haben, insbesondere aus den zu geringen Sozialversicherungsbeiträgen.[420] Sofern die Benachteiligung negative Auswirkungen auf die Altersvorsorge des Unternehmens hatte, erfolgt auch hier ein Ausgleich.[421]

Die Ansprüche aus einem Verstoß gegen den Gleichbehandlungsgrundsatz verjähren nach drei Jahren ab dem Tag, an dem der Arbeitnehmer die dem Anspruch zugrunde liegenden Tatsachen kannte oder hätte kennen müssen.[422]

II. Gleichbehandlung zulasten des Arbeitnehmers

Der Wandel zu einem transparenten und auf objektiven Gründen beruhenden Entgeltsystem erfordert in vielen Unternehmen Änderungen in der Gehaltsstruktur. Es ist daher fraglich, ob auch der Arbeitgeber Rechte aus dem Gleichbehandlungsgrundsatz ableiten kann. Der französische Kassationshof hatte 2019 über Maßnahmen der Gesellschaft Zara Frankreich zu entscheiden.[423] Sie hatte den Arbeitnehmern in einer vergrößerten Filiale eine Änderung des Provisionssatzes vorgeschlagen, da sich die Vertriebsmöglichkeiten dort verbessert hatten. Die Arbeitnehmer verdienten in dieser Filiale mehr als in anderen Filialen mit kleinerer Verkaufsfläche. Da einige Arbeitnehmerinnen der Arbeitsvertragsänderung nicht zustimmten, kündigte ihnen das Unternehmen und begründete dies mit dem Gleichbehandlungsgrundsatz als legitimen Grund. Der Kassationshof entschied, dass es sich um rechtswidrige Kündigungen aus wirtschaftlichen Gründen handele. Eine Gehaltsanpassung ist von der Zustimmung des Arbeitnehmers abhängig. Als Anspruchsgegner der Gleichbehandlung kann der Arbeitgeber keine für den Arbeitnehmer belastenden

---

418 Cass. soc. 23.11.2005, Nr. 03-40.826, Bull. civ. V, Nr. 332; *Radé,* Discriminations et inégalités de traitement dans l'entreprise, 2011, Rn. 204; *Miné,* Droit du travail en pratique, 30. Aufl. 2019, Rn. 523; vgl. CA d'Aix-en-Provence 20.10.2017, Nr. 17-518, Dr. ouvrier 2018, 222 mit Anm. Boussard-Verrecchia.

419 *Radé,* Discriminations et inégalités de traitement dans l'entreprise, 2011, Rn. 312.

420 *Radé,* Discriminations et inégalités de traitement dans l'entreprise, 2011, Rn. 313.

421 *Boussard-Verrecchia,* Dr. ouvrier 2018, 226 (227).

422 Art. L 3245-1 CT.

423 Cass. soc. 28.5.2019, Nrn. 17-17.929, 17-17.930, 17-17.931, https://www.legifrance.gouv.fr.

Maßnahmen mit dem Gleichbehandlungsgrundsatz durchsetzen.[424] Insbesondere kann er sich nicht mit dieser Begründung von einer einseitigen Zusage (*engagement unilatéral*) lösen.[425] Auch im deutschen Arbeitsrecht wird eine betriebsbedingte Änderungskündigung zur Wahrung des Gleichbehandlungsgrundsatzes abgelehnt.[426] Nur Arbeitnehmer können sich im deutschen und französischen Arbeitsrecht gegenüber dem Arbeitgeber auf Ansprüche aus dem Gleichbehandlungsgrundsatz berufen.

III. Gerichtsverfahren

Der Kassationshof wendet für die Ansprüche aus dem Gleichbehandlungsgrundsatz die Beweislastverteilung des Diskriminierungsrechts analog an.[427] Die Richter der Tatsacheninstanzen (*juges du fond*) können darüber hinaus die im Diskriminierungsrecht geregelten Ermittlungsmaßnahmen (*mesures d'instruction*) auch bei Klagen wegen des Gleichbehandlungsgrundsatzes anordnen.[428] Diese Beweiserleichterungen werden noch ausführlich im Kapitel über das Diskriminierungsrecht besprochen.[429]

Im Gegensatz zum Diskriminierungsrecht gelten allerdings keine besonderen Schutzvorschriften für Hinweisgeber, Zeugen und den Kläger.[430] Sofern einem Arbeitnehmer gekündigt wird, weil er Ansprüche aus dem Gleichbehandlungsgrundsatz vor Gericht geltend macht oder Tatsachen bezeugt, ist diese Kündigung wegen des fehlenden, tatsächlichen und ernsthaften Kündigungsgrundes (*cause réelle et sérieuse*) zwar ungerechtfertigt, jedoch wirksam.[431] Ein dem Diskriminierungsrecht entsprechender

---

424 *Grévy,* in: Akandji-Kombé (Hrsg.), Égalité et droit social, 2014, S. 437 (440); Cass. soc. 29.6.1999, Nr. 97-42.248, Bull. civ. V, Nr. 306.

425 Cass. soc. 27.1.2015, Nr. 13-22.509, Bull. civ. V, Nr. 7.

426 BAG 28.4.1982, 7 AZR 1139/79, AP § 2 KSchG 1969 Nr. 3; 1.7.1999, 2 AZR 826/98, NZA 1999, 1336.

427 *Lyon-Caen,* RDT 2006, 16 f.; Cass. soc. 10.10.2000, Nr. 98-41.389, Bull. civ. V, Nr. 317; Lamy social 2020, Rn. 308; zur Beweislastverteilung: § 4 D. II. 1., S. 105.

428 Art. L 1134-1, L 1144-1 CT; Cass. soc. 4.2.2009, Nr. 07-42.697, Bull. civ. V, Nr. 33; Lamy social 2020, Rn. 308 ff.

429 Dazu § 4 D. II., S. 104.

430 Dazu: § 4 D. I., S. 103.

431 *Radé,* Discriminations et inégalités de traitement dans l'entreprise, 2011, Rn. 309 f.; zur diskriminierenden Kündigung: *Aldea,* Das französische Kündigungsrecht, 2010, S. 233 ff.

Viktimisierungsschutz mit Bestandsschutz des Arbeitsverhältnisses besteht somit nicht.[432]

D. Zusammenfassung

Der arbeitsrechtliche Gleichbehandlungsgrundsatz entwickelte sich in Frankreich parallel zum europäischen Diskriminierungsrecht. Das Diskriminierungsrecht reichte allein nicht aus, um Beförderungen, Gehaltserhöhungen und Gehaltsstrukturen für den Richter kontrollierbar zu gestalten. Der Gleichbehandlungsgrundsatz dient der Umsetzung der Gleichheit in den Arbeitsbeziehungen und versucht, einen Ausgleich zu den Freiheitsrechten der Arbeitsvertragsparteien und dem Recht auf kollektive Verhandlungen zu finden.

Der Anwendungsbereich des französischen Gleichbehandlungsgrundsatzes ist weiter als sein funktionales Äquivalent im deutschen Recht. Er gilt grundsätzlich für das Grundgehalt und die zusätzlichen Gehaltsbestandteile, unabhängig davon, ob diese tarifvertraglich oder individualvertraglich geregelt sind. Eine uferlose Weite des Anwendungsbereichs wird allerdings durch die strikte Handhabung der Voraussetzung – derselben Rechtsquelle – verhindert. Der Kassationshof berücksichtigt die Vertragsfreiheit bisher nur auf der Ebene der Rechtfertigung, während im deutschen Recht die Vertragsfreiheit grundsätzlich der Anwendung des Gleichbehandlungsgrundsatzes entgegenstehen kann. Ob im französischen Recht die individuelle Vertragsfreiheit eine Ungleichbehandlung rechtfertigen kann, ist noch ungeklärt.

Die französische Rechtsprechung gleicht den weiten Anwendungsbereich des Gleichbehandlungsgrundsatzes mit zahlreichen Rechtfertigungsgründen aus.[433] Insbesondere werden die Interessen des Arbeitgebers berücksichtigt, wie leistungsbezogene Vergütungen, Arbeitskräftemangel oder die unterschiedlichen Lebenshaltungskosten an unterschiedlichen Standorten. Im deutschen Recht ist aufgrund des engeren Anwendungsbereichs keine weite Handhabung der Rechtfertigungsgründe erforderlich. Hinsichtlich tarifvertraglicher Ungleichbehandlungen konnte der französische Kassationshof nach zahlreichen Rechtsprechungsänderungen immer noch keine interessengerechte Lösung für die richterliche Kontrolle und die Beweislastverteilung finden.

---

432 *Radé*, Discriminations et inégalités de traitement dans l'entreprise, 2011, Rn. 309 f.; zu den Rechtsfolgen von ungerechtfertigten und nichtigen Kündigungen: *Aldea*, Das französische Kündigungsrecht, 2010, S. 132 ff.

433 *Géniaut*, RDT 2018, 855 (858); *Auzero/Baugard/Dockès*, Droit du travail, 34. Aufl. 2021, Rn. 744.

§ 4 Diskriminierungsrecht

Das Geschlechterdiskriminierungsrecht basiert auf den Europäischen Verträgen und den RL 2000/78/EG und 2006/54/EG. Die Ausdehnung und die Grenzen des Diskriminierungsrechts sind durch die Rechtsprechung des EuGH geprägt. Die Mitgliedstaaten haben bei der Umsetzung des Diskriminierungsrechts einen Spielraum, solange es effektiv umgesetzt wird.[434] Das französische Diskriminierungsrecht ist im Arbeitsgesetzbuch in den Art. L 1131-1 ff. CT geregelt. Die verbotene Diskriminierung wegen des Geschlechts erfasst auch die Schwangerschaft, Mutterschaft und die Familiensituation des Arbeitnehmers.[435] Das Diskriminierungsrecht wird durch die Regelungen zur beruflichen Gleichstellung von Frauen und Männern (Art. L 1141-1 ff. CT) konkretisiert und ergänzt, welche auch die Regelungen zum Entgeltgleichheitsindex (Art. L 1142-7 ff. CT) enthalten.[436] Das französische Strafgesetzbuch beinhaltet zudem Straftatbestände für bestimmte Diskriminierungen wegen des Geschlechts.[437] Der Schwerpunkt dieser Arbeit liegt auf den jüngsten Entwicklungen des französischen Diskriminierungsrechts, insbesondere auf der Beweisführung im Gerichtsverfahren und den kollektiven Rechtsschutzmöglichkeiten.

A. Anwendungsbereich und Rechtfertigung

Das Diskriminierungsrecht gilt für alle Arbeitnehmer, Bewerber, Auszubildende und Praktikanten.[438] Der sachliche Anwendungsbereich umfasst ausdrücklich alle benachteiligenden Maßnahmen im Entgeltbereich, insbesondere Entscheidungen bezüglich Gewinnbeteiligungen, beruflicher Weiterbildung (*formation professionnelle*), Eingruppierungen, Umgruppierungen, Beförderungen (*promotions*), Versetzungen und Vertragsverlängerungen.[439] Diese Liste ist nicht abschließend.[440] Solche benachteiligenden Maßnahmen können sich

---

434 Art. 288 Abs. 3 AEUV; EuGH 12.7.2011, C-324/09, Slg. 2011, I-6011, GRUR 2011, 1025 – L'Oréal/eBay.

435 Lamy social 2020, Rn. 207.

436 Dazu § 5, S. 153.

437 Dazu ausführlicher: *Strauß*, Schutz vor Diskriminierung durch Privatpersonen im Straf-, Arbeits- und Zivilrecht, 2013, S. 29 ff.

438 Art. L 1132-1 CT.

439 Art. L 1132-1; L 1142-1; L 1225-1 CT.

440 Lamy social 2020, Rn. 230.

insbesondere aus einer unternehmerischen Übung, einseitigem Arbeitgeberhandeln und Tarifverträgen ergeben.[441] Das Diskriminierungsrecht verweist auf den weiten Entgeltbegriff im besonderen Abschnitt über die Entgeltgleichheit zwischen Frauen und Männern (Art. L 3221–3 CT).[442]

Im Anwendungsbereich wird zwischen direkter und indirekter Diskriminierung unterschieden.[443] Eine direkte Diskriminierung ist eine benachteiligende Maßnahme, die unmittelbar an ein Diskriminierungskriterium anknüpft. Eine indirekte Diskriminierung liegt vor, wenn eine anscheinend neutrale Maßnahme überwiegend Personen benachteiligt, die ein oder mehrere Diskriminierungsmerkmale erfüllen. Entscheidend ist nicht die Absicht des Normgebers, sondern nur der Effekt oder wahrscheinliche Effekt der Maßnahme.[444]

Die Anforderungen an die Rechtfertigung einer Benachteiligung wegen des Geschlechts unterscheiden sich je nach Art der Diskriminierung. Direkte Diskriminierungen sind grundsätzlich rechtswidrig und können nur ausnahmsweise gerechtfertigt sein, wenn die Benachteiligung auf einer wesentlichen und entscheidenden beruflichen Anforderung basiert, die ein legitimes Ziel verfolgt und verhältnismäßig ist.[445] Die Zugehörigkeit zu einem Geschlecht kann die entscheidende Voraussetzung für die Ausübung einer beruflichen Tätigkeit sein. Anerkannt ist dies allerdings nur für Schauspieler, die eine männliche oder weibliche Rolle spielen, und Models, die Mode für Männer oder Frauen präsentieren.[446]

Indirekte Diskriminierungen müssen objektiv durch ein legitimes Ziel gerechtfertigt sein und die Mittel zur Erreichung dieses Ziels notwendig und angemessen sein (*proportionnalité*).[447] Die Erweiterung des Diskriminierungsrechts auf mittelbare Diskriminierung prägte der EuGH, der schon 1981 eine indirekte Diskriminierung wegen des Geschlechts in einem Fall geringerer Stundenlöhne für Teilzeitarbeitnehmer annahm.[448] Der französische Kassationshof bejahte eine indirekte Diskriminierung erstmals 2007 im Fall der Berechnung der Arbeitszeit und des Arbeitsentgelts eines krankheitsbedingt

441 Art. 1142-3 CT; Cass. soc. 17.1.2018, Nr. 16-19.949, https://www.legifrance.gouv.fr.
442 Art. L1132-1 CT ; zum Entgeltbegriff: § 3A.III., S. 63.
443 Art. L 1132-1, L 1153-2 CT.
444 EuGH 23.5.1996, C-237/94, Slg. 1996, I-2617 – John O'Flynn.
445 Art. L 1133-1 CT.
446 Art. L 1142-2, R 1142-1 CT.
447 Lamy social 2020, Rn. 231.
448 EuGH 31.3.1981, C-96/80, Slg. 1981, 911 (912 ff.) – Paula Jenkins; in Frankreich: z. B. Cass. soc. 3.7.2012, Nr. 10-23.013, Bull. civ. V, Nr. 206.

abwesenden Arbeitnehmers.[449] Ab 2012 folgten zahlreiche Entscheidungen, die eine indirekte Diskriminierung bestätigten.[450] Unter anderem beurteilte der Kassationshof die Verweigerung des Zugangs zu einem Zusatzrentensystem für Berufe, die vor allem von Frauen ausgeübt wurden, als ungerechtfertigte, mittelbare Diskriminierung wegen des Geschlechts.[451] Jüngere Entscheidungen betreffen vor allem Fälle von Arbeitnehmern im Elternurlaub (*congé de paternité* bzw. *congé de maternité*) und im anschließenden Erziehungsurlaub (*congé parental d'éducation*).[452] Kehre ein weiblicher Arbeitnehmer aus dem Erziehungsurlaub zurück und werde nur noch mit Sekretariatsaufgaben betraut, die nicht im Zusammenhang mit der früheren Tätigkeit stehen, lassen diese Umstände eine Diskriminierung wegen des Geschlechts annehmen.[453] Somit obliege dem Arbeitgeber der Beweis der rechtfertigenden Gründe. Auch eine gesetzliche Regelung, die Abfindungen auf Grundlage der reduzierten Arbeitszeit im Erziehungsurlaub berechnet, benachteilige in ungerechtfertigter Weise weibliche Arbeitnehmer.[454] Hingegen sei die Nichtauszahlung von Vergütungsbestandteilen rechtmäßig, die von einer tatsächlich erbrachten, besonderen Arbeitsleistung abhängen, wenn der Arbeitnehmer diese während des Elternurlaubs nicht erbringen konnte und der Gehaltsbestandteil auf objektiven, messbaren und rechtmäßigen Kriterien beruhe.[455] In einem entschiedenen Fall wurde der Bonus denjenigen Arbeitnehmern gewährt, die zu einem besonderen Transfer- und Weiterbildungsprojekt nach Italien entsandt worden waren. Die Klägerin hatte sich zu dieser Zeit allerdings im Mutterschaftsurlaub befunden.[456]

Eine Maßnahme der positiven Diskriminierung liegt vor, wenn eine vorübergehende Maßnahme der Prävention oder der Abhilfe zugunsten von

---

449 Cass. soc. 9.1.2007, Nr. 05-43.962, Bull. civ. V, Nr. 1.

450 Cass. soc. 6.6.2012, Nr. 10-21.489, Bull. civ. V, Nr. 168; 12.2.2013, Nr. 11-27.689, Bull. civ. V, Nr. 36; 30.9.2013, Nr. 12-14.752, Bull. civ. V, Nr. 222; 14.11.2019, Nr. 18-15.682, D. 2019, 2254, https://www.legifrance.gouv.fr.

451 Cass. soc. 6.6.2012, Nr. 10-21.489, Bull. civ. V, Nr. 168.

452 Funktionale Äquivalente in Deutschland: Elternurlaub entspricht Mutterschutz; Erziehungsurlaub entspricht Elternzeit.

453 Cass. soc. 14.11.2019, Nr. 18-15.682, D. 2019, 2254, https://www.legifrance.gouv.fr.

454 Cass. soc. 11.7.2018, Nr. 16-27.825, https://www.legifrance.gouv.fr; EuGH 8.5.2019, C-486/18, ECLI:EU:C:2019:379, NZA 2019, 1131 – Praxair MRC.

455 Cass. soc. 19.9.2018, Nr. 17-11.618, https://www.legifrance.gouv.fr.; 11.4.1991, Nr. 87-41.975, Bull. civ. V, Nr. 185; 1.12.2016, Nr. 15-24.693, https://www.legifrance.gouv.fr; Lamy social 2020, Rn. 208.

456 Cass. soc. 19.9.2018, Nr. 17-11.618, https://www.legifrance.gouv.fr.

diskriminierten Personen durchgeführt wird. Maßnahmen der positiven Diskriminierung garantieren den begünstigten Merkmalsträgern bei Einstellungs- und Beförderungsentscheidungen allerdings keinen absoluten Vorrang.[457] Im französischen Recht werden Maßnahmen der positiven Diskriminierung in Gesetzen, Tarifverträgen bzw. Aktionsplänen[458] nur sehr zurückhaltend eingeführt.[459] Bisher sind solche Maßnahmen vor allem für Diskriminierungen wegen des Geschlechts oder des gewerkschaftlichen Engagements anerkannt. Sofern eine positive Maßnahme ergriffen wird, geschieht das meistens im Wege eines Tarifvertrags.[460] Zum Beispiel räumte ein Unternehmenstarifvertrag (*accord d'entreprise*) den Arbeitnehmerinnen am Internationalen Frauentag (8. März) einen halben Zusatzurlaubstag ein. Die Rechtmäßigkeit dieser Maßnahme wurde höchstrichterlich bestätigt.[461]

B. Rechtsfolgen und Sanktionen

Zu unterscheiden sind die zivilrechtlichen und strafrechtlichen Folgen.

I. Rechtsfolgen des Zivilrechts

Da die Rechtsfolgen einer Entgeltdiskriminierung den Rechtsfolgen eines Verstoßes gegen den Gleichbehandlungsgrundsatz entsprechen, kann auf § 3 C. I., S. 61 verwiesen werden. Es besteht der folgende Unterschied zu den Ansprüchen aus dem Gleichbehandlungsgrundsatz: Die Nachteile, die dem Arbeitnehmer durch eine rechtswidrige Diskriminierung entstanden sind, sind über den gesamten Zeitraum der Diskriminierung auszugleichen, was vollständige Wiedergutmachung (*réparation intégrale*) genannt wird.[462] Die dreijährige Verjährungsfrist für Entgeltklagen[463] wird daher nicht angewendet. Der Kassationshof bestätigte ein Urteil, das den Arbeitgeber zu einer Gehaltsnachzahlung verpflichtete, die nach der *Clerc*-Methode über einen längeren Zeitraum, als die

---

457 Cass. soc. 18.12.2007, Nr. 06-45.132, Bull. civ. V, Nr. 215.

458 Dazu: § 5 C. V., S. 165.

459 *Verkindt*, Dr. social 2008, 1051 (1055); *DARES*, L'égalité professionnelle est-elle négociable ?, 2019, S. 87.

460 *Miné*, Droit du travail en pratique, 30. Aufl. 2019, Rn. 99.

461 Cass. soc. 12.7.2017, Nr. 15-26.262, Bull. civ. V, Nr. 123.

462 Art. L 1132-4 CT, L 1134-5 Abs. 3 CT; L 1142-3 CT; Cass. soc. 23.11.2005, Nr. 03-40.826, Bull. civ. V, Nr. 332; 24.2.2004, Nr. 01-46.499, https://www.legifrance.gouv.fr; Lamy social 2020, Rn. 248.

463 Art. L 3245-1 CT.

dreijährige Verjährungsfrist berechnet worden war.[464] Der Arbeitnehmer sei berechtigt, Ersatz für den während der gesamten Dauer der Diskriminierung erlittenen Schaden zu verlangen.

Insbesondere bei langen Erwerbsverläufen beim selben Arbeitgeber können sich die Ansprüche aufgrund von Entgeltdiskriminierung auf einen hohen Betrag summieren. Beispielsweise berechnete ein Berufungsgericht den Schaden eines diskriminierten Arbeitnehmers über die Dauer von 12 Jahren mit der *Clerc*-Methode auf 179.000 €.[465] Berücksichtigt wurden das nachzuzahlende Gehalt, die entgangenen Gewinnbeteiligungen und der erlittene Nachteil in der Altersversorgung.

Für die Klageerhebung gelten jedoch zeitliche Grenzen: Eine Diskriminierungsklage ist innerhalb von fünf Jahren nach Aufdeckung der Diskriminierung und spätestens nach 20 Jahren nach dem Zeitpunkt der diskriminierenden Tatsachen zu erheben.[466]

II. Strafnormen des Straf- und Arbeitsgesetzbuchs

1975 wurden erstmals die Diskriminierungstatbestände wegen des Geschlechts und der Familiensituation in das französische Strafgesetzbuch eingeführt.[467] Daneben sind auch im Arbeitsgesetzbuch Strafnormen für arbeitsrechtliche Diskriminierung wegen des Geschlechts enthalten.[468] Sind mehrere Strafnormen anwendbar, ist nur die Norm mit der höchsten Strafandrohung anzuwenden.[469] Die Arbeitsinspektion (*inspection du travail*) und der Rechtsverteidiger (*Défenseur des droits*) können strafbares Verhalten feststellen und an die Staatsanwaltschaft berichten oder unter engen Voraussetzungen einen Vergleich anbieten.[470]

Nach dem Arbeitsgesetzbuch können natürliche Personen für Diskriminierungen aufgrund des Geschlechts mit bis zu einem Jahr Gefängnis und einer Geldstrafe von 3.750 € bestraft werden.[471] Nach dem Strafgesetzbuch können diskriminierende Kündigungen, Sanktionen oder die Verweigerungen

---

464 Cass. soc. 25.9.2019, Nr. 18-14975, https://www.legifrance.gouv.fr.
465 CA Versailles 19.12.2019, Nr. 18/03801, RJS 2020, Nr. 120.
466 Art. 2232 Code civil; Art. L 1134-5 CT.
467 Gesetz Nr. 75-625, 11.7.1975, JORF 13.7.1975, S. 7226.
468 Art. L 1146-1, L 1155-2 CT.
469 Circulaire DGT Nr. 2012-14, 12.11.2012, S. 4.
470 Art. L 8113-7, L 8114-4 ff. CT; Lamy social 2020, Rn. 246; *Cœuret/Fortis/Duquesne*, Droit pénal du travail, 6. Aufl. 2016, S. 39, 75 ff.
471 Art. L 1146-1, L 1155-2 CT.

der Einstellung oder Ausbildung mit bis zu drei Jahren Gefängnis und einer Geldstrafe von 45.000 € bestraft werden.[472] Der Begriff der Sanktion wird weit ausgelegt und erfasst auch fehlende Beförderungen und die Ausnahme von Gehaltserhöhungen.[473]

Die Strafnormen im Arbeits- und Strafgesetzbuch gelten auch für juristische Personen,[474] wobei die Strafandrohungen speziell geregelt sind.[475] Neben der Zahlung einer Geldstrafe kann das verurteilte Unternehmen z. B. für fünf Jahre von der öffentlichen Auftragsvergabe ausgeschlossen werden.[476] Das Urteil kann vertagt werden, sofern dem Arbeitgeber angeordnet wird, innerhalb einer bestimmten Frist Maßnahmen zur Wiederherstellung der beruflichen Gleichheit im Unternehmen festzulegen und umzusetzen.[477]

Im Strafrecht ist der Beweis der Diskriminierung äußerst problematisch. Im Strafverfahren etablierte sich das sog. Testing-Verfahren (*testing*), das mittlerweile auch gesetzlich anerkannt ist.[478] Verbände können mit einem Testing-Verfahren systemische Diskriminierungen durch Arbeitgeber aufdecken und der Anklage zumindest im Strafrecht zu einer günstigen Beweislage verhelfen. Ein Beispiel ist die strafrechtliche Verurteilung der Gesellschaft des Ballsaalrestaurants im Moulin Rouge. Nach dem Hinweis eines Mitarbeiters, dass im dortigen Servicebereich keine *gens de couleur*[479] arbeiten dürften und deshalb ein Bewerber mit schwarzer Hautfarbe abgelehnt worden sei, führte der Verband *SOS Racisme* ein Testing-Verfahren durch und konnte mit eindeutigen Telefonaufzeichnungen den Beweis der Diskriminierung durch die Staatsanwaltschaft erheblich erleichtern.[480] Für einzelne Betroffene ist der Einsatz eines Testing-Verfahrens allerdings wenig geeignet, da es für den Handelnden in der

472 Art. L 225-2 C. pén.

473 Cass. crim. 28.4.2009, Nr. 07-82.901, Bull. crim. Nr. 74.

474 Art. 225-2 C. pén.; Art. R 3222-1 CT.

475 Art. 225-4-6 C. pén.

476 Art. 225-4-6 Nr. 5 C. pén.

477 Art. L 1146-2 CT iVm Art. 132-58 ff. C. pén.

478 Art. 225-3-1 C. pén.

479 Diese französische Selbstbezeichnung wird nicht übersetzt, da deutsche Begriffe in der Vergangenheit und Gegenwart in rassistischer Weise verwendet wurden bzw. werden. In Ablehnung des ideologischen Konzepts von angeblichen „Menschenrassen" werden in Deutschland u. a. folgende Selbstbezeichnungen verwendet: *People of colour; Black and people of Colour [BPoC]; Black, Indigenous and People of Color [BIPoC].*

480 CA Paris 17.10.2003, Nr. 03/00387, Dr. ouvrir 2004, 329; TGI Paris 22.11.2002, Nr. 0111790455, Dr. ouvrier 2003, 284 ff.

Regel möglich ist, eine Benachteiligung aus anderen Gründen zu erklären. Darüber hinaus findet ein Arbeitnehmer, der sich auf eine besser vergütete Stelle bewirbt oder eine Gehaltserhöhung erreichen möchte, in der Regel keinen vergleichbaren Kollegen, der bereit ist, sich beim Arbeitgeber zu bewerben und sodann vor Gericht über seine Behandlung auszusagen.[481] Daher hat sich das Testing-Verfahren als Beweismittel im Zivilverfahren nicht etabliert.

III. Rechtsvergleichendes Fazit

Die europarechtlichen Vorgaben fordern wirksame, verhältnismäßige und abschreckende Sanktionen für Diskriminierungen.[482] Im deutschen Strafrecht existiert kein Straftatbestand für Diskriminierungen wegen des Geschlechts. Die französische Rechtslage ist kritisch zu bewerten: Für die französischen Sanktionen sprechen die damit einhergehenden, weiteren Klagemöglichkeiten der Betroffenen. Der Betroffene kann sich der öffentlichen Anklage der Staatsanwaltschaft (*action publique*) mit einer sog. Zivilklage (*action civile*) anschließen und vor dem Strafgericht (*tribunal répressif*) den Ersatz des aus der Straftat entstandenen Schadens erreichen.[483] Sofern die Staatsanwaltschaft keine öffentliche Anklage erhoben hat, kann der Betroffene diese selbst initiieren.[484] Im Gegensatz zu einer rein zivilrechtlichen Klage auf Grundlage von zivilrechtlichen Ansprüchen profitiert der Betroffene somit vom Amtsermittlungsgrundsatz, der im Strafverfahren gilt.[485]

Einer strafrechtlichen Verurteilung steht jedoch in den meisten Fällen die fehlende Absicht (*intention*) des Verursachers bzw. deren schwieriger Beweis durch die Staatsanwaltschaft entgegen.[486] Nach der Gesetzgebungskommission des Senats von 2006 gab es in Frankreich pro Jahr regelmäßig weniger als 40

481 *Strauß,* Schutz vor Diskriminierung durch Privatpersonen im Straf-, Arbeits- und Zivilrecht, 2013, S. 108.

482 Art. 15 RL 2000/43/EG; Art. 17 RL 2000/78/EG.

483 Art. 2 Code de procédure pénale; *Cœuret/Fortis/Duquesne,* Droit pénal du travail, 6. Aufl. 2016, S. 140.

484 *Cour de cassation/Agostini,* Les droits de la partie civile dans le procès pénal, Rapport annuel 2000.

485 *Strauß,* Schutz vor Diskriminierung durch Privatpersonen im Straf-, Arbeits- und Zivilrecht, 2013, S. 105.

486 *Pécaut-Rivolier,* Rapport sur les discriminations collectives en entreprise, 2013, S. 97; *Strauß,* Schutz vor Diskriminierung durch Privatpersonen im Straf-, Arbeits- und Zivilrecht, 2013, S. 105.

strafrechtliche Verurteilungen wegen Diskriminierung.[487] Die Arbeitsinspektoren (*inspecteurs du travail*) beklagen ebenfalls die geringe Verurteilungsquote infolge ihrer Meldungen an die Staatsanwaltschaft.[488]

C. Systemische Diskriminierung (*discrimination systémique*)

In der neueren französischen Rechtsliteratur und erstinstanzlichen Rechtsprechung taucht zunehmend der Begriff der systemischen Diskriminierung (*discrimination systémique*) auf.[489] Seltener wird der Begriff der strukturellen Diskriminierung verwendet.[490] Die systemische Diskriminierung wurde aus der Soziologie und dem kanadischen Recht (*systemic discrimination*) übernommen.[491] Dieser jungen Rechtsentwicklung liegt der Ansatz zugrunde, dass sich mehrere Elemente der Arbeits- und Gesellschaftsorganisation auf eine bestimmte Gruppe nachteilig auswirken können und diese kollektive Diskriminierung daher nicht nur einem bestimmten Verursacher, wie etwa dem Arbeitgeber, zugeordnet werden kann.[492] Präventionsregelungen und das Rechtsinstitut der mittelbaren Diskriminierung sind bereits Rechtsinstrumente, die auf systemische Diskriminierungen abzielen.[493] Beispielsweise ist die Rechtsprechung zur Diskriminierung von Arbeitnehmern in Teilzeit oder Erziehungsurlaub zugleich Ausdruck der gesellschaftlichen Tatsache, dass weibliche Arbeitnehmer häufiger in Teilzeit arbeiten bzw. Erziehungsurlaub

---

487 *Commission des Lois constitutionnelles, de législation, du suffrage universel, du Règlement et d'administration générale,* Avis Nr. 214, 22.2.2006, S. 19, abrufbar unter: https://www.senat.fr/rap/a05-214/a05-2141.pdf [Zugriff: 7.10.2020].

488 *Pécaut-Rivolier,* Rapport sur les discriminations collectives en entreprise, 2013, S. 97.

489 *Pécaut-Rivolier/Mercats-Bruns,* RDT 2020, 373 ff.; *Pécaut-Rivolier,* Rapport sur les discriminations collectives en entreprise, 2013, S. 27 ff; *Wolmark/Défenseur des droits,* Sem. Soc. Lamy, 3.2.2020, Nr. 1893, S. 8 ff.; *Auzero/Baugard/Dockès,* Droit du travail, 34. Aufl. 2021, Rn. 734.

490 *Wolmark,* Sem. Soc. Lamy, 3.2.2020, Nr. 1893, S. 11.

491 *Wolmark,* Sem. Soc. Lamy, 3.2.2020, Nr. 1893, S. 11 f.; *Défenseur des droits,* Sem. Soc. Lamy, 3.2.2020, Nr. 1893, S. 8 (9 f.); Soziologie: *Dhume,* Migrations Société 2016, S. 51 ff.; Kanada: *Lavergne,* Les cahiers du droit, Vol. 27, 1986, S. 901; Supreme Court Judgements Canada 25.6.1987, [1987] 1 SCR 1114, S. 1138 ff. – CN c/ Canada, abrufbar unter: https://scc-csc.lexum.com/scc-csc/scc-csc/en/item/6280/index.do [Zugriff: 5.10.2020].

492 *Pécaut-Rivolier/Mercats-Bruns,* RDT 2020, 373 (374 f.); *Pécaut-Rivolier,* Rapport sur les discriminations collectives en entreprise, 2013, S. 27 f.

493 *Pécaut-Rivolier/Mercats-Bruns,* RDT 2020, 373 (375).

nehmen. Teilweise werden in der Rechtsliteratur mittelbare und systemische Diskriminierung gleichgesetzt,[494] während andere Autoren die systemische Diskriminierung als ein eigenständiges Konzept entwickeln.[495]

Als erstes Gericht hatte das Arbeitsgericht in Paris eine systemische Diskriminierung anerkannt.[496] Im zugrunde liegenden Fall ging es um 25 Arbeitnehmer aus Mali, die auf einer Baustelle arbeiteten und keine Aufenthaltserlaubnis hatten. Der Rechtsverteidiger (*Défenseur des droits*)[497] bezeichnete die dortige Arbeitsorganisation als systemische Diskriminierung, da diese Arbeitnehmergruppe ohne hinreichenden Arbeitsschutz in unterschiedlichen Situationen die gefährlichsten Arbeiten auf der Baustelle ausführen musste und die Arbeitsorganisation auf einer rassistischen Hierarchie beruhte, die durch die fehlende Aufenthaltserlaubnis und die daraus folgende Vulnerabilität der Arbeitnehmer begünstigt wurde.[498] Das Gericht schloss sich der Argumentation des Rechtsverteidigers an, obwohl der Sachverhalt auch schlicht als direkte Diskriminierung hätte bezeichnet werden können.

In der französischen Rechtsliteratur hat sich der Begriff der systemischen Diskriminierung weitgehend etabliert. Die neue Kategorie der Diskriminierung könnte zur Benennung der problematischen sozialen Strukturen durch Gerichtsurteile führen und dadurch den Handlungsbedarf für den Gesetzgeber, die Behörden, Koalitionen und Arbeitgeber verdeutlichen.[499] Es könnte allerdings auch zu einer Verantwortungsdiffusion kommen, indem hauptsächlich soziale Strukturen verantwortlich gemacht werden oder der Arbeitgeber

---

494 *Auzero/Baugard/Dockès,* Droit du travail, 34. Aufl. 2021, Rn. 734.

495 *Pécaut-Rivolier/Mercats-Bruns,* RDT 2020, 373 (375 ff.); *Moizard,* Dr. social 2020, 320 (326); *Mercat-Bruns,* RDT 2020, 25 (39 ff.); *Wolmark,* Sem. Soc. Lamy, 3.2.2020, Nr. 1893, S. 11. (12 ff.).

496 Conseil de Prud'hommes de Paris, 17.12.2019, Nr. RG F 17/10051, abrufbar unter: https://www.herveguichaoua.fr/IMG/pdf/cph_paris_171219_chantier_breteuil_discrimination_raciale_oniris.pdf?fbclid=IwAR0p0qQ-VBC68uuqp3WdELSfHpF1oVDm9HAA686JZmS0EgKkHomb6r3B8d8 [Zugriff: 29.9.2020].

497 Zu den Aufgaben des Rechtsverteidigers: § 4F.II., S. 120.

498 *Toubon,* Décision du Défenseur des droits, 19.4.2019, Nr. 2019-108, abrufbar unter https://juridique.defenseurdesdroits.fr/doc_num.php?explnum_id=19433 [Zugriff 28.8.2020].

499 *Pécaut-Rivolier/Mercats-Bruns,* RDT 2020, 373 (376); *Adam,* Dr. social 2017, 638 (643).

für sich summierende und sich reproduzierende Einzelentscheidungen verantwortlich gemacht wird.[500]

Es bleibt abzuwarten, ob diese Entwicklung durch die höheren Gerichte bestätigt oder durch den französischen Gesetzgeber geregelt werden wird. Insbesondere die Sammelklageverfahren könnten die Anerkennung dieser Diskriminierungsform beschleunigen.[501] Eine kollektive Diskriminierung basiert häufig nicht nur auf einer einzelnen Maßnahme mit kollektivem Effekt, sondern auf mehreren Maßnahmen oder tatsächlichen Praktiken. Im ersten Sammelklageverfahren berief sich die Gewerkschaft GCT auf eine systemische Diskriminierung der Gewerkschaftsdelegierten und begründete dies mit mehreren Sachverhalten indirekter und direkter Diskriminierungen wie etwa Aussagen von unterschiedlichen Vorgesetzten in Mitarbeitergesprächen, die Verweigerung von Beförderungen aufgrund des Mandats und verzögerte Gehaltszahlungen.[502] Der Rechtsverteidiger (*Défenseur des droits*) beteiligte sich am Verfahren und kam in seiner Stellungnahme vor Gericht zu dem Schluss, es handele sich um direkte und indirekte Diskriminierungen, die eine kollektive und systemische Gewerkschaftsdiskriminierung seien.[503] Der rechtskräftige Abschluss dieser Sammelklage steht noch aus.

In Deutschland wird die systemische Diskriminierung unter dem Begriff der strukturellen Diskriminierung diskutiert. Die Diskussion findet traditionell nur im Verfassungsrecht zu Art. 3 Abs. 3 GG statt.[504] Das Diskriminierungsverbot des Grundgesetzes sei historisch vor dem Hintergrund der menschenverachtenden, strukturellen Diskriminierung in der NS-Diktatur nicht nur als formales Grundrecht im Sinne eines Willkürverbots, sondern als materielles Grundrecht auszulegen, das auch vor mittelbaren Nachteilen neutraler Regelungen schützt. Strukturelle Diskriminierung wird also mit der mittelbaren Diskriminierung gleichgesetzt.[505] Im Zivil- und Arbeitsrecht ist keine

500 *Wolmark*, Sem. Soc. Lamy, 3.2.2020, Nr. 1893, S. 11 (14).

501 *Latraverse*, Dr. social 2020, 288 (291); *Défenseur des droits*, Sem. Soc. Lamy, 3.2.2020, Nr. 1893, S. 8 (10).

502 *Guiomard*, RDT 2018, 866 (868).

503 *Champeaux*, Sem. Soc. Lamy, 11.6.2019, Nr. 1865, S. 3.

504 *Baer/Markard*, in: Mangoldt/Klein/Starck (Hrsg.), Grundgesetz, 7. Aufl. 2018, Art. 3 GG Rn. 387 ff. (418 ff.).

505 *Baer/Markard, in:* Mangoldt/Klein/Starck (Hrsg.), Grundgesetz, 7. Aufl. 2018, Art. 3 GG Rn. 424; *Engler*, Strukturelle Diskriminierung und substantielle Chancengleichheit, 2005, S. 41 ff.

Entwicklung zu erkennen, die die strukturelle Diskriminierung als eigenständige, rechtliche Kategorie etablieren möchte.

D. Rechtsschutz durch Verfahren

Materieller Diskriminierungsschutz ist erst durch effektiven Rechtsschutz umsetzbar.[506] Diskriminierungen laufen zumeist in verdeckten Prozessen ab, deren Beweis für den Arbeitnehmer im Gerichtsverfahren schwierig ist. Der Betroffene kann daher auf die Unterstützung und die Aussagen von Kollegen angewiesen sein. Arbeitnehmer möchten jedoch in der Regel nicht im bestehenden Arbeitsverhältnis gegen den Arbeitgeber aussagen oder Klage erheben. Um diesen Hindernissen zu begegnen, wurden besondere Schutzregelungen für Diskriminierungsklagen eingeführt. Betroffene, Hinweisgeber und Zeugen sind vor Maßregelungen des Arbeitgebers geschützt (dazu I.). Im französischen Recht existieren zudem Beweiserleichterungen und Methoden der Tatsachenermittlung, die dem deutschen Verfahrensrecht fremd sind (dazu II.).

I. Schutz des Betroffenen, der Zeugen und Whistleblower

Betroffene, Zeugen sowie hinweisgebende Arbeitnehmer werden vor Maßregelungen des Arbeitgebers geschützt. Kein Arbeitnehmer darf sanktioniert, gekündigt oder benachteiligt werden, weil er diskriminierende Handlungen bezeugt oder gemeldet hat.[507] Die Kündigung des Klägers einer Diskriminierungsklage ist nichtig, wenn der Arbeitgeber sie wegen der erhobenen Klage ausgesprochen hat und die Kündigung nicht durch einen tatsächlichen und ernsthaften Grund (*cause réelle et sérieuse*) gerechtfertigt ist.[508] Es wird vermutet, dass der Arbeitgeber die Kündigung wegen der Klage des Arbeitnehmers ausgesprochen hat.[509] Der Arbeitgeber muss somit das Vorliegen des Kündigungsgrundes beweisen. Diese Beweislastverteilung gilt auch für die Hinweisgeber und Zeugen einer Diskriminierung, unabhängig davon, ob die Klage oder Beschwerde des angeblich diskriminierten Arbeitnehmers begründet ist oder

---

506 Vgl. RL 2006/54/EG des Europäischen Parlaments und des Rates, 5.7.2006, EU-Abl. L 204/23, 26.7.2006, S. 23 zur Verwirklichung des Grundsatzes der Chancengleichheit und Gleichbehandlung von Männern und Frauen in Arbeits- und Beschäftigungsfragen.

507 Art. L 1132-3 CT.

508 Art. L 1134-4, L 1144-3 CT; *Aldea*, Das französische Kündigungsrecht, 2010, S. 239.

509 Cass. Soc. 28.11.2000, Nr. 97-43.715, Bull. civ. V, Nr. 395.

nicht.[510] Der Hinweisgeber muss nur die Tatsachen vortragen und beweisen, die annehmen lassen, dass er im guten Glauben bezeugt oder hingewiesen hat.[511] Der Arbeitgeber muss beweisen, dass der Hinweisgeber bösgläubig gehandelt hat oder dass seine Kündigung durch andere Gründe gerechtfertigt ist.

Die europarechtliche Grundlage für den Viktimisierungsschutz ist Art. 24 der RL 2006/54/EG, über den der EuGH in der Rechtssache *Hakelbracht* zu entscheiden hatte. Die Regelung sei weit auszulegen und schütze alle Arbeitnehmer, gegen die der Arbeitgeber wegen einer Beschwerde über Diskriminierung Vergeltungsmaßnahmen ergreifen kann. Der Schutz bestehe unabhängig von der Person des Antragstellers und Formerfordernissen wie dem Zeugenstatus.[512] Auch nicht diskriminierte Personen, die den Betroffenen formell oder informell unterstützt haben, sind vor Maßregelungen des Arbeitgebers zu schützen.[513] Zusätzlich schützt die Whistleblowing-RL der EU Hinweisgeber und die Betroffenen, indem in den Mitgliedstaaten Meldewege eröffnet und weitere Schutzmaßnahmen umgesetzt werden müssen.[514]

Die französische Rechtslage stimmt mit den Vorgaben des EuGH in der Rechtssache *Hakelbracht* überein. Im deutschen Recht sind unterstützende Dritte mit den potentiell Betroffenen gleichgestellt.[515] Im Falle von Kündigungen von Hinweisgebern und Zeugen bedarf es einer europarechtskonformen Anwendung und Auslegung des Kündigungsschutzes, damit jene von der günstigeren Beweislastverteilung profitieren.[516]

II. Beweisführung

Im Falle eines Gerichtsverfahrens muss der Richter auf Grundlage der Parteivorträge zu einer Entscheidung kommen.[517] Im französischen Zivilprozessrecht gilt der Grundsatz, dass jede Partei die für den Erfolg ihres Anspruchs

---

510 Art. L 1132-3-3 ff., L 1152-2 CT; Lamy social, Rn. 248.

511 Art. L 1132-3-3 Abs. 3 CT.

512 EuGH 20.6.2019, C-404/18, ECLI:EU:C:2019:523, NZA 2019, 1041 Rn. 28 – Hakelbracht.

513 EuGH 20.6.2019, C-404/18, ECLI:EU:C:2019:523, NZA 2019, 1041 Rn. 35 – Hakelbracht.

514 RL 2019/1937/EU des Europäischen Parlaments und des Rates, 23.10.2019, EU-Abl. L 305/17, 26.11.2019, S. 17 zum Schutz von Personen, die Verstöße gegen das Unionsrecht melden.

515 §§ 16 Abs. 1, 22 AGG.

516 *Herbst,* EuZA 2020, 78 (83 ff.).

517 Lamy social 2020, Rn. 234.

erforderlichen Tatsachen zu beweisen hat.[518] Im Diskriminierungsrecht und für Ansprüche aus dem Gleichbehandlungsgrundsatz ist die Beweislast allerdings auf beide Prozessparteien verteilt, um dem strukturellen Informationsdefizit des Arbeitnehmers gegenüber dem Arbeitgeber entgegenzuwirken (dazu 1.).[519] Für den Tatsachenvortrag im Entgelt- und Karrierebereich ist vor den französischen Gerichten die sog. *Clerc*-Methode anerkannt, die Gehaltsdaten und Karriereverläufe anderer Arbeitnehmer erhebt und auswertet, um sie als Statistik in das Verfahren einzubringen (dazu 2.). Der Richter kann darüber hinaus alle Ermittlungsmaßnahmen (*mesures d'instruction*) anordnen, die er für angemessen hält (dazu 3.). Im Wege des vorläufigen Rechtsschutzes kann der Arbeitnehmer vor dem Hauptverfahren die Herausgabe von bestimmten Gehalts- und Karriereinformationen beantragen (*mesures d'instruction in futurum,* dazu 3. b.).

1. Darlegungs- und Beweislast

Die Beweislastverteilung (*répartition/aménagement de la charge de la preuve*) für Diskriminierungsklagen basiert auf der RL 2006/54/EG und der Rechtsprechung des EuGH.[520] Es obliegt dem nationalen Richter, den effektiven Rechtsschutz zu gewährleisten, indem er der Methode und Interpretation des EuGH zur Beweislastverteilung folgt.[521] Der französische Gesetzgeber hat die Beweislastverteilung wie folgt geregelt: Der Arbeitnehmer muss die Tatsachen vortragen, die eine direkte oder indirekte Diskriminierung aufgrund des Geschlechts, der Familiensituation oder einer Schwangerschaft annehmen lassen („*éléments de fait laissant supposer*").[522] Der Kläger trägt die Darlegungslast (*charge de l'allégation*) und Beweislast (*charge de preuve*) für diese Tatsachen.[523]

---

518 Art. 9 der französischen Zivilprozessordnung.

519 *Bataille,* La procédure prud'homale, 3. Aufl. 2017, Rn. 349, 368.

520 EuGH 17.10.1989, C-109/88, Slg. 1989, 3199 Rn. 12 ff. – Danfoss; 28.2.2013, C-427/11, NZA 2013, 315 Rn. 18 ff. – Kenny; dazu ausführlich *Franzen,* in: Franzen/Gallner/Oetker (Hrsg.), Kommentar zum europäischen Arbeitsrecht, 3. Aufl. 2020, Art. 157 AEUV Rn. 52 f.

521 *Tissandier,* in: Akandji-Kombé (Hrsg.), Égalité et droit social, 2014, S. 353 (355).

522 Art. L 1144-1 Abs. 1, Art. L 1134-1 CT; erste nationale Urteile: Cass. soc. 23.11.1999, Nr. 97-42.940, Bull. civ. V, Nr. 447; 28.3.2000, Nr. 97-45.258, Bull. civ. V, Nr. 126; jüngere Urteile: Cass. soc. 26.9.2012, Nr. 11-10.220, https://www.legifrance.gouv.fr; 15.1.2014 Nr. 12-27.261, Bull. civ. V, Nr. 14.

523 Art. 6 und 9 französische Zivilprozessordnung.

In Entgeltdiskriminierungsfällen muss der Kläger somit Tatsachen vortragen und beweisen, die annehmen lassen:

- dass er ein bestimmtes Entgelt bekommt;
- dass eine oder mehrere Vergleichspersonen des anderen Geschlechts für die gleiche oder gleichwertige Arbeit ein höheres Entgelt bekommt bzw. höhere Entgelte bekommen;
- dass das niedrigere Entgelt aufgrund des Geschlechts gezahlt wurde.

Gelingt dem Arbeitnehmer dieser Beweis, obliegt es dem Arbeitgeber zu beweisen, dass die Benachteiligung durch objektive Gründe gerechtfertigt ist, die nicht diskriminierend sind.[524] Diese gestufte Beweislastverteilung gilt auch für Tarifnormen.[525] Der normanwendende Arbeitgeber trägt somit das Risiko der Rechtswidrigkeit der Tarifnormen.[526] Mit Erfolg diesen Beweis zu erbringen, kann für den Arbeitgeber sehr schwierig sein.[527]

Für die Bewertung der vorgetragenen Tatsachen und Beweise gilt das souveräne Beurteilungsermessen des Tatrichters (*pouvoir souverain d'appréciation du juge du fond*).[528] Dieses wird vom Kassationshof nur begrenzt auf Rechtsfehler, wie etwa die Verkennung der Beweislastverteilung, und auf offensichtliche Beurteilungsfehler (*erreur manifeste d'appréciation*) überprüft.[529]

Der französische Kassationshof hat die folgenden Grundsätze für die vom Arbeitnehmer vorzutragenden Tatsachen im Entgeltbereich aufgestellt: Die Entscheidung des französischen Richters beruhe in der Regel auf einer vergleichenden Analyse der tatsächlichen Situation des Arbeitnehmers im Vergleich zu der seiner Kollegen.[530] Die vom Arbeitnehmer vorgetragenen Tatsachen müssen präzise sein, insbesondere wenn sich der Kläger mit anderen Mitarbeitern und deren Gehaltsentwicklung vergleicht.[531] Wurde dem Kläger während zehn Jahren Unternehmenszugehörigkeit kein höherer Koeffizient zugewiesen

---

524 Art. L 1134-1 Abs. 2 CT.

525 Lamy social 2020, Rn. 202.

526 Lamy social 2020, Rn. 202.

527 *Teyssié,* in: Puigelier (Hrsg.), La preuve, 2004, 73 (80).

528 Cass. soc. 17.1.2018, Nr. 16-19.764, https://www.legifrance.gouv.fr; 21.3.2018, Nr. 16-22.568, https://www.legifrance.gouv.fr.

529 *Sereno,* Dr. social 2020, 332 (334).

530 Cass. soc. 9.12.2014, Nrn. 13-16.045, 13.16.731, Bull. civ. V, Nr. 279; 22.10.2014, Nr. 13-18.362, Bull. civ. V, Nr. 252; *Sweeney,* Dr. social, 293 (295); *Radé,* Discriminations et inégalités de traitement dans l'entreprise, 2011, S. 52.

531 Cass. soc. 6.10.2015, Nr. 13-26.052, Bull. civ. V, Nr. 294.

und vergleicht er sich daher mit Arbeitnehmern, die mit demselben Berufsabschluss zur gleichen Zeit eingestellt wurden und mittlerweile aufgrund von Beförderungen einen höheren Gehaltskoeffizienten haben, sei dies ein geeigneter Tatsachenvortrag, den der Richter mit einer vergleichenden Analyse der Aufgaben und Verantwortlichkeiten zu überprüfen habe.[532] Die Prüfung der gleichen oder gleichwertigen Arbeit entspricht den Kriterien, die beim Gleichbehandlungsgrundsatz angewendet werden (dazu § 3 A. II., S. 59).[533]

Ein Vergleich mit anderen Arbeitnehmern ist allerdings nicht zwingend notwendig, um eine Diskriminierung darzulegen, da das Diskriminierungsrecht im Gegensatz zum allgemeinen Gleichbehandlungsgrundsatz nicht gruppenbezogen gilt.[534] Zum Beispiel können der Vortrag einer langsameren Karriereentwicklung und weiterer Hinweise, wie etwa abwertende Bemerkungen in den Arbeitsevaluationen, der Beweislast genügen.[535] Die Chronologie der Ereignisse kann ebenfalls eine Diskriminierung vermuten lassen, z. B. ein Vorschlag zur Reduzierung der Arbeitszeit nach zwei Abwesenheiten für eine In-vitro-Fertilisation.[536]

Für die Feststellung einer langsameren Karriereentwicklung kann die Karriere desselben Arbeitnehmers vor und nach dem potentiell die Diskriminierung auslösenden Ereignis, z. B. Erkrankung, Schwangerschaft, Elternurlaub, Erziehungsurlaub, Ernennung zum Gewerkschaftsdelegierten, verglichen werden.[537] Der Vortrag einer abgelehnten Beförderung allein ist nicht ausreichend, um eine Diskriminierung annehmen zu lassen.[538] Der Vortrag einer fehlenden Karriereentwicklung kann allerdings erfolgreich sein, wenn sich der ausreichend qualifizierte Arbeitnehmer sehr oft erfolglos auf höhere oder andere Stellen beworben hat und weitere Anhaltspunkte, wie etwa abwertende Bemerkungen, dargelegt und bewiesen werden können.[539]

Die Benachteiligung muss aufgrund des verbotenen Diskriminierungsmerkmals des Geschlechts erfolgt sein. Eine differenzierte Abstufung des

532 Cass. soc. 9.12.2014, Nrn. 13-16.045, 13.16.731, Bull. civ. V, Nr. 279; ähnlicher Sachverhalt: Cass. soc. 30.4.2009, Nr. 06-45.939, Bull. civ. V, Nr. 119.

533 Lamy social 2020, Rn. 201.

534 Cass. soc. 10.11.2009, Nr. 07-42.849, Bull. civ. V, Nr. 246; 9.12.2014, Nrn. 13-16.045, 13-16.731, Bull. civ. V, Nr. 279.

535 Cass. soc. 30.4.2009, Nr. 06-45.939; 10.11.2009, Nr. 07-42.849, Bull. civ. V, Nr. 246.

536 Cass. soc. 28.6.2018, Nr. 16-28.511, RJS 2018, Nr. 672.

537 Cass. soc. 10.11.2009, Nr. 07-42.849, Bull. civ. V, Nr. 246

538 Cass. soc. 3.7.2012, Nr. 11-11.059, https://www.legifrance.gouv.fr.

539 Cass. soc. 24.4.2013, Nr. 11-15.204, Bull. civ. V, Nr. 116.

Beweismaßes wie im deutschen Prozessrecht findet vor den französischen Gerichten nicht statt. Die Richter der Tatsacheninstanzen gehen vielmehr uneinheitlich vor: In sehr vielen Fällen leitet der Tatrichter bereits aus der festgestellten Benachteiligung eines Arbeitnehmers im Vergleich zu vergleichbaren Arbeitnehmern eine Diskriminierung aufgrund eines verpönten Merkmals ab.[540] Die Gründe der Benachteiligung werden nicht analysiert, sondern es wird allein aus dem Vergleich des Arbeitnehmers mit anderen Arbeitnehmern die Diskriminierung aufgrund eines Merkmals angenommen.[541] Manchmal verlangen die Richter hingegen Indizien (*indices*), die es erlauben, einen Zusammenhang zwischen der diskriminierenden Handlung und dem verpönten Merkmal herzustellen.[542] Gelegentlich versuchen die Richter, die Intention des Arbeitgebers festzustellen, insbesondere in Diskriminierungsfällen wegen des Geschlechts und einer angeblichen Rasse.[543] Sie verlangen Belege für diskriminierende Äußerungen oder die feindselige Haltung des Arbeitgebers.

Untersuchungsberichte der Arbeitsinspektion und des Rechtsverteidigers (*Défenseur des droits*) sind zulässige Beweismittel, wenn der Bericht unter Berücksichtigung der Ermittlungsbefugnisse dieser Behörden erstellt wurde.[544] Ihre weitreichenden Ermittlungsbefugnisse[545] können somit den Zugang zu beweiserheblichen Tatsachen für den Arbeitnehmer erleichtern. Der Arbeitnehmer kann die Erstellung eines solchen Berichts bei der Arbeitsinspektion beantragen. Der Arbeitsinspektor kann nach seinem Ermessen tätig werden.[546] Sein Bericht muss keine konkreten Verstöße feststellen, um als Beweismittel zugelassen zu werden.[547] Der Kassationshof hat bereits mehrfach entschieden, dass das Eingreifen der Arbeitsinspektion oder des Rechtsverteidigers nicht

540 *Guiomard,* in: Borenfreund/Vacarie (Hrsg.), Le droit social, l'égalité et discriminations, 2013, S. 61 (75); *Dabosville,* RDT 2019, 59 (69).

541 *Guiomard,* in: Borenfreund/Vacarie (Hrsg.), Le droit social, l'égalité et discriminations, 2013, S. 61 (75).

542 *Guiomard,* in: Borenfreund/Vacarie (Hrsg.), Le droit social, l'égalité et discriminations, 2013, S. 61 (75).

543 *Guiomard,* in: Borenfreund/Vacarie (Hrsg.), Le droit social, l'égalité et discriminations, 2013, S. 61 (75).

544 Lamy social 2020, Rn. 233; Cass. soc. 15.1.2014, Nr. 12-27.261, Bull. civ. V, Nr. 14.

545 Dazu § 4 F., S. 147.

546 Art. 8 Gesetz Nr. 2011-333 vom 29.3.2011, JORF 30.3.2011, Text 1.

547 Cass. soc. 15.1.2014, Nr. 12-27.261, Bull. civ. V, Nr. 14.

gegen den Grundsatz der Waffengleichheit (*principe d'égalité des armes*) und das Recht auf ein faires Verfahren (*droit à un procès équitable*) verstößt.[548]

Abgesehen von treuwidrig erlangten Beweisen sind die Beweismittel im französischen Prozessrecht frei.[549] Es ist rechtmäßig, wenn ein Arbeitnehmer Kopien unternehmensinterner Dokumente bei Gericht einreicht, wenn dies für sein Beweisinteresse unbedingt notwendig ist und er aufgrund seiner Aufgaben im Unternehmen von diesen Dokumenten Kenntnis hatte.[550] Eine Vergeltungsmaßnahme, wie etwa eine Kündigung, aufgrund der Verletzung der Verschwiegenheitspflicht (*obligation de discrétion*) und dem unerlaubten Kopieren von Dokumenten, ist rechtswidrig.[551] Zudem ist dieses Verhalten nach ständiger Rechtsprechung nicht strafbar.[552] Wenn eine Gewerkschaft Partei des Verfahrens ist, kann sie Unternehmensdokumente vorlegen, die die Arbeitnehmervertreter im Rahmen ihrer Mandatsarbeit einsehen konnten.[553] Betreffen die Unterlagen persönliche Daten, müssen sie für die Beweisführung (*administration de la preuve*) notwendig sein und der Eingriff in das Recht auf Respekt des Privatlebens muss verhältnismäßig zum verfolgten Ziel sein.[554] Da die Gewerkschaftsdelegierten über die Wirtschafts- und Sozialdatenbank[555] über die Gehalts- und Beförderungssituation von Männern und Frauen im Unternehmen informiert werden müssen, sind die Gewerkschaften im Entgeltbereich in einer komfortablen Beweissituation. In den letzten Jahren nahmen zudem die Entgeltdiskriminierungsklagen von höheren Angestellten zu. Vermutlich haben sie in ihrer Position häufiger Zugang zu Gehaltsdaten, was ihren Tatsachenvortrag erleichtert.

2. *Statistiken als Beweismittel*

Mithilfe der sogenannten *Clerc*-Methode (*méthode Clerc*) kann eine Diskriminierung bzw. Ungleichbehandlung im Entgeltbereich und die Höhe des

548 Cass. soc. 28.9.2016, Nr. 14-26.387, https://www.legifrance.gouv.fr; 27.1.2016, Nr. 14-10.084, Bull. civ. V, Nr. 16.
549 Art. 9 der französischen Zivilprozessordnung.
550 Cass. soc. 30.6.2004, Nr. 02-41.720, Bull. civ.V, Nr. 187.
551 Cass. soc. 30.6.2004, Nr. 02-41.720, Bull. civ.V, Nr. 187.
552 Cass. crim. 8.1.1979, Nr. 77-93.038, Bull. crim. Nr. 13; 11.5.2004, Nr. 03-85.521, Bull. crim. Nr. 113.
553 Lamy social 2020, Rn. 5634.
554 Cass. soc. 9.11.2016, Nr. 15-10.203, Bull. civ. V, Nr. 209.
555 Dazu: § 5 A., S. 153.

daraus resultierenden Nachzahlungs- bzw. Schadensersatzanspruchs ermittelt werden.[556]

a. Clerc-Methode (méthode Clerc)

Die Methode geht auf den Gewerkschaftsdelegierten *François Clerc* zurück.[557] Der Mechaniker arbeitete am Fließband in der Automobilfertigung und engagierte sich früh in der Gewerkschaft.[558] Mit fortschreitender Unternehmenszugehörigkeit fiel ihm seine fehlende Karriere- und Gehaltsentwicklung auf. Nachdem er eine höhere Berufsqualifikation erreicht hatte, wurde seine Anfrage auf eine Beförderung mit dem Hinweis auf sein gewerkschaftliches Engagement abgelehnt. Mit Unterstützung seiner Gewerkschaft CGT entwickelte er daraufhin eine empirische Methode zur statistischen Darstellung von Entgeltdiskriminierung und verwendete sie erfolgreich vor Gericht.[559] Nachdem sich die *Clerc*-Methode für die Entgeltdiskriminierungsklagen von Gewerkschaftsdelegierten etabliert hatte, wurde sie auch für andere verpönte Diskriminierungsmerkmale im Entgeltbereich angewendet, insbesondere für die Entgeltdiskriminierung von Frauen.[560] Die *Clerc*-Methode wird mittlerweile von den Richtern der Tatsacheninstanzen regelmäßig angewendet und wurde vom Kassationshof als rechtmäßig bestätigt.[561]

Die Methode erfordert zunächst die Bildung einer Gruppe von Arbeitnehmern, die mit dem Kläger hinsichtlich Qualifikation, Einstellungsdatum und Berufserfahrung auf einem ähnlichen Arbeitsplatz vergleichbar sind (*panel*).[562]

---

556 *Ferrer,* Dr. ouvrier 2010, 208 (209 f.).

557 Zur Chronologie: *Chappe,* Sociologies Pratiques 2011, 46 (47); *Hatzfeld,* Travail et Emploi 2016, 173 f.; *Clerc,* Sem. Soc. Lamy, Nr. 1190, 15.11.2004, S. 6 ff.

558 *Chappe,* Sociologies Pratiques 2011, 46 (47).

559 Conseil de prud'hommes de Paris, 4.6.1996, Dr. ouvrier 1996, 381 ff. mit Anm. *Verdier;* bestätigt von CA Paris, 21.2.1997, référé (PSA c/ Hennequin et autres/); *Chappe,* Sociologies Pratiques 2011, 46 (47 f.); *Hatzfeld,* Travail et Emploi 2016, 173 f.

560 *Chappe,* Sociologies Pratiques 2011, 46 (50 f.); für Gewerkschaftsdelegierte: *Meftah,* RDT 2019, 234 (237).

561 CA d'Aix-en Provence 20.10.2017, Nr. 17-518, Dr. ouvrier 2018, 222 mit Anm. *Boussard-Verrecchia* (vgl. S. 226); CA Paris, 31.1.2018, Nr. 15/11747, https://www.doctrine.fr/; CA Versailles 25.9.2019, Nr. RG 17/00.291, Dr. ouvrier 2020, 472 (473 ff.); Cass. soc. 4.7.2000, Nr. 98-43.285, Bull. civ. V, Nr. 264; 19.1.2011, Nr. 09-70.076, https://www.legifrance.gouv.fr; 19.1. 2011, Nr. 09-42.541, https://www.legifrance.gouv.fr.

562 Cass. soc. 7.11.2018, Nr. 16-20.759, https://www.legifrance.gouv.fr; 4.7.2000, Nr. 98-43.285, Bull. civ. V, Nr. 264; *Boussard-Verrecchia,* Dr. ouvrier 2018, 227.

Sodann wird deren durchschnittliche Gehalts- bzw. Karriereentwicklung im Unternehmen abgebildet.[563] Für diese Abbildung können u. a. die Arbeitsverträge, Beförderungen, Gehaltsabrechnungen und ggf. eine Aufstellung der gewährten Fortbildungen ausgewertet werden. Die Statistik bildet über den gewählten Zeitraum sodann die Gehalts- bzw. Beförderungskurven der Arbeitnehmer des Panels ab.[564] Für Ansprüche aus dem Gleichbehandlungsgrundsatz wird die *Clerc*-Methode ebenfalls verwendet, jedoch konzentriert sich der Vergleich in diesen Fällen auf einen bestimmten Zeitpunkt und nicht auf den gesamten Karriereverlauf.[565]

Die vorgetragenen Tatsachen des Arbeitnehmers müssen präzise und sachdienlich sein. Gelingt dies dem Arbeitnehmer nicht, droht die Klageabweisung aufgrund fehlenden Beweises der Tatsachen, die eine Diskriminierung bzw. Ungleichbehandlung annehmen lassen.[566] Gelingt der klägerseitige Vortrag und Beweis, muss der Arbeitgeber wiederum beweisen, dass die Diskriminierung bzw. Ungleichbehandlung gerechtfertigt ist. Die Arbeitgeber verwenden dafür oft ein eigenes Panel aus vergleichbaren Arbeitnehmern.[567] Die Bewertung der Sachdienlichkeit der vorgetragenen Panels liegt im souveränen Ermessen der Tatrichter.[568] Der Kassationshof gibt keine Kriterien für die Bildung des Panels vor.[569]

Die Berechnung der Gehaltsnachzahlung bzw. des Schadensersatzes nach der *Clerc*-Methode folgt einer äußerst pragmatischen Formel. Der festgestellte Gehaltsunterschied zwischen dem diskriminierten Arbeitnehmer und dem Gehaltsdurchschnitt der nicht diskriminierten Arbeitnehmer wird zunächst halbiert.[570] Diese pauschale Reduzierung ist der Tatsache geschuldet, dass vor Gericht nicht objektiv festgestellt werden kann, wie sich die Karriere eines

---

563 *Boussard-Verrecchia,* Dr. ouvrier 2018, 226 (227).

564 *Chappe,* Sociologies Pratiques 2011, 46 (48).

565 *Moizard,* RDT 2016, 42.

566 *Moizard,* RDT 2016, 42 (44); z. B. Cass. soc. 6.10.2015, Nr. 13-26.052, Bull. civ. V, Nr. 294.

567 *Moizard,* RDT 2016, 42; z. B. Cass. soc. 13.1.2009, Nr. 07-42.864, https://www.legifrance.gouv.fr.

568 Cass. soc. 30.9.2015, Nr. 14-17.748, Bull. civ. V, Nr. 255; 6.10.2015, Nr. 13-26.052, Bull. civ. V, Nr. 294.

569 *Moizard,* RDT 2016, 42 (45); *Mefah,* RDT 2019, 234 (237); *Grumbach/Serverin,* RDT 2012, 714.

570 CA d'Aix-en Provence 20.10.2017, Nr. 17-518, Dr. ouvrier 2018, 222 mit Anm. Boussard-Verrecchia (vgl. S. 226).

diskriminierten Arbeitnehmers ohne die diskriminierenden Praktiken entwickelt hätte. Sodann wird dieser Wert mit der Anzahl der Monate seit der Entstehung des verpönten Merkmals multipliziert. Für den Verlust der zukünftigen Rentenleistungen werden 30 % für männliche Arbeitnehmer und aufgrund der höheren Lebenserwartung 48 % für weibliche Arbeitnehmer aufgeschlagen.[571] Auch diese regelmäßig verwendete Methode hat der Kassationshof nicht beanstandet.[572]

Kritisch anzumerken ist, dass die *Clerc*-Methode nur angewendet werden kann, wenn genügend vergleichbare Arbeitnehmer im Unternehmen vorhanden sind, was eher in größeren Unternehmen der Fall ist.[573] Zudem sind für die Bildung der Gruppe sehr genaue Informationen erforderlich, die dem Kläger ohne umfangreiche Auskünfte durch den Arbeitgeber oder die vergleichbaren Arbeitnehmer oder die Beteiligung einer im Unternehmen vertretenen Gewerkschaft nicht zugänglich sind.[574] Ein allgemeines Auskunftsrecht über Gehalts-, Karrieredaten und andere persönliche Daten anderer Arbeitnehmer existiert für den Arbeitnehmer im französischen Recht nicht.[575] Nur unter engen Voraussetzungen kann eine Ermittlungsmaßnahme im vorläufigen Rechtsschutz auf Herausgabe bestimmter Daten von vergleichbaren Arbeitnehmern erfolgreich sein.[576]

Die folgende Übersicht veranschaulicht die *Clerc*-Methode anhand eines Beispiels.[577]

571 CA d'Aix-en Provence 20.10.2017, Nr. 17-518, Dr. ouvrier 2018, 222 mit Anm. *Boussard-Verrecchia* (vgl. S. 226).

572 Bsp. CA Paris, 31.1.2018, Nr. 15/11747, https://www.doctrine.fr/; CA d'Aix-en Provence 20.10.2017, Nr. 17-518, Dr. ouvrier 2018, 222 mit Anm. Boussard-Verrecchia (vgl. S. 226); Cass. soc. 23.3.2016, Nr. 14-23.753, https://www.legifrance.gouv.fr/.

573 *Ferrer,* Dr. ouvrier 2010, 208 (210).

574 *Ferrer,* Dr. ouvrier 2010, 208 (210).

575 *Sereno,* Dr. social 2020, 332 (334); *Pécaut-Rivolier,* Rapport sur les discriminations collectives en entreprise, 2013, S. 93.

576 Lamy social 2020, Rn. 5634; dazu ausführlich: § 4 D. II. 3., S. 116.

577 Vgl. *Clerc,* Introduction à la méthode CLERC, Courts and Charters, Turin Oktober 2014, abrufbar unter: https://slideplayer.fr/slide/3188397/ [Zugriff: 14.12.2020].

Übersicht 4: *Clerc*-Methode

Schritt 1: Tatsachenvortrag für eine Entgeltdiskriminierung aufgrund des Geschlechts

1) Tabelle

Namen	Jahr der Einstellung	Koeffizient bei Einstellung	Aktueller Koeffizient	Aktuelles Gehalt
A	1982	170	270	2300
B	1982	170	255	2200
C	1983	170	255	2200
D	1983	170	240	2100
E	1983	170	255	2200
F	1984	170	270	2300
G	1984	170	255	2200
Kläger	1983	170	215	1900

2) Grafik

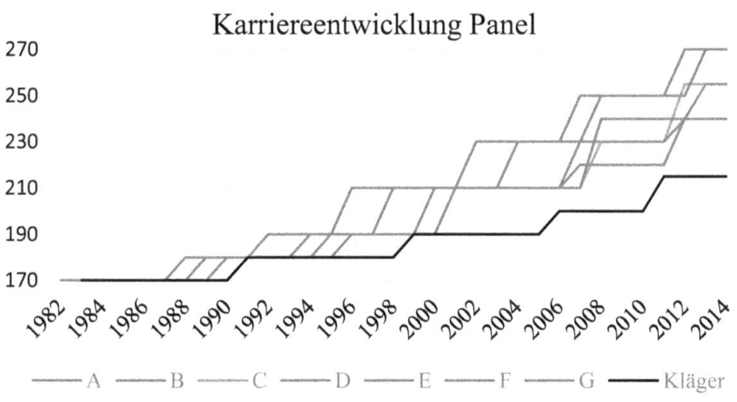

Schritt 2: Berechnung des Schadens

1) Berechnung des vergangenen Schadens

monatliches Durchschnittsgehalt der Vergleichsgruppe: 2.214

Monatliche Gehaltsdifferenz: 2.214 – 1.900 = 314

Dauer der Diskriminierung: 1983 bis 2014 (20 Jahre mit je 12 Monatsgehältern)

$$\frac{314 * 12 * 20}{2} = 37.680$$

2) Berechnung des zukünftigen Schadens wg. niedrigerer Rentenleistungen

37.680 * 30 % (männlich) bzw. 48 % (weiblich) = 11.304 bzw. 18.086

3) **Gesamt:** männlich: 48.984; weiblich: 55.766

b. Allgemeine Statistiken

Der EuGH hatte über die Vorlage von Statistiken für die Beweisführung im Falle von mittelbaren Diskriminierungen zu entscheiden. Eine mittelbare Diskriminierung aufgrund des Geschlechts setzte zunächst eine Situation voraus, in der anscheinend neutrale Vorschriften, Kriterien oder Verfahren die Arbeitnehmer des einen Geschlechts in besonderer Weise gegenüber Personen des anderen Geschlechts benachteiligen können.[578] Das Vorliegen eines solchen Nachteils könne nachgewiesen werden, wenn sich eine Regelung auf einen signifikant höheren Anteil von Personen eines Geschlechts im Vergleich zu Personen des anderen Geschlechts ungünstig auswirke.[579] Als Tatsachenfrage sei es Sache der nationalen Gerichte, zu beurteilen, inwieweit die vorgelegten statistischen Daten und ggf. andere relevante Tatsachen zu dem Schluss führen, dass eine Regelung diskriminierend sei.[580] Die Statistiken müssen signifikante Unterschiede zwischen den Gruppen offenlegen.[581] Der EuGH erkennt ausdrücklich an, dass Statistiken auch rein zufällige oder konjunkturelle Erscheinungen widerspiegeln können.[582] Allgemeine Statistiken, die nicht mit dem Anwendungsbereich der Regelung übereinstimmten, seien grundsätzlich nicht

578 EuGH 8.5.2019, C-161/18, ECLI:EU:C:2019:382, Rn. 37 – Villar Láiz.

579 EuGH 8.5.2019, C-161/18, ECLI:EU:C:2019:382, Rn. 38 – Villar Láiz; 14.4.2015, C-527/13, ECLI:EU:C:2015:215, Rn. 28 mwN – Cachaldora Fernández.

580 EuGH 3.10.2019, C-274/18, ECLI:EU:C:2019:828, NZA 2019, 1485 Rn. 48 – Minoo Schuch-Ghannadan; mwN EuGH 9.2.1999, Slg. 1999, I-623 Rn. 62 – Seymour-Smith und Perez.

581 EuGH 27.10.1993, C-127/92, Slg. 1993, I-5535 Rn. 17 – Enderby; 3.10.2019, C-274/18 = NZA 2019, 1485 Rn. 48 – Minoo Schuch-Ghannadan.

582 EuGH 3.10.2019, C-274/18, ECLI:EU:C:2019:828, NZA 2019, 1485 Rn. 48 – Minoo Schuch-Ghannadan.

geeignet.[583] Da sich aus den Richtlinien kein Recht auf Einsichtnahme in Informationen ergebe, können fehlende oder unzulängliche statistische Daten die praktische Wirksamkeit der Beweislastverteilung beeinträchtigen.[584] Daher sei Art. 19 Abs. 1 der RL 2006/54/EG dahin gehend auszulegen, dass der Arbeitnehmer durch allgemeine statistische Daten seiner Beweislast für die mittelbare Diskriminierung aufgrund des Geschlechts genügen könne, wenn ihm der Zugang zu genaueren statistischen Daten nur schwer oder nicht möglich ist.[585] Im zugrunde liegenden Ausgangsverfahren konnte die Arbeitnehmerin nur die Daten über das Geschlecht der Teilzeitbeschäftigten in ganz Österreich vorlegen, jedoch nicht über eine signifikante Geschlechterverteilung der Teilzeitbeschäftigten an den Universitäten.

Eine französische Studie untersuchte an den Berufungsgerichten den Diskriminierungsbeweis durch Statistiken. Sie kam zu dem Ergebnis, dass viele Statistiken sehr allgemein gehalten waren, also sich auf alle Arbeitnehmer des Unternehmens oder auf frankreichweit erhobene Daten bezogen.[586] Solche allgemeinen Statistiken sind für einen überzeugenden Beweis einer individuellen Diskriminierung ohne weiteren Tatsachenvortrag nicht geeignet. Ein Berufungsgericht lehnte es zum Beispiel ab, aus einer Statistik auf Grundlage der Daten von über 2.500 Arbeitnehmern des Unternehmens eine individuelle Entgeltdiskriminierung einer Arbeitnehmerin anzuerkennen.[587]

c. *Rechtsvergleichende Würdigung*

Im deutschen Recht können Statistiken als Hilfstatsachen vorgetragen werden.[588] Sie spielen im Gerichtsverfahren allerdings eine untergeordnete

583 EuGH 6.12.2007, C-300/06, Slg. 2007, I-10573 Rn. 40 – Voss; 14.4.2015, C-527/13, ECLI:EU:C:2015:215, Rn. 30 – Cachaldora Fernández.

584 EuGH 3.10.2019, C-274/18, ECLI:EU:C:2019:828, NZA 2019, 1485 Rn. 55 – Minoo Schuch-Ghannadan; 21.7.2011, C-104/10, Slg. 2011, I-6813 Rn. 34 f. – Kelly.

585 EuGH 3.10.2019, C-274/18, ECLI:EU:C:2019:828, NZA 2019, 1485 Rn. 57. – Minoo Schuch-Ghannadan.

586 *Leclerc,* in: Serverin/Guiomard, Des revendications des salariés en matière d'égalité et de discrimination, Les enseignements d'un échantillon d'arrêts extrait de la base JURICA (2007-2010), 2013, S. 135 (137); *Leclerc,* in: Borenfreund/Vacarie (Hrsg.), Le droit social, l'égalité et discriminations, 2013, S. 77 (80).

587 Cour d'appel Bastia 18.11.2009 Nr. 08/00360, Urteil nicht offiziell veröffentlicht: zitiert in diesem Sinne von: *Leclerc,* in: Borenfreund/Vacarie (Hrsg.), Le droit social, l'égalité et discriminations, 2013, S. 77 (80).

588 *Schlachter,* in: ErfK, 21. Aufl. 2021, § 22 AGG Rn. 8; *Bayreuther,* NJW 2009, 806 (808 ff.).

Rolle.[589] Das BAG erkennt die grundsätzliche Eignung von Statistiken an, wenn sie hinsichtlich des konkreten Arbeitgebers aussagekräftig sind.[590] In der Regel werden allerdings weitere Anhaltspunkte verlangt.[591] Die Statistiken müssen sich nicht auf den konkreten Arbeitgeber beziehen, jedoch kann der Richter die Aussagekraft einer solchen Statistik ablehnen.[592] Eine mit der *Clerc*-Methode vergleichbare statistische Methode, die Entgeltdiskriminierung über lange Zeiträume grafisch abbildet, hat sich im deutschen Recht nicht entwickelt. Ein Grund könnte der relativ weite Spielraum für das richterliche Ermessen in Frankreich sein.[593] Zudem verjähren im deutschen Recht die Gehaltsnachzahlungsansprüche aus einer Diskriminierung nach drei Jahren,[594] während in Frankreich keine Verjährungsfrist gilt. In Deutschland kommt es somit nicht zu Gerichtsverfahren, die Zeiträume von mehr als drei Jahren betreffen.

3. *Ermittlungsmaßnahmen (*mesures d'instruction*) des Richters*

Obwohl die Beweislast zwischen Arbeitnehmer und Arbeitgeber verteilt ist, kann die Beweisführung für beide Parteien unverschuldet mit erheblichen Schwierigkeiten verbunden sein. In solchen Fällen kann der Richter durch Ermittlungsmaßnahmen die Tatsachenermittlung erleichtern.

a. Ermittlungsmaßnahmen im Hauptverfahren

Ermittlungsmaßnahmen sind im Hauptverfahren subsidiär – es gilt vorrangig der Beibringungsgrundsatz.[595] Nur wenn eine Partei unverschuldet keine Tatsachen vortragen konnte, kann der Richter auf Antrag einer Partei oder nach eigener Entscheidung Ermittlungsmaßnahmen zur Sachverhaltsaufklärung anordnen.[596] Die Anordnung liegt im freien Ermessen des Richters.[597]

---

589 *Bayreuther*, NJW 2009, 806 (808 ff.); NJW-Spezial 2019, 722 (723); *Schneider*, EuZA 2020, 378 (387).

590 BAG 22.7.2010, 8 AZR 1012/08, NZA 2011, 93 Rn. 68; 21.6.2012, 8 AZR 364/11, NZA 2012, 1345 Rn. 36; 18.9.2014, 8 AZR 753/13, AP § 3 AGG Nr. 10 Rn. 41 f.

591 BAG 22.7.2010, 8 AZR 1012/08 (Fn. 45), Rn. 76.

592 BAG 18.9.2014, 8 AZR 753/13, AP § 3 AGG Nr. 10 Rn. 41 f.

593 *Brinkmann*, Das Beweismaß im Zivilprozess aus rechtsvergleichender Sicht, 2005, S. 41 (58 f.).

594 Regelmäßige Verjährungsfrist des § 195 BGB.

595 Art. 9 und 146 der französischen Zivilprozessordnung.

596 Art. 1134-1 Abs. 3 CT, Art. 146 der französischen Zivilprozessordnung.

597 *Cour de cassation*, Rapport Annuel 2012, S. 207; *Mazardo/Riandey*, Dr. ouvrier 2013, 290.

Die Parteien haben keinen Anspruch auf eine bestimmte Ermittlungsmaßnahme.[598] Sofern dem Arbeitnehmer noch präzise Tatsachen fehlen und deshalb die Klageabweisung droht, sollte eine Ermittlungsmaßnahme beantragt werden, da der Richter nicht von sich aus tätig werden muss und in der Regel auch nicht in der Lage ist, zu erkennen, welche Ermittlungsmaßnahme notwendig sein könnte.[599]

Ermittlungsmaßnahmen sind z. B. die Erstellung eines Sachverständigengutachtens,[600] die Herausgabe von Unterlagen[601] oder die Zeugenvernehmung[602]. Insbesondere in komplexen Fällen der Entgeltdiskriminierung kann die Hinzuziehung eines Sachverständigen sinnvoll sein.[603] Zudem kann der Richter auf die Vorlage weiterer Unterlagen des Unternehmens angewiesen sein.[604]

b. *Ermittlungsmaßnahmen im vorläufigen Rechtsschutz (mesures d'instruction in futurum)*

In der französischen Zivilprozessordnung ist die Möglichkeit vorgesehen, bereits vor Einleitung eines Hauptverfahrens eine gerichtliche Ermittlungsmaßnahme zu erwirken.[605] Eine solche Ermittlungsmaßnahme kann im Falle einer befürchteten Beweisunterdrückung durch den Antragsgegner auch ohne Kontradiktion stattfinden – *procédure sur requête*.[606] Eine Ausnahme vom Grundsatz des kontradiktorischen Verfahrens ist nur gerechtfertigt, wenn ansonsten die Beweisführung beeinträchtigt wäre und der Überraschungseffekt unabdingbar ist.[607] Sofern dies nicht der Fall ist, kann ein summarisches Verfahren stattfinden – *procédure en référé*.[608]

---

598 *Cour de cassation*, Rapport Annuel 2012, S. 266.

599 Cass. soc. 12.6.2013, Nr. 11-14.458, Bull. civ. V, Nr. 156, D. 2013, 1555; 19.12.2012, Nr. 10-20.526, Bull. civ. V, Nr. 341, D. 2013, 92; *Moizard*, RDT 2016, 42 (44).

600 Art. 263 ff. der französischen Zivilprozessordnung.

601 Art. 138 ff. und 200 ff. der französischen Zivilprozessordnung.

602 Art. 204 ff. der französischen Zivilprozessordnung.

603 *Mazardo/Riandey*, Dr. ouvrier 2013, 290.

604 Cass. soc. 7.4.2010, Nr. 08-44.629, Bull. civ. V, Nr. 90.

605 Art. 145 der französischen Zivilprozessordnung.

606 Art. 145 iVm 493 ff. der französischen Zivilprozessordnung; *Fabre*, Recueil Dalloz 2007, Nr. 23, S. 1590 (1591).

607 *Fabre*, Recueil Dalloz 2007, 1590.

608 Art. 145 iVm 484 ff. der französischen Zivilprozessordnung; *Fabre*, Recueil Dalloz 2007, Nr. 23, S. 1590 (1591).

Die Ermittlungsmaßnahme im vorläufigen Rechtsschutz ist eine Ausnahme vom Beibringungsgrundsatz[609] und dient der Durchsetzung des Rechts auf Beweismittel (*droit à la preuve*), das im französischen Zivilprozessrecht anerkannt ist.[610] Die Zivilkammer des Kassationshofs leitet es ab aus Art. 9 der französischen Zivilprozessordnung und aus Art. 6 EMRK, dem Recht auf ein faires Verfahren (*droit à un procès équitable*).[611] Durch den Antrag im vorläufigen Rechtsschutz kann der Arbeitnehmer an beweiserhebliche Tatsachen gelangen, die ihm anderenfalls nicht zugänglich wären.[612] Die Beweislastverteilung im Hauptverfahren wird erst zum Zeitpunkt der Entscheidung in der Hauptsache berücksichtigt, wenn die Konsequenzen aus den vorgetragenen Tatsachen gezogen werden, die zur Überzeugung des Richters zusammengetragen wurden.[613]

Der Antrag ist unter den folgenden Voraussetzungen zulässig: Der Antragsteller muss glaubhaft machen, dass in der Sache kein Rechtsstreit anhängig ist und dass ein eventuell folgendes Hauptverfahren nicht offensichtlich aussichtslos ist.[614] Die geforderte Untersuchungsmaßnahme muss geeignet sein, zur Sachverhaltsaufklärung im ggf. stattfindenden Hauptverfahren beizutragen.[615] Vor einem Hauptverfahren vorgeschaltete Anträge sind normalerweise hinsichtlich des Rechtsschutzbedürfnisses (*intérêt pour agir en justice*) problematisch.[616] Der Antragsteller muss einen berechtigten Grund für seinen Antrag nachweisen.[617] Die französische Rechtsprechung handhabt diese Zulässigkeitsvoraussetzung allerdings großzügig und lässt einen solchen Antrag nicht nur

609 Ständige Rechtsprechung: Cass. civ. 10.7.2008, Nr. 07-15.369, Bull. civ. II, Nr. 179; 10.3.2011, Nr. 10-11.732, Bull. civ. II, Nr. 65.

610 Cass. civ. 5.4.2012, Nr. 11-14.177, Bull. civ. I, Nr. 85; Cass. soc. 9.11.2016, Nr. 15-10.203, Bull. civ. V, Nr. 209; *Mathieu/Leclerc,* RDT 2020, 652 (653, 655); *Mazardo/Riandey,* Dr. ouvrier 2013, 290 (291).

611 Cass. civ. 5.4.2012, Nr. 11-14.177, Bull. civ. I, Nr. 85, *Mazardo/Riandey,* Dr. ouvrier 2013, 290 (291).

612 Cass. soc. 18.6.2008, Nr. 07-41.910, Bull. civ.V, Nr. 134, Dr. ouvrier 2008, 533; *Mazardo/Riandey,* Dr. ouvrier 2013, 290 (292.)

613 *Mazardo/Riandey,* Dr. ouvrier 2013, 290 (293).

614 *Cour de cassation*, Rapport Annuel 2012, S. 266.

615 Cass. soc. 27.5.1997, Nr. 95-41.765, https://www.legifrance.gouv.fr; Cass. civ. 29.9.2011, Nr. 10-24.684, https://www.legifrance.gouv.fr; Lamy procédure prud'homale, 2020, Rn. 1065; *Fabre,* Recueil Dalloz 2007, Nr. 23, S. 1590 (1591).

616 Zum Begriff: *Després,* Les mesures d'instruction in futurum, 2004, S. 24.

617 Cass. civ. 8.2.2006, Nr. 05-14.198, Bull. civ. II, Nr. 44; 29.9.2011, Nr. 10-24.684, https://www.legifrance.gouv.fr; 12.7.2012, Nr. 11-18.399, Bull. civ. II, Nr. 132; Le Lamy Procédure prud'homale, 2020, Rn. 1065.

im Falle von Dringlichkeit (*urgence*) oder des Verlusts von Beweisen zu.[618] Es ist bereits ausreichend, wenn der Antragsteller vollständige Informationen über eine Situation erlangen möchte, um seine Möglichkeiten und Chancen in einem eventuell stattfindenden Hauptverfahren abzuschätzen.[619] Der Antrag hat somit vorbereitende Funktion und kann auch dazu beitragen, dass es nicht zu einem Hauptverfahren kommt.[620]

Der Richter kann dem Antrag nur stattgeben, wenn die Ermittlungsmaßnahme rechtmäßig ist. Er muss prüfen, ob die Maßnahme gegen Grundrechte verstößt.[621] Das Beweisrecht des Antragstellers ist mit den kollidierenden Rechten abzuwägen und der Verhältnismäßigkeitsgrundsatz ist anzuwenden.[622] Im Entgeltbereich ist regelmäßig die Abwägung mit dem Schutz der Privatsphäre betroffener Arbeitnehmer problematisch. Der Kassationshof entschied bereits, dass der Schutz der Privatsphäre nicht der Anordnung einer Ermittlungsmaßnahme entgegensteht, wenn die Anordnung auf einem legitimen Grund beruht und zum Rechtsschutz des Antragsstellers notwendig ist.[623] Der Antragsteller muss somit vortragen, warum er die sachdienlichen Tatsachen zum Beweis eines Anspruchs nicht selbst beschaffen kann.[624] Im zugrunde liegenden Entgeltdiskriminierungsfall erreichten die Antragstellerinnen durch eine Ermittlungsmaßnahme im vorläufigen Rechtsschutz die Mitteilung der Arbeitsverträge, Lohnzettel, die Berechnung von Zuschlägen und Tabellen mit den Beförderungen von zwölf männlichen Mitarbeitern, die ebenfalls als Produktionsleiter bei *Radio France* tätig waren.[625] Zuvor hatten die Antragstellerinnen vorgetragen, niedriger eingruppiert zu sein als ihre Kollegen auf der gleichen Position.

Die Ermittlungsmaßnahmen im vorläufigen Rechtsschutz werden in der französischen Literatur teilweise kritisiert. Sie sollten nur in dringlichen Fällen und bei überzeugenden Anhaltspunkten für eine Diskriminierung erfolgreich sein.[626] Die für den vorläufigen Rechtsschutz zuständigen Richter am

618 Cass. Chambre mixte, 7.5.1982, Nr. 79-11.814, Bull. Chambre mixte Nr. 2.

619 *Després*, Les mesures d'instruction in futurum, 2004, S. 31 Rn. 40.

620 *Després*, Les mesures d'instruction in futurum, 2004, S. 35 Rn. 42.

621 Cass. civ. 8.2.2006, Nr. 05-14.198, Bull. civ. II, Nr. 44; 10.11.2010, Nr. 09-71.674, https://www.legifrance.gouv.fr; 6.1.2011, Nr. 09-72.841, https://www.legifrance.gouv.fr/.

622 *Cour de cassation*, Rapport Annuel 2012, S. 271; *Mazardo/Riandey*, Dr. ouvrier 2013, 287 (291); *Mathieu/Leclerc*, RDT 2020, 652 (653).

623 Cass. soc. 23.5.2007, Nr. 05-17.818, Bull. civ. V, Nr. 84, RJS 8-9/2007, Nr. 909; *Fabre*, Recueil Dalloz 2007, Nr. 23, S. 1590 (1591).

624 *Mazardo/Riandey*, Dr. ouvrier 2013, 287 (293).

625 Cass. soc. 19.12.2012, Nr. 10-20.526, Bull. civ. V, Nr. 341.

626 *Teyssié*, in: Puigelier, La preuve, 2004, 73 (81).

Arbeitsgericht (*formation de référé du conseil de prud'hommes*) müssten sehr genau prüfen und mit den Grundrechten des Antragsgegners abwägen, ob die vorgetragenen Tatsachen ausreichen, um den Antrag zu begründen.[627]

III. Rechtsvergleichende Würdigung

Für die Feststellung des Zusammenhangs zwischen dem diskriminierenden Merkmal und der benachteiligenden Handlung lassen sich in Deutschland und Frankreich Beweismaßabsenkungen feststellen.

1. Beweiserleichterung durch Beweismaßsenkung

Nach den rechtsvergleichenden Erkenntnissen *Brinkmanns* zum französischen und deutschen Beweismaß im Zivilprozess gilt der Beweis einer Tatsache als gelungen, wenn die Existenz der Tatsache zur subjektiven Überzeugung des Richters belegt worden ist.[628] In beiden Rechtsordnungen werde eine völlig zweifelsfreie Überzeugung des Richters nicht verlangt. Diese Ergebnisse *Brinkmanns* werden durch den Länderbericht dieser Arbeit bestätigt.

Im Diskriminierungsrecht wird deutlich, dass das Erfordernis der zweifelsfreien Überzeugung des Richters den effektiven Rechtsschutz stark gefährden würde. Der Schutz vor Diskriminierungen aufgrund des Geschlechts, abgeleitet aus der gleichen Würde aller Menschen, droht im Entgeltbereich zu einem Prinzip ohne Praxis zu werden. Da eine Diskriminierung aufgrund des Geschlechts dem Beweis schwer zugänglich ist, entwickelten auch die französischen Tatrichter eine Beweismaßabsenkung für die kausale Beziehung zwischen Benachteiligung und Merkmal. In den meisten Fällen handelt es sich um ein stark abgesenktes Beweismaß, da aus der festgestellten Entgeltlücke bei gleicher oder gleichwertiger Arbeit ohne weitere Prüfung die Kausalität mit einem verpönten Merkmal angenommen wird. Allerdings stellen manche Richter auch strengere Anforderungen, wie die Feststellung einer diskriminierenden Grundhaltung oder Äußerungen des Arbeitgebers. Eine ausdifferenzierte Beweismaßtheorie wie im deutschen Recht entwickelte sich in Frankreich nicht.

Im deutschen Zivilprozessrecht wird zwischen dem Vollbeweis (zur vollen Überzeugung des Richters) und dem abgesenkten Beweismaß der Glaubhaftmachung (überwiegende Wahrscheinlichkeit, größer als 50 Prozent)

627 *Mathieu/Leclerc*, RDT 2020, 652 (654); *Teyssié*, in: Puigelier, La preuve, 2004, 73 (81).

628 *Brinkmann*, Das Beweismaß im Zivilprozess aus rechtsvergleichender Sicht, 2005, S. 56 f., vgl. auch *Tissandier*, in: Akandji-Kombé (Hrsg.), Égalité et droit social, 2014, S. 353 (355).

unterschieden.[629] In einem Diskriminierungsverfahren müssen die Kläger grundsätzlich den Vollbeweis für die anspruchsbegründenden Tatsachen erbringen. Ausschließlich für die Kausalität zwischen Benachteiligung und dem Geschlecht muss der Kläger Tatsachen vortragen und beweisen, die diese Kausalität mit überwiegender Wahrscheinlichkeit vermuten lassen.[630] Nach den Vorgaben des Bundesarbeitsgerichts ist dabei kein zu strenger Maßstab anzulegen.[631] Es sei nicht erforderlich, dass die Tatsachen einen zwingenden Indizienschluss für die Beziehung zwischen der Benachteiligung und dem Benachteiligungsmerkmal zulassen. Es reiche aus, wenn nach allgemeiner Lebenserfahrung eine überwiegende Wahrscheinlichkeit bestehe. Sodann trägt die andere Partei die Beweislast dafür, dass kein Verstoß gegen die Bestimmungen zum Schutz vor Benachteiligung vorgelegen hat. Eine Benachteiligung wegen des Geschlechts liege auch vor, wenn das verpönte Motiv in einem Motivbündel enthalten war.[632] Der Beklagte kann die vom Kläger vorgetragenen Indizien substantiiert bestreiten und Gegenindizien darlegen und beweisen.[633] Wie im französischen Recht gilt für die Würdigung der vorgetragenen Tatsachen das freie tatrichterliche Ermessen. Die vorgetragenen Indizien sind in einer Gesamtbetrachtung der Umstände des Einzelfalls zu würdigen.[634] Um zu entscheiden, ob die vom Kläger vorgetragenen Indizien überwiegend die Kausalität zwischen Geschlecht und Ungleichheit vermuten lassen, berücksichtigen die Richter daher auch Tatsachen, die gegen die Kausalität sprechen, z. B. die längere Betriebszugehörigkeit der Vergleichspersonen.[635]

629 § 286 Abs. 1, § 294 Abs. 1 ZPO; *Brinkmann,* Das Beweismaß im Zivilprozess aus rechtsvergleichender Sicht, 2005, S. 41 ff.

630 BAG 7.7.2011, 2 AZR 396/10, NZA 2012, 34; 24.4.2008, 8 AZR 257/07, NZA 2008, 1351; 26.6.2014, 8 AZR 547/13, AP § 22 AGG Nr. 10; *Kappenhagen,* in: Dornbusch/Fischermeier/Löwisch (Hrsg.), AR, 9. Aufl. 2019, § 7 AGG Rn. 4.

631 BAG 17.12.2009, 8 AZR 670/08, NZA 2010, 383.

632 BAG 5.2.2004, 8 AZR 112/03, NZA 2004, 540; *Diller/Krieger/Arnold,* NZA 2006, 887 (892).

633 *Benecke,* in: BeckOGK, Stand: 1.12.2020, § 22 AGG Rn. 52 f.

634 LAG Niedersachsen 1.8.2019, 5 Sa 196/19, NZA-RR 2019, 629 Rn. 33, 42; LAG Rheinland-Pfalz 20.8.2019, 8 Sa 424/17, ECLI:DE:LAGRLP:2019:0820.8Sa424.17.00; BAG 26.6.2014, 8 AZR 547/13, AP § 22 AGG Nr. 10; 24.4.2008, 8 AZR 257/07, NZA 2008, 1351; *Schlachter,* in: ErfK, 21. Aufl. 2021, § 22 AGG Rn. 3.

635 Z. B. LAG Niedersachsen, 1.8.2019, 5 Sa 196/19, NZA-RR 2019, 629 Rn. 36.

In diesem Punkt unterscheidet sich somit die richterliche Praxis in Deutschland und Frankreich.[636] Dies ist ein Grund für die vergleichsweise schwierige Position der Kläger in Entgeltdiskriminierungsklagen im deutschen Recht. Die Tatsache, dass Entgeltdiskriminierung in verdeckten, für alle Beteiligten unbemerkten und oft auch ungewollten Prozessen abläuft, geht im deutschen Rechtssystem in konsequenter Anwendung der Beweismaßregelungen mit überwiegender Wahrscheinlichkeit (größer als 50 Prozent) zulasten der Kläger. Dies ist nicht als Richterschelte misszuverstehen: die deutschen Tatrichter wenden lediglich das geltende Recht an, wenn sie zu der Überzeugung kommen, dass die vorgetragenen Tatsachen nicht das erforderliche Beweismaß der überwiegenden Wahrscheinlichkeit erreichen. Die Überzeugungsbildung des Tatrichters ist zudem nur eingeschränkt kontrollierbar. Das Revisionsgericht kann nur prüfen, ob der Tatrichter alle Umstände vollständig berücksichtigt und nicht gegen Denk- oder Erfahrungssätze verstoßen hat.[637] Das BAG hat jüngst diese Möglichkeit der revisionsrechtlichen Kontrolle genutzt und festgestellt, dass der niedrigere Median, der aus einer Auskunft des EntgTranspG folge, mit überwiegender Wahrscheinlichkeit annehmen lasse, die Entgeltungleichheit sei aufgrund des Geschlechts erfolgt.[638] Diese Entscheidung begünstigt Arbeitnehmer in Unternehmen mit mehr als 200 Arbeitnehmern, die einen Auskunftsanspruch nach dem EntgTranspG haben.

2. *Der Zugang zu beweiserheblichen Informationen*

Im französischen Recht wird der Zugang zu beweiserheblichen Informationen durch folgende Möglichkeiten erleichtert:

- die Beweishilfe durch die Arbeitsschutzbehörden (Rechtsverteidiger und Arbeitsinspektion);
- die Anordnung von Ermittlungsmaßnahmen im Hauptverfahren und im vorläufigen Rechtsschutz;
- die Vorlegung von Unternehmensdokumenten, die dem Arbeitnehmer aufgrund seiner Aufgaben im Unternehmen zugänglich waren;

636 Ebenso: *Dabosville,* RDT 2019, 59 (69).

637 BGH 15.1.1993, V ZR 202/91, NJW-RR 1993, 653; BAG 25.4.2018, 2 AZR 611/17, NZA 2018, 1405.

638 BAG 21.1.2021, 8 AZR 488/19, bisher nur als Pressemitteilung veröffentlicht, vgl. *Bauer,* ArbRAktuell 2021, 74.

- die Vorlegung von Unternehmensdokumenten, die den Gewerkschaftsdelegierten aufgrund ihrer Funktion zugänglich waren, sofern sich die Gewerkschaft am Verfahren beteiligt.

Diese Beweiserleichterungen kommen allerdings nur begrenzt den Klägern zugute: Aufgrund fehlender Kapazitäten ist es für die französische Arbeitsinspektion oder den Rechtsverteidiger (*Défenseur des droits*) nur in Einzelfällen möglich, ihr Auskunftsrecht gegenüber dem Unternehmen auszuüben und sodann einen Bericht zu erstellen, den der Arbeitnehmer im Verfahren vorlegen kann.[639] Als Ermittlungsmaßnahme stößt die Anordnung der Herausgabe privater Gehaltsdaten anderer Arbeitnehmer in der Praxis auf große Ablehnung.[640] Eine Möglichkeit zur Anonymisierung der Daten in Diskriminierungsverfahren existiert nicht.[641] Auch wenn die Rechtslage bereits höchstrichterlich bestätigt wurde, wird der Zugang zu Beweismitteln in der Praxis nicht umgesetzt, da es Richter, Anwälte und Personalabteilungen ablehnen, die persönlichen Daten nicht betroffener Arbeitnehmer in ein Diskriminierungsverfahren einzubringen.[642] Zudem sind die Kläger häufig nicht ausreichend über die Möglichkeiten informiert, eine Ermittlungsmaßnahme zu beantragen und die Arbeitsrichter der ersten Instanz sind selten mit der Anordnung von Ermittlungsmaßnahmen vertraut.[643] Von der Möglichkeit unternehmensinterne Dokumente vorzutragen, profitieren vor allem die Gewerkschafts- und Arbeitnehmervertreter sowie die höheren Angestellten, die aufgrund ihrer Aufgaben den Zugang zu beweisrelevanten Unterlagen oder zur Wirtschafts- und Sozialdatenbank haben. Zudem unterstützen die Gewerkschaften vor allem ihre Gewerkschaftsmitglieder und Gewerkschaftsdelegierten vor Gericht.[644] Für andere vulnerable Arbeitnehmergruppen ist der Zugang zu beweiserheblichen Informationen demgegenüber selten möglich.[645]

---

639 Zu den Befugnissen dieser Behörden: § 4 F., S. 118.

640 *Pécaut-Rivolier,* Rapport sur les discriminations collectives en entreprise, 2013, S. 100.

641 *Pécaut-Rivolier,* Rapport sur les discriminations collectives en entreprise, 2013, S. 100.

642 *Pécaut-Rivolier,* Rapport sur les discriminations collectives en entreprise, 2013, S. 95.

643 *Sereno,* Dr. social 2020, 332 (335).

644 *Serverin,* in: Serverin/Guiomard (Hrsg.), Des revendications des salariés en matière d'égalité et de discrimination, Les enseignements d'un échantillon d'arrêts extrait de la base JURICA (2007-2010), 2013, S. 160 (170 ff.).

645 *Guiomard,* La Revue des droits de l'homme, Nr. 9/2016 [en ligne], Rn. 25.

Im deutschen Recht ist die Beweishilfe durch Arbeitsschutzbehörden nicht vorgesehen. Der Betriebsrat hat ein Einsichtsrecht in die Gehaltslisten, sofern dies zur Durchführung seiner Überwachungspflichten erforderlich ist.[646] Die Weitergabe der erlangten Informationen durch die einsichtsberechtigten Betriebsratsmitglieder ist rechtswidrig.[647] Nach Ansicht des BAG gehöre das bloße Ermitteln einer Rechtsgrundlage für mögliche Entgeltklagen einzelner Arbeitnehmer „ins Blaue hinein" nicht zu den Überwachungsbefugnissen des Betriebsrats.[648]

Die Aneignung oder Kopie betrieblicher Unterlagen für betriebsfremde Zwecke, z. B. von Gehaltslisten oder Lohnunterlagen, ist grundsätzlich eine Verletzung der arbeitsvertraglichen Rücksichtnahmepflicht. Das Rechtsschutzinteresse des Arbeitnehmers kann ein solches Handeln rechtfertigen.[649] Dies sei nur im Ausnahmefall möglich, da dem Rechtsschutzinteresse einer Partei, die sich nicht im Besitz prozessrelevanter Urkunden befindet, durch die Vorlagepflicht in §§ 142, 424 ZPO Rechnung getragen werde.[650] Es müssten somit besondere Umstände vorliegen, auf deren Grundlage der Kläger annehmen durfte, ein entsprechendes prozessuales Vorgehen sei von vorneherein aussichtslos. Das BAG legt die Vorlagepflicht nach § 142 ZPO zudem sehr eng aus. Keine Partei sei gehalten, dem Gegner das beweiserhebliche Material zu verschaffen, über das er nicht schon von sich aus verfügt.[651] Die Regelung befreie die Partei von ihrem substantiierten Tatsachenvortrag und ihrer Darlegungslast.[652] Ein Gericht dürfe die Urkundenvorlegung nicht zum bloßen Zwecke der Informationsgewinnung, sondern nur bei Vorliegen eines schlüssigen, auf konkrete Tatsachen bezogenen Vortrags der Partei anordnen.[653] Somit ist im deutschen Arbeitsrecht die Vorlage von betriebsinternen Gehaltslisten für den Kläger mit einem großen rechtlichen Risiko verbunden. Die Vorlagepflicht nach § 142 ZPO wird zudem zurückhaltend gehandhabt und ist im Gegensatz zur *mesure d'instruction in futurum* nicht zur bloßen Informationsgewinnung möglich.

---

646 § 80 Abs. 2 Satz 2 Hs. 2 BetrVG.

647 § 79 Abs. 1 BetrVG.

648 BAG 26.9.2017, 1 ABR 27/16, NZA 2018, 108 Rn. 17.

649 *Haller*, BB 1997, 202 (203).

650 BAG 8.5.2014, 2 AZR 249/13, NZA 2014, 1258, Rn. 33.

651 BAG 20.11.2003, 8 AZR 580/02, NZA 2004, 489, mwN.

652 LAG Rheinland-Pfalz 20.7.2011, 7 Sa 622/10, ECLI:DE:LAGRLP:2011:0720.7SA622.10.0A.

653 BGH 26.6. 2007, XI ZR 277/05, NJW 2007, 2989.

Fraglich ist, ob es in der deutschen Rechtsordnung sonst noch eine funktionale Entsprechung zur *mesure d'instruction in futurum* gibt. Da dieser Antrag in der Regel auf die Offenlegung beweiserheblicher Tatsachen gerichtet ist, könnten die Auskunftsansprüche des deutschen Rechts eine entsprechende Funktion einnehmen. Der Ausgangspunkt ist in beiden Rechtsordnungen gleich: Einen allgemeinen Auskunftsanspruch auf Gehalts- und Karrieredaten anderer Arbeitnehmer ohne konkreten Anlass gibt es nicht.[654]

Der Arbeitnehmer hat im deutschen Arbeitsrecht einen Auskunftsanspruch gegen den Arbeitgeber aus § 242 BGB und dem Arbeitsverhältnis, wenn die Auskunft zur Geltendmachung eines Leistungsanspruchs erforderlich ist, für den Vertragspartner keine übermäßige Belastung besteht und die gesetzliche Verteilung der Darlegungs- und Beweislast im Prozess gewahrt bleibt.[655] Der Anspruch kann eigenständig eingeklagt oder gem. § 254 ZPO mit einer Stufenklage durchgesetzt werden.[656]

Im Zivilrecht hat der entsprechende Auskunftsanspruch nicht die Funktion, ein erstes Abschätzen der Klagechancen eines Vertragspartners zu gewährleisten.[657] Für das Arbeitsrecht ist bisher nicht abschließend geklärt, unter welchen Voraussetzungen ein solcher Auskunftsanspruch besteht.[658] Nach einer teilweise in der Rechtsprechung vertretenen Ansicht setzt dieser Anspruch voraus, dass der Hauptanspruch durch den Auskunftssuchenden zur Überzeugung des Gerichts dargelegt wird.[659] In Entgeltdiskriminierungsfällen belegt allerdings in der Regel erst der Vergleich mit anderen Arbeitnehmern des anderen Geschlechts ausreichend eine Diskriminierung. Daher würde ein Auskunftsanspruch mit diesen hohen Beweismaßanforderungen den Tatsachenvortrag des Klägers nicht erleichtern. Das BAG hat in einem Fall über die Vergütung eines Betriebsratsmitglieds die gewisse Wahrscheinlichkeit eines Zahlungsanspruchs aus dem Gleichbehandlungsgrundsatz ausreichen lassen.[660] Es genüge allerdings nicht, nur „ins Blaue hinein" ohne konkrete Beispiele, eine Beförderungspraxis im Unternehmen zu behaupten.[661] Der Arbeitnehmer müsse

654 *Roloff*, RdA 2019, 28 (29).
655 BAG 1.12.2004, 5 AZR 664/03, NZA 2005, 289.
656 *Roloff*, RdA 2019, 28 (29).
657 Ständige Rechtsprechung, vgl. BGH 8.2.2018, III ZR 65/17, DB 2018, 696, Rn. 23.
658 BT-Dr. 19/11470, S. 59.
659 ArbG Berlin 1.2.2017, 56 Ca 5356/15, ECLI:DE:ARBGBE:2017:0201.56CA5356.15.0A, Rn. 81.
660 BAG 4.11.2015, 7 AZR 972/13, NZA 2016, 1339.
661 BAG 4.11.2015, 7 AZR 972/13, NZA 2016, 1339 Rn. 24.

zumindest vortragen, mit welchen Arbeitnehmern er aus seiner Sicht vergleichbar sei und aus welchen Umständen auf die hinreichende Wahrscheinlichkeit zu schließen sei, dass die Mehrzahl der vergleichbaren Arbeitnehmer die behauptete Gehaltsentwicklung genommen hat.[662] Somit kann der Arbeitnehmer einen Auskunftsanspruch nur bei hinreichend konkreten Anhaltspunkten durchsetzen.

Die Ermittlungsmaßnahmen im vorläufigen Rechtsschutz können zudem mit dem individuellen Auskunftsanspruch aus dem deutschen EntgTranspG verglichen werden. Das EntgTranspG regelt einen Auskunftsanspruch, der ohne konkreten Anlass geltend gemacht werden kann und der das Auskunfts- und Rechtsschutzinteresse des Betroffenen mit dem Schutz der personenbezogenen Daten anderer Arbeitnehmer zum Ausgleich bringen möchte.[663] Dieser Auskunftsanspruch hat vorbereitenden und akzessorischen Charakter.[664] Er soll die Durchsetzung des Hauptanspruchs auf gleiches Entgelt für gleiche oder gleichwertige Arbeit erleichtern oder erst ermöglichen.[665] Nach der Auffassung des Gesetzgebers soll er zudem das Abwägen der Erfolgschancen einer Klage gegen den Arbeitgeber ermöglichen.[666] Der Arbeitnehmer hat Anspruch auf Mitteilung des Medians des anderen Geschlechts in einer Vergleichstätigkeit, sofern sich eine Vergleichsgruppe von mindestens sechs Arbeitnehmern bilden lässt. Die Aussagekraft dieser Auskunft wird in der deutschen Rechtsliteratur und der Rechtsprechung der Landesarbeitsgerichte überwiegend abgelehnt.[667] Der Vortrag des Medians und des eigenen geringeren Gehalts ohne weitere Anhaltspunkte sprächen nicht mit überwiegender Wahrscheinlichkeit für eine Entgeltdiskriminierung wegen des Geschlechts.[668] Das Bundesarbeitsgericht hat jüngst gegensätzlich entschieden: Der Vortrag des Medians der Gruppe des jeweils anderen Geschlechts spreche mit überwiegender Wahrscheinlichkeit für den Zusammenhang zwischen Benachteiligung und Geschlecht.[669] In der

---

662 BAG 4.11.2015, 7 AZR 972/13, NZA 2016, 1339 Rn. 24.

663 Art. 10 ff. EntgTranspG, insbes. § 12 Abs. 3 EntgTranspG.

664 *Roloff*, RdA 2019, 28 (30).

665 §§ 8 Abs. 2, 10 Abs. 1 Satz 1 EntgTranspG; BT-Dr. 18/11133, S. 22, 57.

666 BT-Dr. 18/11133, S. 57.

667 Rechtsprechung: LAG Niedersachsen, 1.8.2019, 5 Sa 196/19, NZA-RR 2019, 629; Literatur: *Franzen*, NZA 2017, 814; *Oberthür*, NJW 2017, 2228 (2233); *Göpfert/Giese*, NZA 2018, 207 (208); *Thieken*, in: *Thüsing*, ZfA 2016, 407 (435); aA: *Roloff*, RdA 2019, 28 (38).

668 *Franzen*, NZA 2017, 814 (816).

669 BAG 21.1.2021, 8 AZR 488/19, bisher nur als Pressemitteilung veröffentlicht, vgl. *Bauer*, ArbRAktuell 2021, 74.

Folge müsste der Beklagte den Vollbeweis erbringen, dass die Benachteiligung nicht aufgrund des Geschlechts erfolgt ist. Der Beklagte kann die Vermutung widerlegen, indem er beweist, dass die Benachteiligung durch objektive Gründe gerechtfertigt ist und nicht durch das Geschlecht motiviert war.

Im deutschen Recht sind die Auskunftsansprüche aus § 242 BGB und dem EntgTranspG die funktionale Entsprechung zu der in Frankreich möglichen Anordnung von Ermittlungsmaßnahmen im vorläufigen Rechtsschutz. Im französischen Verfahrensrecht soll die Anordnung von Ermittlungsmaßnahmen auch das Abschätzen des Klageerfolgs ermöglichen. Diese Zwecksetzung hat der Auskunftsanspruch aus dem Arbeitsverhältnis und § 242 BGB nicht. Für den Auskunftsanspruch aus dem EntgTranspG hat der Gesetzgeber diesen Zweck zwar explizit vorgesehen, allerdings gilt die sehr begrenzte Auskunft nach der bisher herrschenden Meinung nicht als aussagekräftig und ermöglicht dem Arbeitnehmer daher keine Einschätzung der Erfolgsaussichten einer Diskriminierungsklage. Dies hat sich durch das jüngste Urteil des BAG geändert. In auskunftsverpflichteten Unternehmen mit mehr als 200 Arbeitnehmern wurde daher die Position der Kläger verbessert.

IV. Zusammenfassung

Im französischen Verfahrensrecht existieren zwar Beweiserleichterungen für die Arbeitnehmer, die dem deutschen Recht unbekannt sind, aber diese Erleichterungen wirken sich in der Praxis nur begrenzt zugunsten der Kläger aus. Zum einen handhaben die Richter der Tatsacheninstanzen die Anordnung von Ermittlungsmaßnahmen restriktiv, wenn sie die Herausgabe von Gehaltsdaten anderer Arbeitnehmer betreffen.[670] Zum anderen haben die Arbeitsschutzbehörden und Gewerkschaften nur sehr begrenzte Kapazitäten, um Entgeltdiskriminierungsklagen zu unterstützen. Auch in Frankreich lehnen betroffene Arbeitnehmer den Klageweg wegen des schwierigen Beweises ab und die Anzahl der Diskriminierungsklagen ist sehr gering.[671] Im deutschen Recht führte die Regelung eines individuellen Auskunftsrechts im EntgTranspG erst durch eine höchstrichterliche Entscheidung des BAG zu einer Beweiserleichterung für die Arbeitnehmer in Unternehmen mit mehr als 200 Arbeitnehmern. Wie in Frankreich ist die Zahl der Entgeltdiskriminierungsfälle sehr gering.[672]

670 *Pécaut-Rivolier,* Rapport sur les discriminations collectives en entreprise, 2013, S. 95.
671 *Sereno,* Dr. social 2020, 332.
672 *Thieken,* in: Thüsing, et al., ZfA 2016, 407 (436).

Im Bereich der Entgeltdiskriminierung wegen des Geschlechts ist in Deutschland und Frankreich somit das Informationsdefizit des Betroffenen weiterhin ein Hindernis für den überzeugenden Tatsachenvortrag. Häufig werden daher umfangreichere Auskunftsansprüche oder Transparenzpflichten gefordert. Dagegen sprechen jedoch wichtige Gründe: Für alle Beteiligten eines Individualverfahrens wäre dies mit einem hohen Aufwand verbunden. Die Daten müssten erhoben und ausgewertet werden. Die persönlichen Gehaltsdaten der Arbeitnehmer unterliegen zudem dem Datenschutz und sind während ihrer Verarbeitung entsprechend zu schützen. Vor allem ist der Nutzen dahin gehender Neuregelungen durch die mangelnde Handlungs- und Klagebereitschaft der Arbeitnehmer in einem laufenden Arbeitsverhältnis stark eingeschränkt. Die systemischen Ungleichgewichte im Zugang zu entscheidungserheblichen Tatsachen werden in der Rechtspraxis akzeptiert. Auf dem 72. Deutschen Juristentag im Jahr 2018 wurde dementsprechend die Forderung nach international wettbewerbsfähigeren Auskunfts- und Beweiserhebungsregelungen im deutschen Zivilverfahrensrecht abgelehnt.[673] Das französische Arbeitsrecht geht daher einen neuen Weg. Durch kollektive Klagemöglichkeiten und insbesondere der Sammelklage soll der niedrigen Klagebereitschaft der einzelnen Arbeitnehmer abgeholfen werden.

E. Kollektiver Rechtsschutz

Nach den europarechtlichen Vorgaben stellen die Mitgliedstaaten sicher, dass Verbände, Organisationen und andere juristische Personen mit einem berechtigten Interesse die Möglichkeit haben, sich im Namen der angeblich diskriminierten Person oder zu ihrer Unterstützung am Verfahren zu beteiligen.[674] Im französischen Recht sollen insbesondere die Substitutionsklage (*action en substitution*) und die Sammelklage (*action de groupe*) den kollektiven Rechtsschutz in Diskriminierungsfällen verbessern. In Deutschland wird die Stärkung des kollektiven Rechtsschutzes im Verbraucherschutz intensiv diskutiert.[675]

I. Überblick

Im französischen Recht existieren viele Klagemöglichkeiten der Gewerkschaften und Verbände im Diskriminierungsrecht.

---

673 *72. Deutscher Juristentag 2018*, Beschlüsse zum Verfahrensrecht, S. 5.
674 Art. 9 Abs. 2 RL 2000/78/EG; Art. 17 Abs. 2 RL 2006/54/EG.
675 Aktueller Überblick: *Lühmann*, NJW 2020, 1706.

Die seriellen Klagen (*actions sérielles*) sind von der Gewerkschaft organisierte Einzelklagen durch mehrere Arbeitnehmer desselben Unternehmens, die nach einem einheitlichen Muster erstellt wurden.[676] Die Entscheidungen haben nur relative Wirkung gegenüber den einzelnen Klägern und es besteht die Gefahr widersprüchlicher Urteile.[677] Die Gewerkschaften kritisieren zudem die schwerfällige Umsetzung, die Kosten und die Dauer einer solchen *action sérielle*.[678] Zudem betrafen solche Klagen vor allem Unternehmen, in denen das Risiko des Arbeitsplatzverlustes durch repressive Maßnahmen des Arbeitgebers gering ist, also insbesondere größere Unternehmen im öffentlichen Sektor.[679] Trotz der Kritik wird die Sammlung von individuellen Klagen durch die Gewerkschaften sehr viel häufiger organisiert als eine Substitutionsklage.[680]

Weitere Klagemöglichkeiten sind die Klageerhebung einer Gewerkschaft im kollektiven Interesse (*intérêt collectif*),[681] die Substitutionsklage (*action en substitution*) und die Sammelklage (*action de groupe*).

Die Klage zur Durchsetzung eines kollektiven Interesses muss die Interessen mehrerer Arbeitnehmer eines Unternehmens betreffen, sie hat also nicht die Geltendmachung eines individuellen Schadens zum Gegenstand.[682] Sie kann erhoben werden, um diskriminierende Regelungen in Tarifverträgen, Auswirkungen eines Tarifvertrags oder Arbeitgeberentscheidungen anzufechten.[683] Dies ist auch als Nebenintervention zu einer Individualklage eines

---

676 *Azard-Baud*, Dr. social 2020, 353 (355).

677 *Azard-Baud*, Dr. social 2020, 353 (355).

678 *Azard-Baud*, Dr. social 2020, 353 (355); *Serverin*, in: Serverin/Guiomard (Hrsg.), Des revendications des salariés en matière d'égalité et de discrimination, Les enseignements d'un échantillon d'arrêts extrait de la base JURICA (2007-2010), 2013, S. 160 (172).

679 *Serverin*, in: Serverin/Guiomard (Hrsg.), Des revendications des salariés en matière d'égalité et de discrimination, Les enseignements d'un échantillon d'arrêts extrait de la base JURICA (2007-2010), 2013, S. 160 (172).

680 *Azard-Baud*, Dr. social 2020, 353 (355); *Pécaut-Rivolier*, Rapport sur les discriminations collectives en entreprise, 2013, S. 82.

681 Dazu: *Schwarzbach*, Die Geltung von Tarifverträgen in Frankreich, 2013, S. 32 ff.; *Pfarr/Kocher*, Kollektivverfahren im Arbeitsrecht, 1998, S. 92 f.

682 *Azard-Baud*, Dr. social 2020, 3053 (354).

683 Art. L 2132-3 CT; *Azard-Baud*, Dr. social 2020, 353; *Pécaut-Rivolier*, Rapport sur les discriminations collectives en entreprise, 2013, S. 79.

Arbeitnehmers wegen Diskriminierung möglich.[684] Diese Klage hat im Diskriminierungsbereich nur eine sehr begrenzte praktische Bedeutung.[685]

Die Substitutionsklage wurde 2001 eingeführt, um eine Handlungsmöglichkeit für Gewerkschaften und Verbände in Diskriminierungsfällen zu schaffen.[686]

II. Substitutionsklage (*action en substitution*)

Die Substitutionsklage entspricht einer gesetzlichen Prozessstandschaft von Gewerkschaften und Vereinen für einen oder mehrere Arbeitnehmer. Diese Organisationen können das fremde Recht des Arbeitnehmers bzw. die fremden Rechte der Arbeitnehmer im eigenen Namen vor dem Arbeitsgericht geltend machen, ohne dass ein ausdrückliches Mandat des Betroffenen erforderlich ist.[687] Der eigene Name der Klage hat historische Gründe.[688] Seit 1923 galt das Substitutionsrecht der Gewerkschaften als eine eigenständige Klage, insbesondere mussten die Gewerkschaften damals nicht die Namen der betroffenen Arbeitnehmer offenlegen.[689] Diese Rechtsprechung ist seit 1972 beendet.[690] Nach der neuen Rechtsprechung sei die Substitutionsklage zwar eine Ausnahme vom Grundsatz im französischen Zivilprozess, dass niemand durch einen Anklagevertreter Klage erheben darf (*Nul ne plaide par procureur*),[691] es müssten aufgrund dieses Grundsatzes allerdings die Namen der vertretenen Arbeitnehmer im Gerichtsverfahren benannt werden.[692]

Die Substitutionsklage kann bezüglich der Entgeltgleichheit von Frauen und Männern und in Diskriminierungsfällen erhoben werden.[693] Auch für andere schutzbedürftige Arbeitnehmergruppen ist diese Klagemöglichkeit der Gewerkschaften und Verbände vorgesehen, etwa zugunsten von ausländischen

---

684 Art. L. 2132-3 CT.

685 *Azar-Baud*, Dr. social 2020, 353 (354).

686 Art. L 1134-2 CT; Gesetz Nr. 2001-1066, 16.11.2001, JORF 17.11.2001, Text Nr. 1 relative à la lutte contre les discriminations; *Pécaut-Rivolier*, Rapport sur les discriminations collectives en entreprise, 2013, S. 79.

687 Art. L 1144-2 CT, L 1134-2 CT.

688 *Petit*, Dr. social 2004, 262 (263).

689 *Petit*, Dr. social 2004, 262 (263); Cass. soc. 17.4.1953, Dr. social 1953, 407, Dr. ouvrier 1954, 68.

690 Cass. soc. 3.11.1972, Nr. 71-40.728, Bull. civ. V, Nr. 595; *Henry*, Dr. ouvrier 2007, 112 (115).

691 Lamy procédure prud'homale 2020, Rn. 1160.

692 *Azar-Baud*, Dr. social 2020, 353 (355).

693 Art. L 1134-2; L 1144-2 iVm L 3221-1 ff. CT.

oder befristeten Arbeitnehmern, Heimarbeitern oder Leiharbeitnehmern.[694] Um solche Klagen führen zu können, muss die Gewerkschaft auf nationaler Ebene, auf Ebene des Départements oder im Unternehmen repräsentativ sein.[695] Verbände müssen sich seit mehr als fünf Jahren gegen Diskriminierung engagieren.[696] Es ist unerheblich, ob der Betroffene Mitglied der Gewerkschaft oder der Organisation ist.[697] Aufgrund der von der Verfassung garantierten persönlichen Freiheit (*liberté individuelle*) des Arbeitnehmers muss die Gewerkschaft den Arbeitnehmer über Art und Umfang der geplanten Klage informieren.[698] Der Arbeitnehmer kann innerhalb von 15 Tagen nach der Mitteilung der Klage widersprechen. Zudem kann der Arbeitnehmer jederzeit dem Verfahren als Streithelfer beitreten (*intervenir à l'instance*).[699]

Obwohl versucht wurde, diese Klage als effizientes Mittel für die Gewerkschaften zu konzipieren, wird sie fast nie genutzt.[700] In der Literatur wird die Klage sogar als nutzlos bezeichnet.[701] Die Gewerkschaften sehen die Hauptschwierigkeit in der Furcht der Arbeitnehmer vor Vergeltungsmaßnahmen des Arbeitgebers, wenn der Name des Arbeitnehmers im Verfahren genannt wird.[702] Die Gewerkschaften tragen das Risiko, dass sie nach einer langwierigen Feststellung einer kollektiven Diskriminierung auf Widerstand und die Angst einzelner Beschäftigter stoßen, die nicht möchten, dass ihre Namen in das Verfahren aufgenommen werden.[703] Letztendlich sind die Gewerkschaften daher der Ansicht, dass die Substitutionsklage im Vergleich zu den anderen Klagen keinen Mehrwert hat, sondern größere Risiken birgt.[704] Da das französische Arbeitsgesetzbuch nahezu keine weitere

---

694 Art. L 1247-1 CT befristete Arbeitnehmer; Art. L 8255-1 CT ausländische Arbeitnehmer; Art. L 7423-2 CT Heimarbeiter; Art. L 8233-1 CT Leiharbeitnehmer.

695 Zur Repräsentativität: *Halberstadt,* Die Gestaltung des Arbeitsvertrags durch Tarifvertrag im französischen Recht, 1. Aufl. 2017, S. 54 ff.; *Schwarzbach,* Die Geltung von Tarifverträgen in Frankreich, 2013, S. 65 ff.

696 Art. L 1134-3 CT.

697 *Peskine/Wolmark,* Droit du travail, 2019, Rn. 863.

698 Cons. const. 25.7.1989, Nr. 89-257 DC, JORF 28.7.1989, S. 9503.

699 Art. L 1134-2 CT.

700 *Azard-Baud,* Dr. social 2020, 353 (355); *Pécaut-Rivolier,* Rapport sur les discriminations collectives en entreprise, 2013, S. 81; *Cohen,* Dr. social 1990, 790; *Petit,* Dr. social 2004, 262.

701 *Adam,* Dr. social 2017, 638 (639); *Cohen,* Dr. social 1990, 790.

702 *Pécaut-Rivolier,* Rapport sur les discriminations collectives en entreprise, 2013, S. 81.

703 *Pécaut-Rivolier,* Rapport sur les discriminations collectives en entreprise, 2013, S. 81.

704 *Pécaut-Rivolier,* Rapport sur les discriminations collectives en entreprise, 2013, S. 81.

Regelung vorsieht, die es Verbänden gestattet, vor Zivilgerichten gegen Diskriminierungen vorzugehen und die europäischen Richtlinien von den Mitgliedstaaten eine solche Möglichkeit verlangen, liegt hierin zumindest eine gewisse Relevanz dieser Klage.[705]

In Deutschland bewertet das BAG die gewillkürte Prozessstandschaft von Gewerkschaften für die Rechte ihrer Mitglieder als unzulässig.[706] Hingegen beurteilt der BGH die Prozessstandschaft von Verbänden grundsätzlich als zulässig.[707] Voraussetzungen sind eine Ermächtigung durch den Rechtsträger und ein eigenes schutzwürdiges Interesse des Klägers an der Prozessführung im eigenen Namen.[708] Wie in Frankreich muss die Prozessstandschaft offengelegt und klargestellt werden, welche Rechte geltend gemacht werden.[709] Die restriktive Haltung des BAG wird in der Literatur kritisiert.[710] Aus rechtsvergleichender Perspektive ist allerdings auf den deutlichen Misserfolg der gesetzlichen Prozessstandschaft von Gewerkschaften in Frankreich hinzuweisen. Die gewillkürte Prozessstandschaft überwindet nicht die niedrige Klagebereitschaft der Arbeitnehmer, weshalb sie gegenüber anderen Formen der gewerkschaftlichen Unterstützung keinen Vorteil bietet.

III. Sammelklage (*action de groupe*)

Zur Einführung der Sammelklage existiert eine Empfehlung der Europäischen Kommission.[711] Sammelklagen entsprechen nicht der französischen

705 *Pécaut-Rivolier,* Rapport sur les discriminations collectives en entreprise, 2013, S. 82.

706 Zur Rechtslage umfassend: *Scholz,* Lohngleichheit durch Verfahren, 2000, 118 ff; BAG 8.11.1957, 1 AZR 274/56, BAGE 5, 115; 8.2.1963, 1 AZR 511/61, AP § 256 ZPO Nr. 42.

707 BGH 9.5.1967, Ib ZR 59/65, BGHZ 48, 12 (15); 9.7.2007, II ZR 233/05, BGHZ 173, 159.

708 BGH 10.12.1951, GSZ 3/51, BGHZ 4, 153; 30.11.1954, I ZR 147/53, BGHZ 15, 315; 9.5.1967, Ib ZR 59/65, BGHZ 48, 12.

709 BGH 21.3.1985, VII ZR 148/83, BGHZ 94, 117 (122); 24.2.1994, VII ZR 34/93, BGHZ 125, 196 (201); 30.6.1994, I ZR 32/92, NJW 1994, 2891; 7.3.2017, VI ZR 125/16, NJW 2017, 2352.

710 *Gamillscheg,* Kollektives Arbeitsrecht I, 1997, S. 632 ff.; *Däubler,* Tarifvertragsrecht, 1993, Rn. 1383 ff.; *Kempen/Zachert,* Tarifvertragsgesetz, 5. Aufl. 2014, § 4 TVG Rn. 261 ff.; *Loritz,* ZfA 1985, 185 (195 ff.).

711 Empfehlung 2013/396/EU der Kommission, 11.6.2013, EU-Abl. L 201/60, 26.7.2013, S. 60 Gemeinsame Grundsätze für kollektive Unterlassungs- und Schadensersatzverfahren in den Mitgliedstaaten bei Verletzung von durch Unionsrecht garantierten Rechten.

Verfahrenstradition, die durch den individuellen Rechtsschutz geprägt ist.[712] Nach einer jahrzehntelangen Debatte in der Lehre (*doctrine*) und Politik folgte der französische Gesetzgeber der Empfehlung und führte 2014 die Sammelklage ein, zunächst nur im Verbrauchergesetzbuch (*Code de la consommation*).[713] Nach mehreren abgelehnten Gesetzesvorlagen zur Sammelklage für Diskriminierungen im Arbeitsrecht wurden zwei Gutachten beauftragt, die sich vorsichtig für die Einführung aussprachen.[714] Gefördert wurde die Einführung zudem durch die Erkenntnisse aus mehreren Untersuchungen der Rechtspraxis und zu diskriminierenden Praktiken, die zu der Annahme führten, das Diskriminierungsrecht schütze die Betroffenen nur unzureichend.[715] Mit dem Gesetz zur Modernisierung der Justiz von 2016 wurde die Sammelklage im Diskriminierungsrecht des Arbeitsgesetzbuchs (Art. L 1134–6 ff. CT) geregelt.[716]

Für die Sammelklage ist das ordentliche Gericht (*tribunal judiciaire*) zuständig.[717] Gegenstand der Klage (*object de l'action*) ist die Unterlassung einer Diskriminierung mehrerer Arbeitnehmer desselben Arbeitgebers wegen desselben verpönten Merkmals und ggf. der Ersatz der aus einer solchen Diskriminierung resultierenden Nachteile.[718] Außer für Bewerber sind allerdings nur die individuellen Schäden einklagbar, die nach der Einleitung des Vorverfahrens entstanden sind, also nach dem Zugang der Unterlassungsaufforderung beim Arbeitgeber.[719] Weitergehende Schäden muss der Betroffene mit einer Individualklage vor dem Arbeitsgericht (*conseil de prud'hommes*) geltend machen.[720]

---

712 *Guiomard,* La Revue des droits de l'homme, Nr. 9/2016 [en ligne], Rn. 1.

713 *Azard-Baud,* Dr. social 2020, 353 (355); *Adam,* Dr. social 2017, 638; Gesetz Nr. 2014-344, 17.3.2014, JORF 18.3.2014, Text Nr. 1 relative à la consommation (1) – *Loi Hamon.*

714 *Pécaut-Rivolier,* Rapport sur les discriminations collectives en entreprise, 2013, S. 8; *Lacabarats,* L'avenir des juridictions du travail, 2014, S. 57 f.; *Guiomard,* La Revue des droits de l'homme, Nr. 9/2016 [en ligne], Rn. 2.

715 *Serverin/Guiomard,* Des revendications des salariés en matière de discrimination et d'égalité. Les enseignements d'un échantillon d'arrêts extrait de la base JURICA (2007-2010), 2013; *Bossu,* Les discriminations dans les relations de travail devant les cours d'appel, 2014; *Défenseur des droits/ILO,* 9e édition du Baromètre sur la perception des discriminations dans l'emploi, Etudes & Résultats, Februar 2016.

716 Gesetz Nr. 2016-1547, 18.11.2016, JORF 19.11.2016, Text Nr. 1 de modernisation de la justice du XXIe siècle (1).

717 Art. L 1134-7 CT.

718 Art. L 1134-8 CT.

719 Art. L 1134-8 f. CT.

720 Art. 79 des Gesetzes Nr. 2016-1547, 18.11.2016, JORF 19.11.2016, Text Nr. 1.

Über den Ablauf der französischen Sammelklage im Diskriminierungsrecht informiert die folgende Übersicht:

Übersicht 5: Verfahrensablauf Sammelklage für kollektive Diskriminierungen

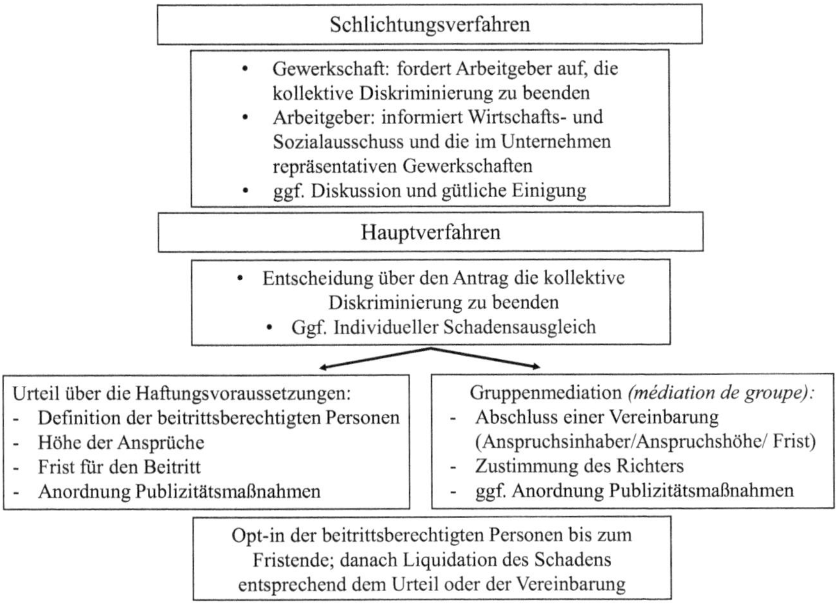

1. *Die Zulässigkeit* (recevabilité)

Das Rechtsschutzinteresse muss bei sämtlichen Personen vorliegen, die zur diskriminierten Gruppe gehören. Die Voraussetzung bezieht sich also auf die diskriminierte Gruppe und nicht auf die klagende Gewerkschaft.[721] Die einzelnen Mitglieder der Gruppe müssen aufgrund desselben Merkmals geschädigt worden sein.[722] Die Diskriminierungen müssen dem Arbeitgeber zurechenbar sein.[723] Die Sammelklage bietet sich für eine mittelbare Diskriminierung an, da diese nach ihrer Definition einen nachteiligen Effekt auf mehrere Arbeitnehmer hat.[724] Direkte Diskriminierungen können zwar mehrere Arbeitnehmer betreffen, aber

721 *Azard-Baud,* Dr. social 2020, 353 (356).

722 Art. L 1134-7 CT; *Azard-Baud,* Dr. social 2020, 353 (356).

723 Art. L 1134-7 CT.

724 *Azard-Baud,* Dr. social 2020, 353 (356).

meistens wirken sich solche Diskriminierungen nur auf einen einzelnen Betroffenen aus und sind deshalb selten für eine Sammelklage geeignet.[725]

Die Kläger können versuchen, die sog. systemische Diskriminierung nachzuweisen.[726] Systemische Diskriminierungen zeichnen sich durch ihre kollektive Dimension, aber auch durch mehrere Verantwortliche aus.[727] Die Voraussetzung „aufgrund desselben Merkmals“ könnte daher problematisch sein. Mit einer restriktiven Auslegung kann vertreten werden, es müsse sich um einen Verursacher handeln.[728] Da der Sinn und Zweck der Sammelklage die Zusammenfassung kollektiver Sachverhalte in ein Verfahren ist, wird in der Rechtsliteratur überwiegend vertreten, den Wortlaut weit auszulegen.[729] Entscheidend sei die Verantwortung desselben Arbeitgebers für die systemische Diskriminierung, auch wenn einzelne benachteiligende Handlungen durch unterschiedliche Vorgesetzte oder Arbeitnehmer erfolgt sind. Zum Vorteil der Parteien würden mehrere Individualverfahren verhindert, allerdings müssten ggf. innerhalb der Klage Untergruppen gebildet werden.[730] Auch der Rechtsverteidiger (*Défenseur des droits*) spricht sich dafür aus, die Sammelklage für systemische Diskriminierungen zuzulassen.[731]

Grundsätzlich können nur repräsentative Gewerkschaften eine Sammelklage führen.[732] Ihre Klagebefugnis (*qualité pour agir*) wird mit ihrer Verhandlungsfähigkeit im Vorverfahren begründet.[733] Jede Gewerkschaftsorganisation, die auf Ebene des eigenständigen Betriebs, Unternehmens, der Branche oder auf nationaler und branchenübergreifender Ebene repräsentativ ist, ist klagebefugt.[734] Verbände sind nur in Bewerbungsfällen klagebefugt und wenn sie sich seit mindestens fünf Jahren gegen Diskriminierung engagierten.[735]

Die Erhebung einer Sammelklage hemmt die Verjährungsfrist für individuelle Ansprüche bis zum Urteil, mindestens jedoch sechs Monate, damit die Geschädigten ihrerseits die Chancen einer individuellen Klage beurteilen

---

725 *Clément*, JCP S 2017, Nr. 1296 (S. 27).
726 Dazu: § 4 C., S. 100.
727 *Mercat-Bruns*, RDT 2015, 672 (673); *Guiomard*, RDT 2018, 866 (868).
728 *Adam*, Dr. social 2017, 638 (642 f.).
729 *Azard-Baud*, Dr. social 2020, 353 (356).
730 *Azard-Baud*, Dr. social 2020, 353 (356).
731 *Défenseur des droits*, Rapport annuel 2019, S. 70.
732 Art. L 1134-7 Abs. 1 CT; *Chonnier*, RJS 2017, 3.
733 *Azard-Baud*, Dr. social 2020, 353 (356).
734 *Chonnier*, RJS 2017, 3.
735 Art. L 1134-7 Abs. 2 CT.

können.[736] Wird eine Sammelklage durch rechtskräftiges Urteil abgeschlossen, schließt dies individuelle Klagen auf weitergehende Ansprüche nicht aus.[737]

2. *Schlichtungsverfahren*

Der Sammelklage hat ein Vorverfahren vorauszugehen, das eine gütliche Einigung herbeiführen soll.[738] Die Gewerkschaft fordert den Arbeitgeber auf, die beanstandete, kollektive Diskriminierung bis zu einem bestimmten Datum zu beenden.[739] Zu diesem Zeitpunkt des Verfahrens muss die Gewerkschaft nur allgemeine Tatsachen angeben, die den Anspruch stützen. Das Ausmaß der kollektiven Diskriminierung ist nicht zu ermitteln, insbesondere muss die Gewerkschaft nicht die einzelnen betroffenen Arbeitnehmer auflisten.[740] Innerhalb eines Monats nach Erhalt der Aufforderung unterrichtet der Arbeitgeber den Wirtschafts- und Sozialausschuss (*comité social et économique [CSE]*) und die repräsentativen Gewerkschaften im Unternehmen. Auf Antrag des Wirtschafts- und Sozialausschusses oder einer repräsentativen Gewerkschaft muss der Arbeitgeber eine Diskussion (*discussion*) über die Maßnahmen zur Beendigung der angeblichen kollektiven Diskriminierung einleiten. Bevor eine Klage beim zuständigen Instanzgericht für Zivil-, Handels- und Strafsachen (*tribunal judiciaire*) eingereicht werden kann, muss eine weitere Frist von sechs Monaten verstreichen. Sie beginnt mit der Aufforderung an den Arbeitgeber. Sie endet vorzeitig, wenn der Arbeitgeber Verhandlungen ablehnt. Die Verhandlungsmodalitäten sind gesetzlich nicht geregelt. Der Gesetzgeber hat mit dieser Regelung weder die Einleitung einer Anhörung des Wirtschafts- und Sozialausschusses noch eine obligatorische Verhandlung oder ein Mediationsverfahren vorgesehen.[741] Diese Phase kann somit in vielfältiger Weise von den Arbeitnehmervertretungen und dem Arbeitgeber für eine gütliche Einigung genutzt werden.[742]

---

736 Art. 77 des Gesetzes Nr. 2016-1547, 18.11.2016, JORF 19.11.2016, Text Nr. 1.; *Azard-Baud,* Dr. social 2020, 353 (357).

737 *Azard-Baud,* Dr. social 2020, 353 (357).

738 Exposé des motifs, Dossier législatif, Gesetz Nr. 2016-1547, 18.11.2016, Titel V Art. 22, abrufbar unter: https://www.legifrance.gouv.fr/dossierlegislatif/JORFDOLE000030962821/?detailType=EXPOSE_MOTIFS&detailId= [Zugriff: 28.9.2020].

739 Art. L 1134-9 CT.

740 *Guiomard,* RDT 2018, 866 (868).

741 *Guiomard,* RDT 2018, 866 (868); *Boulanger/Jonin,* Sem. Soc. Lamy 2017, Nr. 1786, S. 5 (8).

742 *Guiomard,* RDT 2018, 866 (869).

3. *Hauptverfahren*

Es herrschen noch große Unsicherheiten bezüglich des Verfahrensablaufs.[743] Die Rollen des Richters und der Parteien sind weitgehend unklar und müssen durch die Gerichte erst noch konkretisiert werden.[744] Zu den besonderen Schwierigkeiten der Sammelklage gehören die Bestimmung der diskriminierten Gruppe und die Anforderungen an die Beweisführung hinsichtlich der kollektiven Diskriminierung.

a. *Ablauf*

Im Hauptverfahren entscheidet der Richter über die Zulässigkeit der Klage, den mutmaßlichen Verstoß und über die Haftung (*responsabilité*) des Beklagten.

Stellt der Richter eine direkte oder indirekte Diskriminierung mehrerer Arbeitnehmer aufgrund desselben Merkmals fest, kann er eine Unterlassungsverfügung erlassen und diese mit der Androhung eines Zwangsgeldes verbinden.[745] Sofern die klagende Gewerkschaft auch Ersatzansprüche geltend macht und der Richter die Haftung des Beklagten annimmt, müssen zwei weitere Verfahrensschritte erfolgen. Diese finden im sog. individuellen Schadensausgleich statt (*procédure de réparation individuelle des préjudices*).

Zunächst entscheidet der Richter durch Urteil über die Haftung des Beklagten.[746] Gegebenenfalls definiert er die Personengruppe, für die der Beklagte haftbar ist, indem er die Voraussetzungen für die Zugehörigkeit zu dieser Gruppe festlegt.[747] Zudem bestimmt er die Höhe der zu ersetzenden Schäden, Entschädigungen und Nachzahlungen und legt die Frist fest, innerhalb derer die Personen, die die Voraussetzungen für die Mitgliedschaft erfüllen, der Gruppe beitreten können.[748] Auf Kosten des Beklagten werden Publizitätsmaßnahmen angeordnet, um die Betroffenen zu informieren und ihnen die Teilnahme am Verfahren zu ermöglichen.[749] Da diese Maßnahmen den Ruf des Beklagten schädigen können, müssen sie erst umgesetzt werden, wenn das Urteil rechtskräftig ist. Anstelle des Urteils können die Parteien auch eine Gruppenmediation (*médiation de groupe*) durchführen. Die Mediationsvereinbarung unterliegt der Zustimmung des

---

743 *Guiomard,* RDT 2018, 866 (870).

744 *Guiomard,* RDT 2018, 866 (870); *Défenseur des droits,* Rapport annuel 2019, S. 70.

745 *Azard-Baud,* Dr. social 2020, 353 (356).

746 Art. 66 des Gesetzes Nr. 2016-1547, 18.11.2016, JORF 19.11.2016, Text Nr. 1.

747 *Adam,* Dr. social 2017, 638 (644).

748 Art. L 1134-7 Abs. 2 und 3 CT.

749 Art. 67 des Gesetzes Nr. 2016-1547, 18.11.2016, JORF 19.11.2016, Text Nr. 1.

Richters, der auch Publizitätsmaßnahmen anordnen kann, insbesondere wenn die Gruppe der Betroffenen noch informiert werden muss.[750]

Erst im zweiten Schritt können die Betroffenen der Klage beitreten – opt-in.[751] Ihren Beitritt können sie nach ihrer Wahl gegenüber dem Beklagten oder Kläger erklären. Die Erklärung gegenüber dem Kläger gilt auch als Mandat, sie vor Gericht zu vertreten und ggf. die Zwangsvollstreckung (*exécution forcée*) des verkündeten Urteils zu betreiben.[752] Jeder Beigetretene kann das Mandat jederzeit beenden und damit auf die Sammelklage verzichten. Sofern jemand den Beitritt gegenüber dem Beklagten erklärt, muss der Beklagte dies dem Kläger mitteilen.[753] Die Gruppe der Beigetretenen hat keine eigene Rechtspersönlichkeit.[754] Somit steht erst in der zweiten Phase die Arbeitnehmergruppe fest, deren Ersatzansprüche der Arbeitgeber liquidieren muss.[755] Zuletzt muss der Beklagte den beigetretenen Betroffenen die erlittenen Nachteile entsprechend dem Urteil ersetzen. Verweigert der Beklagte die Zahlung, kann die Gewerkschaft die Zwangsvollstreckung betreiben. Diejenigen, die gegenüber dem Beklagten beigetreten sind, müssen sich selbst an das Gericht wenden, das das Haftungsurteil erlassen hat, um ihre Ansprüche durchsetzen.[756]

Die Rechtskraft des Haftungsurteils erstreckt sich auf alle Arbeitnehmer, die der Klage beigetreten sind. Dies schließt die individuelle Klageerhebung für weitergehende Schäden wegen Diskriminierung nicht aus.[757] Das Gesetz sieht jedoch keine Bindung der Arbeitsgerichte an das Haftungsurteil in der Sammelklage vor. In den individuellen Verfahren der Arbeitnehmer müsste die Diskriminierung somit erneut verhandelt werden.[758]

b. Beweisführung und Bestimmung der Gruppe

Auch für die Sammelklage gilt die Beweislastverteilung des Diskriminierungsrechts.[759] Die klagende Gewerkschaft muss Tatsachen vortragen, die die

750 Art. 76 des Gesetzes Nr. 2016-1547, 18.11.2016, JORF 19.11.2016, Text Nr. 1; *Azard-Baud,* Dr. social 2020, 353 (358).

751 Art. L 77-10-10 Code de justice administrative; Art. 849-14 französische Zivilprozessordnung.

752 Art. 71 des Gesetzes Nr. 2016-1547, 18.11.2016, JORF 19.11.2016, Text Nr. 1.

753 Art. 826-18 französische Zivilprozessordnung.

754 *Adam,* Dr. social 2017, 638 (644).

755 *Adam,* Dr. social 2017, 638 (644).

756 Art. 71 des Gesetzes Nr. 2016-1547, 18.11.2016, JORF 19.11.2016, Text Nr. 1.

757 Art. 79 des Gesetzes Nr. 2016-1547, 18.11.2016, JORF 19.11.2016, Text Nr. 1.

758 *Adam,* Dr. social 2017, 638 (644); *Guiomard,* RDT 2016, 52 (56).

759 Dazu: § 4 D. II. 1., S. 105.

Diskriminierung einer Gruppe aufgrund desselben Merkmals annehmen lassen. Für den Erfolg einer Sammelklage ist es entscheidend, dass die Gruppe der betroffenen Arbeitnehmer identifizierbar ist, was eng mit der Feststellung der diskriminierenden Maßnahme zusammenhängt. Die Bestimmung der Gruppe und der Diskriminierung werden in den meisten Fällen nur durch statistische Auswertungen zu erkennen sein.[760] Nicht jedes der in Frankreich verpönten Diskriminierungsmerkmale ist für Gruppenbildungen und deren statistische Auswertung gleich gut geeignet. Im Gegensatz zur wirtschaftlichen Vulnerabilität, sexuellen Orientierung oder äußeren Erscheinung sind Geschlecht, Gesundheitszustand, Behinderung, Alter für Gruppenbildungen gut geeignet, da die Gruppen vergleichsweise einfach und objektiv eingeteilt werden können.[761]

Der diskriminierende Effekt für eine Gruppe kann aus mehreren Einzelhandlungen oder aus einer allgemeinen Gehalts- oder Beförderungspraxis resultieren. Es kann höchst problematisch oder unmöglich sein, aus sich summierenden Einzeleffekten eine abgrenzbare Gruppe zu bilden, die der Richter durch die Festlegung von Zuordnungskriterien definieren kann. Dies könnte insbesondere für Sammelklagen aufgrund Geschlechterdiskriminierung im Entgeltbereich relevant werden. Aus einer allgemeinen Statistik über die Entgeltlücke im Unternehmen können noch nicht ohne Weiteres die tatsächlich diskriminierte Gruppe und deren Ursache ermittelt werden.[762] Die Bestimmung der tatsächlich diskriminierten Gruppe im individuellen Schadensausgleich des Hauptverfahrens könnte an Grenzen stoßen, insbesondere wenn die diskriminierenden Handlungen nicht bestimmbar oder verallgemeinerungsfähig sind.[763] Die Beweisangebote der Gewerkschaften müssen daher überzeugend und hinreichend genau sein.[764]

Sofern die Gewerkschaft den Richter von der Existenz einer kollektiven Diskriminierung überzeugt hat, obliegt es dem Arbeitgeber, die Rechtfertigungsgründe für die kollektive Diskriminierung zu beweisen. Auch hier gelten die Grundsätze des Diskriminierungsrechts.[765] Sofern die Gerichte auch in Sammelklageverfahren eine systemische Diskriminierung anerkennen würden, sind die Anforderungen an den Vortrag des Arbeitgebers noch ungeklärt.

---

760 *Chonnier,* RJS 2017, 3 (4).
761 *Chonnier,* RJS 2017, 3 (4).
762 *Chonnier,* RJS 2017, 3 (4).
763 *Chonnier,* RJS 2017, 3 (5).
764 *Guiomard,* RDT 2018, 866 (868).
765 Dazu: § 4 D. II. 1., S. 105.

Wahrscheinlich wäre der Aufwand für die Beweisführung des Arbeitgebers höher, da für jede der Einzelmaßnahmen und Unternehmenspraktiken eine Rechtfertigung vorgetragen werden müsste.

c. *Umsetzung in der Praxis*

Mittlerweile sind seit der Einführung im Jahr 2016 mehrere Jahre vergangen und es wurden drei Sammelklageverfahren initiiert. Im Mai 2017 leitete die Gewerkschaft *CGT* die erste Sammelklage gegen Safran Aircraft Engines ein. Die mediale Aufmerksamkeit für das Verfahren ist groß.[766] Die klagende Gewerkschaft vertritt mittlerweile eine Gruppe von 36 aktiven Gewerkschaftsmitgliedern, deren Entgeltlücke 6–18 Prozent betrug. Eine weitere Sammelklage begann *CGT* im Juni 2019 gegen die *Caisse d'épargne d'Île-de-France* aufgrund vermuteter Entgeltdiskriminierung zum Nachteil von ca. 2700 Frauen.[767] Die Entgeltlücke im Unternehmen betrage 18 Prozent. Aufgrund des großen Medieninteresses führte die Gewerkschaft eine Pressekonferenz durch.[768] Die Gewerkschaftsorganisation *Sud Rail* begann eine Sammelklage gegen die staatliche Eisenbahngesellschaft *SNCF* wegen indirekter Diskriminierung von Arbeitnehmern mit einer Behinderung. In diesem Verfahren wurden die Entgeltlücke von 12 Prozent und die vergleichsweise häufigen Schwierigkeiten in der Karriereentwicklung der betroffenen Arbeitnehmer vorgetragen.

Noch keines der Verfahren wurde bisher rechtskräftig beendet. Die erste Entscheidung des *tribunal judiciaire de Paris* in der Rechtssache *Safran* wurde am 15.12.2020 verkündet.[769] Die Anträge der Gewerkschaft wurden abgelehnt und sie muss die Anwaltskosten des Arbeitgebers tragen. Begründet wurde das Urteil mit dem Umstand, dass die vorgetragenen diskriminierenden Maßnahmen vor Verkündung des Gesetzes am 19.11.2016 stattgefunden hatten. Das Gesetz könne aufgrund des verfassungsrechtlichen Grundsatzes des Rückwirkungsverbots (*principe de non rétroactivité du droit*) nicht für Handlungen vor seinem Inkrafttreten anwendbar sein. Gegenstand einer Sammelklage könnten nur Handlungen sein, die ab dem 20.11.2016 stattfanden. Die Gewerkschaft legte Revision ein. Das hohe Kostenrisiko der Gewerkschaft wird durch diese erste Entscheidung

766 *Adam,* Dr. social 2017, 638 (639).
767 *Izard,* Sem. Soc. Lamy, 11.6.2019, Nr. 1865, S. 2.
768 *Izard,* Sem. Soc. Lamy, 11.6.2019, Nr. 1865, S. 2.
769 TJ Paris, 15.12.2020, Nr. 18/04058 noch nicht veröffentlicht; zum Inhalt: *Champeaux,* Sem. Soc. Lamy, 18.12.2020, abrufbar unter: https://www.actualitesdudroit.fr/ (Zugriff: 15.1.2021).

deutlich. Allein die Dauer des ersten Verfahrens – mehr als drei Jahre – zeigt die Schwerfälligkeit und Langwierigkeit des Sammelklageverfahrens.

Aus den erhobenen Sammelklagen lassen sich bereits Tendenzen erkennen: Die Verfahren wurden von Gewerkschaften gegen große Unternehmen mit weit mehr als 1.000 Arbeitnehmern eingeleitet. Ihr Gegenstand ist ausschließlich Entgeltdiskriminierung, für deren Beweis die Gewerkschaften aufwendige statistische Auswertungen erstellten. Der technische und finanzielle Aufwand für die langwierige Prozessführung ist für die Gewerkschaften sehr hoch.[770]

Zum Prozessverlauf und der Beweisführung im Verfahren gegen *Safran Aircraft Engines* kann ein rechtswissenschaftlicher Beitrag ausgewertet werden, der sich auf Informationen der Anwälte auf der Klägerseite stützt.[771] Die Gewerkschaft führte zunächst umfangreiche Recherchen durch, um die Tatsachen für den kollektiven Charakter der Diskriminierung aufgrund des gewerkschaftlichen Engagements zu sammeln. Die Aufforderung an den Arbeitgeber war 110 Seiten lang und umfasste noch weitere Anlagen. Die rechtlichen Unsicherheiten begannen bereits in der vorprozessualen Phase. Das Unternehmen befürchtete, durch die Aufnahme von Verhandlungen eine kollektive Diskriminierung anzuerkennen.[772] Eine Verhandlung fand daher während der Sechsmonatsfrist nicht statt. Im Hauptverfahren wandte sich die beklagte Gesellschaft *Safran Aircraft Engines* insbesondere gegen die von der Gewerkschaft verwendeten Vergleichsmethoden, mit der die angeblich diskriminierten Gewerkschaftsdelegierten mit anderen Arbeitnehmern verglichen wurden. Für die Berechnung der Entgeltlücke verwendete die Gewerkschaft die *Clerc*-Methode, die bereits in Individualverfahren anerkannt ist und häufig verwendet wird.[773]

IV. Kritische Würdigung

In der französischen Rechtsliteratur werden vorsichtig Hoffnungen geäußert: Die Sammelklage könnte die geringe Klagebereitschaft der Arbeitnehmer überwinden und für Unternehmen repressiv und abschreckend wirken.[774] Für die Betroffenen habe die Sammelklage psychologische, finanzielle und mediale Vorteile.[775] Somit werde der Zugang zum Richter und zum Recht erleichtert

---

770 *Défenseur des droits,* Rapport annuel 2019, S. 70.

771 *Guiomard,* RDT 2018, 866.

772 *Guiomard,* RDT 2018, 866 (867); *Boulanger/Jonin,* Sem. Soc. Lamy 2017, Nr. 1786, S. 5 (8).

773 Zur *Clerc*-Methode: § 4 D. II. 2. a., S. 82.

774 *Adam,* Dr. social 2017, 638 (639); *Azard-Baud,* Dr. social 2020, 353.

775 *Tin/Lemaire/Allal,* D. 2014, 1992; *Adam,* Dr. social 2017, 638 (640).

und effektuiert.[776] Zudem könnten indirekte Diskriminierungen und systemische Formen der Diskriminierung sichtbarer gemacht werden.[777] Für deren Aufdeckung müsse der Richter eine aktivere Position einnehmen und von der Anordnung von Ermittlungsmaßnahmen Gebrauch machen.[778]

Aufgrund der sehr restriktiven Regelungen zum Schadensausgleich wird teilweise eine bloß symbolische Bedeutung der Sammelklage befürchtet.[779] Die vorsichtige französische Konzeption wird andererseits auch begrüßt, da ausufernde Schadenssummen wie in der amerikanischen oder kanadischen *class action* vermieden werden könnten.[780]

1. Begrenzter Ersatz der erlittenen Nachteile

Der Schadensausgleich ist im Rahmen der französischen Sammelklage nur sehr begrenzt möglich. Es sind nur die individuellen Einbußen ersatzfähig, die nach der Unterlassungsaufforderung an den Arbeitgeber entstanden sind.[781] Im Entgeltbereich können somit folgende Ansprüche geltend gemacht werden:

- Gehaltsnachzahlung für den Zeitraum ab Unterlassungsaufforderung;
- Schadensersatz (*dommages-intérêts*), sofern nach der Unterlassungsaufforderung entstanden (z. B. Verzugszinsen);
- Entschädigung für den immateriellen Schaden (*préjudice moral*) über diesen Zeitraum.[782]

Die sog. vollständige Wiedergutmachung (*réparation intégrale*), also in Entgeltdiskriminierungsfällen die Gehaltsnachzahlung über den gesamten Zeitraum der Diskriminierung, kann ein Betroffener nur durch Individualklage vor dem Arbeitsgericht geltend machen, wobei keine Bindungswirkung an die Entscheidung im kollektiven Verfahren besteht.

Für die Begrenzung der Haftung im Sammelklageverfahren spricht die drohende Überfrachtung des Verfahrens mit der Feststellung der gesamten individuellen Schäden einer Arbeitnehmergruppe. Im Entgeltbereich können sich

---

776 *Amrani-Mekki,* R.I.D.C. 2016, 341 (350).

777 *Moizard,* Dr. social 2020, 320 (326).

778 *Moizard,* Dr. social 2020, 320 (327).

779 *Guiomard,* RDT 2016, 52 (56); *Amrani-Mekki,* JCP G 2015, 2029 (2030 f.); *Chonnier,* RJS 2017, 3 (4).

780 *Pécaut-Rivolier,* Rapport sur les discriminations collectives en entreprise, 2013, S. 93; *Adam,* Dr. social 2017, 638 (640); *Simon/Foulon,* RDT 2012, 603 (605).

781 Art. L 1134-8 Abs. 2 CT.

782 *Bugada,* Chroniques du Travail 2018, 191 (198).

je nach Erwerbsverlauf die realisierten Schäden stark unterscheiden. Obwohl die Sammelklage für den einzelnen Betroffenen prozessökonomischer als eine Individualklage sein soll, würde sich die Phase des Schadensausgleichs verlängern. Den gewünschten prozessökonomischen Vorteil hat eine Sammelklage nur, wenn auch die Anspruchshöhe vereinheitlicht wird.[783]

Der französische Gesetzgeber hat keine Bindungswirkung der Arbeitsgerichte an die Entscheidung der Sammelklage geregelt. Dahinter könnte wieder eine prozessökonomische Erwägung stehen. Eine solch umfangreiche Erleichterung des individuellen Rechtsschutzes könnte betroffene Arbeitnehmer ermutigen, nach Abschluss der Sammelklage eine Individualklage zu erheben. Die Sammelklage soll allerdings in möglichst effektiver und umfangreicher Weise Rechtsfrieden herstellen. Ihr Ziel ist nicht die Senkung der Individualklagebereitschaft, sondern die Verlagerung individueller Konflikte auf die kollektive Streitbeilegung.

Umständlich erscheint zudem die Verteilung von Kollektiv- und Individualverfahren aus demselben Lebenssachverhalt auf zwei verschiedene Gerichte. Diese ist den Besonderheiten der französischen Gerichtsorganisation geschuldet. Im Arbeitsrecht sind für individualarbeitsrechtliche Streitigkeiten in erster Instanz die Arbeitsgerichte (*conseils de prud'hommes*) zuständig.[784] Diese sind mit juristischen Laien besetzt, deren Ausbildung nur in einem fünftägigen Lehrgang besteht.[785] Für kollektivarbeitsrechtliche Streitigkeiten, die über die Rechtsbeziehung des einzelnen Arbeitnehmers mit seinem Arbeitgeber hinausgehen, sind die ordentlichen Gerichte (*tribunal judiciaire*) zuständig.[786]

2. *Begrenzte Klagebefugnis*

Nur wenige Organisationen sind klagebefugt. Es sollte verhindert werden, dass Anwaltskanzleien und die mittlerweile etablierten Prozessfinanzierungsunternehmen mit großen Werbe- und Akquisitionsressourcen Sammelklagen als einen Markt entdecken.[787] Verbände können nur kollektiv diskriminierte Bewerber in einer Sammelklage vertreten oder die wenig beliebte Substitutionsklage zugunsten einzelner Arbeitnehmer nutzen. Dies begrenzt zwar den

783 *Bruns*, NJW 2018, 2753 (2756).

784 Art. L 1411-1 ff. CT; *Auzero/Baugard/Dockès*, Droit du travail, 34. Aufl. 2021, Rn. 109.

785 Art. L 1442-1, D 1442-10-1 ff. CT; *Auzero/Baugard/Dockès*, Droit du travail, 34. Aufl. 2021, Rn. 107.

786 *Auzero/Baugard/Dockès*, Droit du travail, 34. Aufl. 2021, Rn. 108.

787 *Bugada*, Chroniques du Travail 2018, 191 (192); *Adam*, Dr. social 2017, 638 (641).

Minderheitenschutz durch spezialisierte Verbände, wie Religionsgemeinschaften oder Verbände für Menschen mit einer Behinderung,[788] die fehlende Etablierung von Verbänden in den Unternehmen und deren fehlende Erfahrung mit der kollektiven Interessenvertretung von Arbeitnehmern sprechen jedoch für das Monopol der repräsentativen Gewerkschaften.[789]

Der Rechtsverteidiger (*Défenseur des droits*) kann als öffentliche Behörde zwar am Verfahren teilnehmen, indem er Stellungnahmen abgibt, eine Klagebefugnis hat er jedoch nicht.[790]

3. *Systemische Diskriminierung*

Diskriminierungen werden im französischen Recht zunehmend als kollektives und systemisches Unrecht gesehen, dem der einzelne Betroffene mit einer individuellen Klage nicht effektiv entgegentreten kann.[791] Fraglich ist, ob die Sammelklage das geeignete Verfahren ist, um vermutete systemische Diskriminierungen vor Gericht zu verhandeln.

Die Behandlung von systemischen Diskriminierungen in Sammelklageverfahren könnte den vielschichtigen und komplexen Ursachen von Ungleichheiten gerechter werden. Insbesondere im Entgeltbereich sind deren Auswirkungen für den Einzelnen oft marginal und es kann in der Regel ein sachlicher Grund für einen Gehaltsunterschied, die nicht gewährte Beförderung oder Gehaltserhöhung gefunden werden. Unterschiedliche Arbeitsbewertungsverfahren, direkte Diskriminierungen durch Vorgesetzte, eine mittelbar diskriminierende Beförderungspraxis oder der benachteiligende Umgang mit Elternurlaubs- und Erziehungsurlaubsrückkehrern können sich summieren und sich in der Arbeitsorganisation eines größeren Unternehmens deutlich erkennbar auswirken. Die betroffene Gruppe und die Gewerkschaften hatten bisher kein juristisches Werkzeug, das Unternehmen zu einer Veränderung seiner gängigen Praktiken zu veranlassen. Mangels Messbarkeit der Auswirkungen auf das einzelne Gruppenmitglied könnten solche Begehren primär auf Unterlassung der bisherigen Praktiken und nicht auf Ersatzansprüche gerichtet sein. Die französische Konzeption der Sammelklage könnte daher der richtige Rahmen für die Verhandlung von systemischen Schlechterstellungen in Unternehmen sein. Die Rolle des Richters ist in diesem Verfahren eine andere als

---

788 *Adam*, Dr. social 2017, 638 (641).

789 *Adam*, Dr. social 2017, 638 (641).

790 Dazu: § 4 C., S. 100.

791 *Adam*, Dr. social 2017, 638 (639, 642); *Azard-Baud*, Dr. social 2020, 353 (355).

in individuellen Diskriminierungsverfahren. Anstatt den Kläger mit einem oder mehreren Kollegen zu vergleichen, wird die Behandlung einer gesamten Gruppe in der Arbeitsorganisation des Unternehmens betrachtet.

Gegen die Verhandlung von systemischen Diskriminierungen in Sammelklageverfahren spricht, dass dies nicht in das traditionelle rechtliche Konzept der individuellen Rechte in Verbindung mit individuellem Rechtsschutz passt. Einerseits erlangt eine potentiell benachteiligte Gruppe die Möglichkeit, gemeinsam zu klagen. Andererseits wird nur der Arbeitgeber als Beklagter für die strittige, schlechtere Position einer Gruppe innerhalb des Unternehmens verantwortlich gemacht, obwohl diese schlechtere Position in externen Ursachen begründet sein könnte. Selbst durch eine aufwendige Ermittlung durch den Richter und Sachverständige kann auch auf kollektiver Ebene nicht immer zur Überzeugung des Richters geklärt werden, welche Ungleichheit dem Arbeitgeber zuzurechnen ist. Allein der kollektive Ansatz vereinfacht zudem die grundlegenden Rechtsschutzschwierigkeiten des Diskriminierungsrechts nicht. Ohne weitere Regelungen bleiben die wichtigsten Problemfelder des individuellen und kollektiven Rechtsschutzes weiterhin:

- der Zugang zu beweiserheblichen Tatsachen durch potentielle Betroffene einer Entgeltdiskriminierung oder durch die klagebefugten Gewerkschaften und Organisationen;
- die aussagekräftige statistische Auswertung und der Schutz der persönlichen Arbeitnehmerdaten durch die Prozessparteien und die Gerichte;
- die Abgrenzung der Verantwortlichkeit des Arbeitgebers von gesamtgesellschaftlichen und arbeitsorganisatorischen Effekten, wie etwa der horizontalen und vertikalen Segregation des Arbeitsmarktes.

V. Rechtsvergleichende Würdigung

Im deutschen Arbeitsrecht existiert kein kollektiver Rechtsschutz im Diskriminierungsrecht. Die Geltendmachung der Rechte mehrerer individuell Betroffener ist nicht möglich, allerdings existiert ein gewisser kollektiver Ansatz im BetrVG, der dem Betriebsrat oder einer im Betrieb vertretenen Gewerkschaft die Geltendmachung eines eigenen Rechts gegenüber dem Arbeitgeber ermöglicht.[792] Sie können bei groben Verstößen des Arbeitgebers gegen seine Verpflichtungen aus dem zweiten Abschnitt des AGG beim Arbeitsgericht beantragen, dem Arbeitgeber aufzugeben, eine Handlung zu

792 Ausdrücklich klargestellt in § 17 Abs. 2 am Ende AGG.

unterlassen, die Vornahme einer Handlung zu dulden oder eine Handlung vorzunehmen.[793]

Demgegenüber wird im deutschen Zivilverfahrensrecht in Verbrauchersachen die Sammelklage überwiegend befürwortet.[794] Der Deutsche Juristentag steht auch der Prozessfinanzierung durch Dritte und dem finanziellen Profit obsiegender Verbraucherverbände positiv gegenüber.[795] Vereinzelt werden rechtsmissbräuchliche und gewinnorientierte Prozessfinanzierungen, lange Verfahren und ein hohes Kostenrisiko für beide Seiten befürchtet.[796] Wie die Einführung der Sammelklage im französischen Arbeitsrecht zeigt, ist es trotz großer gesetzgeberischer Vorsicht schwierig, manche Risiken von Sammelklagen zu vermeiden. Insbesondere die langen Verfahren und das hohe Kostenrisiko sind Probleme, die mit der bisherigen Konzeption nicht vermieden werden konnten.

Das Modell des Opt-in wird auch in Deutschland überwiegend befürwortet, um den individuellen Rechtsschutz des Einzelnen nicht zu verkürzen (Art. 103 Abs. 1 GG).[797] Wie die französische Sammelklage sollen die Gruppenmitglieder nicht zwingend Beteiligte der Klage sein, sondern der Gruppenkläger soll die einzelnen Gruppenmitglieder prozessstandschaftlich vertreten.[798]

In der deutschen Rechtsliteratur wird das Opt-in der Gruppenmitglieder zeitlich vor der gerichtlichen Geltendmachung durch den Gruppenkläger verortet.[799] Das in Frankreich vorgesehene Opt-in nach dem Zwischenurteil des Richters wird nicht diskutiert. Die dem späten Opt-in ähnelnde Musterfeststellungsklage wird als unzureichend für die Bewältigung von Massenschadensereignissen im Zivilrecht abgelehnt, da die Justiz nicht ausreichend entlastet werde.[800] Vielmehr seien die Verbraucherinteressen auf den schnellen und kostengünstigen Ausgleich von kleineren und größeren Schäden gerichtet, was für das frühe Opt-in spreche.[801] Dem Arbeitsrecht wird das späte Opt-in allerdings

793 §§ 17 Abs. 2, 6 ff. AGG iVm § 23 Abs. 3 BetrVG.

794 *72. Deutscher Juristentag 2018,* Beschlüsse zum Verfahrensrecht, S. 5 ff.; *Gurkmann,* DRiZ 2018, 92; *Tilp/Schiefer,* NZV 2017, 14; *Braunroth,* VuR 2018, 455 ff.; ablehnend: *Bruns,* NJW 2018, 2753; *Deutlmoser,* EuZW 2013, 652.

795 *72. Deutscher Juristentag 2018,* Beschlüsse zum Verfahrensrecht, S. 6 f.

796 *Stadler,* VuR 2018, 83; *Wernicke,* DRiZ 2018, 92 (93).

797 *72. Deutscher Juristentag 2018,* Beschlüsse zum Verfahrensrecht, S. 8; *Meller-Hannich,* NJW-Beil. 2018, 29 (31); *Deutlmoser,* EuZW 2013, 652 (654); ablehnend: *Tilp/Schiefer,* NZV 2017, 14 (17).

798 *72. Deutscher Juristentag 2018,* Beschlüsse zum Verfahrensrecht, S. 8.

799 *72. Deutscher Juristentag 2018,* Beschlüsse zum Verfahrensrecht, S. 8.

800 *72. Deutscher Juristentag 2018,* Beschlüsse zum Verfahrensrecht, S. 7.

801 *Meller-Hannich,* NJW-Beil. 2018, 29 (31).

gerechter, da dieses Rechtsgebiet durch die mangelnde Bereitschaft der Arbeitnehmer, individuelle Konflikte in das Arbeitsverhältnis zu tragen, geprägt ist. Der gerichtlich anerkannte Unterlassungsanspruch könnte für die betroffenen Arbeitnehmer bereits als ausreichend empfunden werden, insbesondere da der individuell erlittene Schaden aufgrund einer Diskriminierung nur sehr begrenzt im Sammelverfahren ermittelt und liquidiert werden kann. Es entspricht daher den Arbeitnehmerinteressen, sich erst nach dem Zwischenurteil entscheiden zu müssen, ob sie die Voraussetzungen für die Ersatzansprüche erfüllen und ob sie am Schadensausgleich teilnehmen möchten. Der Rechtsfrieden könnte somit bereits durch das Urteil ausreichend hergestellt werden, dem sich ggf. noch ein kurzes Schadensausgleichsverfahren anschließt. Das französische Modell erleichtert zudem die Durchführung eines Mediationsverfahrens, da dieses nicht mit einem aufwendigen Opt-out für nicht einverstandene Gruppenmitglieder verbunden werden müsste.

Arbeitnehmer sind im deutschen Recht vom kollektiven Rechtsschutz der Verbraucher ausdrücklich und ausnahmslos ausgenommen.[802] Dies gilt auch für den Richtlinienvorschlag des Europäischen Parlaments über Verbandsklagen, der berufliche Tätigkeiten von der Verbraucherdefinition ausnimmt.[803] Vereinzelt fordern rechtswissenschaftliche Autoren, kollektiven Rechtsschutz ins deutsche Arbeitsrecht einzuführen.[804] Überwiegend wird ein solcher Vorstoß des kollektiven Rechtsschutzes in das Arbeitsrecht abgelehnt.[805]

F. Kontrolle durch staatliche Behörden

Zwei Institutionen sind in Frankreich für die staatliche Kontrolle von Diskriminierungen zuständig: die Arbeitsinspektion und der Rechtsverteidiger (*Défenseur des droits*). Die Behörden sind zwar mit weitreichenden Befugnissen ausgestattet, allerdings fehlen beiden Behörden die personellen und finanziellen Mittel für effektive Kontrollen.[806] Die Anzahl der Kontrollen der

---

802 § 15 UKlaG; § 46 Abs. 2 Satz 2 ArbGG.

803 Art. 3 Nr. 1 Vorschlag für eine Richtlinie des Europäischen Parlaments und des Rates über Verbandsklagen zum Schutz der Kollektivinteressen der Verbraucher und zur Aufhebung der Richtlinie 2009/22/EG, 11.4.2018, COM(2018) 184 final, 2018/0089 (COD).

804 *Heinzelmann,* ArbRAktuell 2018, 597 (599 f.); *Pfarr/Kocher,* Kollektivverfahren im Arbeitsrecht, 1998, S. 129 f.

805 *72. Deutscher Juristentag 2018,* Beschlüsse zum Verfahrensrecht, S. 5.

806 Rechtsgespräch mit *Guillaume Santoro* im September 2020: Die Person, die in der Arbeitsdirektion (*Direccte*) im Département Gironde mit der Kontrolle der

Arbeitsinspektion ist relativ gering. Im Bereich Diskriminierung und Entgeltgleichstellung wurden sie zwar auf 7.000 im Jahr erhöht.[807] Dem stehen nach einer Erhebung im Jahr 2015 146.087 Unternehmen mit mehr als 49 Arbeitnehmern gegenüber.[808] Die Kontrolldichte ist daher entsprechend gering. Die Rolle des Rechtsverteidigers hinsichtlich Geschlechtsdiskriminierung ist ebenfalls sehr begrenzt.[809] Seit 2014 stiegen insgesamt die Anfragen wegen Diskriminierung um ca. 20 Prozent auf 5.448 im Jahr 2019,[810] allerdings bezogen sich nur 3,6 Prozent der Meldungen im Jahr 2019 auf eine Diskriminierung wegen des Geschlechts im Arbeitsverhältnis.[811] Sie ist vor allem eine erste Anlaufstelle für Betroffene und vermittelt einvernehmliche Lösungen.[812]

I. Arbeitsinspektion (*inspection du travail*)

Die Hauptaufgabe der Arbeitsinspektion liegt in der Überprüfung der Anwendung der arbeitsrechtlichen Vorschriften im Unternehmen.[813] Die Arbeitsinspektion ist auch mit Befugnissen hinsichtlich Diskriminierung und beruflicher Gleichstellung ausgestattet. Die Arbeitsinspektoren haben ein weitreichendes Auskunftsrecht gegenüber dem Arbeitgeber hinsichtlich der Umsetzung des Diskriminierungsrechts[814] und der beruflichen Gleichstellung von Frauen und Männern[815]. Sie kann unangekündigt ein Unternehmen besuchen (*droit de visite*),[816] kontrollieren (*droit d'enquête*)[817] und hat ein umfassendes Einsichtsrecht in die verpflichtend bereitzuhaltenden

Tarifverhandlungen zur beruflichen Gleichstellung beauftragt war, wurde nicht ersetzt, als sie in den Ruhestand ging. Diese hatte ihm auch von den mangelnden zeitlichen und personellen Investitionen in diesem Bereich erzählt.

807 *Izard,* Sem. Soc. Lamy, 23.4.2019, Nr. 1858, S. 5 (6).

808 *Statistique publique/Insee,* Les entreprises en France, 2017, S. 64, abrufbar unter: https://www.insee.fr/fr/statistiques/3152833 [Zugriff: 22.9.2020].

809 *Cœuret/Fortis/Duquesne,* Droit pénal du travail, 6. Aufl. 2016, S. 91.

810 *Défenseur des droits,* Rapport annuel 2019, S. 13.

811 *Défenseur des droits,* Rapport annuel 2019, S. 24.

812 Im Jahr 2019: 80 Prozent einvernehmliche Lösungen: *Défenseur des droits,* Rapport annuel 2019, S. 14.

813 Art. L 8112-1 CT; dazu ausführlich: *Kollerbaur,* Die französische Arbeitsinspektion, 2010, S. 173 ff.

814 Art. L 8113-5 Nr. 1 iVm L. 1132-1 bis L. 1132-4 CT, 225-2 C. pén.

815 Art. L 8113-5 Nr. 2 iVm L 1142-1; L 1142-2 CT.

816 Art. L 8113-1 CT.

817 Art. L 8113-4 ff. CT.

Dokumente, insbesondere die Arbeitnehmer- und Gehaltslisten (*droit de communication*).[818] Um die Übereinstimmung mit den gesetzlichen Regelungen der beruflichen Gleichstellung zu überprüfen, können die Arbeitsinspektoren unabhängig vom verwendeten Medium alle geeigneten Dokumente oder Informationen für ihre Tatsachenermittlung anfordern und Kopien anfertigen.[819] Nach einer Kontrolle kann die Arbeitsinspektion dem Staatsanwalt (*procureur*) ihren Bericht zukommen lassen und eine strafrechtliche Verfolgung vorschlagen.[820] Sie kann ihre Erkenntnisse den Prozessparteien zur Kenntnis bringen und somit am Beweisverfahren vor dem Arbeitsgericht mitwirken.[821] Zudem kann sie unter engen Voraussetzungen mit natürlichen und juristischen Personen einen Vergleich über die Verfolgung einer Ordnungswidrigkeit (*contravention*) oder einer Straftat (*délit*) schließen.[822]

II. Rechtsverteidiger (*Défenseur des droits [DDD]*)

Der Rechtsverteidiger ist seit 2011 eine unabhängige Verwaltungsbehörde, die unter anderem mit der Bekämpfung von Diskriminierungen und der Förderung der Gleichheit beauftragt ist.[823] Der Rechtsverteidiger kann von jedem ersucht werden, der annimmt, entgegen der gesetzlichen oder von Frankreich ratifizierten, internationalen Vorschriften diskriminiert worden zu sein.[824] Als erste Ansprechpartner und Vermittler fungieren Gewerkschaften, Vereinigungen, Abgeordnete, Rechtsanwälte oder die ca. 500 Delegierten des Rechtsverteidigers.[825] Der Rechtsverteidiger kann auch von Amts wegen tätig werden oder vom gesetzlichen Vertreter (*ayant droit*) des Betroffenen auf mögliche Diskriminierungen hingewiesen werden. Für die Bearbeitung der Anfragen haben ca. 220 Beamte Ermittlungs- und Handlungsbefugnisse und sind mit weitreichenden Befugnissen ausgestattet.[826]

---

818 Art. L 8113-4 f. iVm L 1221-13 CT.
819 Art. L 8113-5 CT.
820 Art. L 8113-7 ff. CT.
821 Cass. soc. 15.1.2014, Nr. 12-27.261, Bull. civ. V, Nr. 14.
822 Art. L 8114 ff. CT; *Cœuret/Fortis/Duquesne,* Droit pénal du travail, 6. Aufl. 2016, S. 75 ff.
823 Gesetze Nr. 2011-333, -334, 29.3.2011 relative au Défenseur des Droits, JORF 30.3.2011, Text Nr. 1, 2.
824 Art. 5 des Gesetzes Nr. 2011-333, 29.3.2011, JORF 30.3.2011, Text Nr. 1.
825 Art. 7 und 37 des Gesetzes Nr. 2011-333, 29.3.2011, JORF 30.3.2011, Text Nr. 1.
826 Art. 18 ff. des Gesetzes Nr. 2011-333, 29.3.2011, JORF 30.3.2011, Text Nr. 1.; *Latraverse,* Dr. social 2020, 228 (289); *Défenseur des droits,* Rapport annuel 2019, S. 12.

Eine der relevantesten Aufgaben ist die Unterstützung und Beratung der Betroffenen bei der Einlegung von Rechtsbehelfen, also das Zusammenstellen von Informationen und die Ermittlung des geeigneten Rechtsbehelfs.[827] Zunächst kann er eine Tatsachenermittlung durchführen. Im Rahmen seiner Untersuchung (*enquête*) kann er umfangreich Auskünfte oder die Übermittlung von Dokumenten verlangen.[828] Zudem kann er auch vor Ort Prüfungen durchführen oder Personen zu einem Gespräch laden.[829] Die befragte Person ist verpflichtet zu antworten.[830] Berufsgeheimnisträger können gegenüber dem Rechtsverteidiger nicht die Aussage verweigern.[831] Weigert sich der Betroffene oder die juristische Person, den Aufforderungen des Rechtsverteidigers nachzukommen, muss ein Gericht entscheiden, ob der Betroffene die Eingriffe dulden muss.[832] Im Anschluss der Untersuchung kann der Rechtsverteidiger insbesondere:

- eine Mediation organisieren;
- Stellungnahmen und Dokumente bei Gericht einreichen, insbesondere vor den Arbeitsgerichten und Strafgerichten;
- dem Beschuldigten einen strafrechtlichen Vergleich (*transaction pénal*) vorschlagen;
- eine Empfehlung verabschieden, insbesondere ein Unternehmen auffordern, seine Politik zu ändern;
- Fälle an die Staatsanwaltschaft verweisen;
- einen Sonderbericht über ein Unternehmen im offiziellen Amtsblatt der französischen Republik veröffentlichten, wenn dieses trotz einer Empfehlung weiterhin diskriminierende Praktiken anwendet.[833]

G. Zusammenfassung

Das Diskriminierungsrecht wurde durch den französischen Gesetzgeber sehr umfangreich geregelt. Wie in Deutschland bestehen im Entgeltbereich erhebliche Umsetzungsschwierigkeiten. Die betroffenen Arbeitnehmer haben in

827 *Radé,* Discriminations et inégalités de traitement dans l'entreprise, 2011, S. 22.
828 Art. 18, 20 des Gesetzes Nr. 2011-333, 29.3.2011, JORF 30.3.2011, Text Nr. 1.
829 Art. 18, 22 des Gesetzes Nr. 2011-333, 29.3.2011, JORF 30.3.2011, Text Nr. 1.
830 *Latraverse,* Dr. social 2020, 228 (289).
831 *Latraverse,* Dr. social 2020, 228 (289).
832 *Radé,* Discriminations et inégalités de traitement dans l'entreprise, 2011, S. 22.
833 Art. 28 ff. des Gesetzes Nr. 2011-333, 29.3.2011, JORF 30.3.2011, Text Nr. 1.

beiden Rechtssystemen überwiegend keinen Zugang zu den beweiserheblichen Tatsachen, insbesondere den Gehaltsdaten anderer Arbeitnehmer.

Im französischen Recht ist eine Kollektivierung des Diskriminierungsrechts festzustellen. Die systemische Diskriminierung wird vom Rechtsverteidiger und einem großen Teil der Rechtsliteratur als eigenständige rechtliche Kategorie entwickelt. Die im Jahr 2016 eingeführte Sammelklage soll es ermöglichen, eine kollektive Diskriminierung in einem Sammelverfahren zu verhandeln. Diese gesetzgeberische Innovation beschleunigt die Entwicklungen im kollektiven Diskriminierungsrecht. Es ist in den nächsten Jahren mit wegweisenden Urteilen zu rechnen.

Die Befugnisse der Arbeitsschutzbehörden sind in Frankreich umfassend vorhanden, jedoch fehlen die personellen Mittel, insbesondere für Kontrollen und Ermittlungen. Daher sind sie für die Umsetzung der Entgeltgleichheit zwischen den Geschlechtern wenig relevant. Wie die deutsche Antidiskriminierungsstelle des Bundes ist der Rechtsverteidiger vor allem eine Informations-, Beratungs- und Vermittlungsstelle in Diskriminierungsfällen.[834]

834 Zur Beratung der Antidiskriminierungsstelle des Bundes: https://www.antidiskriminierungsstelle.de/DE/Beratung/Beratung_Moeglichkeiten/beratung_moeglichkeiten_node.html [Zugriff: 17.12.2020].

§ 5 Kollektivarbeitsrechtliche Maßnahmen

Um die Gewerkschaftsdelegierten und den Wirtschafts- und Sozialausschuss über die Lage des Unternehmens zu informieren, muss der Arbeitgeber eine Wirtschafts- und Sozialdatenbank einrichten (dazu A.). Die Aufgaben des Wirtschafts- und Sozialausschusses sind auf die Weitergabe von Beschwerden sowie Informations- und Anhörungsrechte begrenzt (dazu B.). Die Koalitionen sind zu Verhandlungen über die Entgeltgleichheit und die berufliche Gleichstellung zwischen Männern und Frauen verpflichtet.[835] Geregelt sind regelmäßig wiederkehrende Verhandlungen auf Branchen- und Unternehmensebene (dazu C). Scheitern die Verhandlungen auf Unternehmensebene, ist der Arbeitgeber verpflichtet, selbst einen Aktionsplan (*plan d'action*) für berufliche Gleichstellung zu erstellen.

A. Die Wirtschafts- und Sozialdatenbank

Die Wirtschafts- und Sozialdatenbank (*base de données économiques et sociales [BDES]*) ist in den Art. L 2312–18, L 2312–36, R 2312–8 ff. CT geregelt. Die Datenbank soll es den Mitgliedern des Wirtschafts- und Sozialausschusses und den Gewerkschaftsdelegierten ermöglichen, ihre Aufgaben und Rechte wirksam auszuüben.[836] Sie bereitet die verpflichtenden Verhandlungen der Koalitionen über die Gleichstellung von Männern und Frauen[837] und die regelmäßige Anhörung (*consultation récurrente*) des Wirtschafts- und Sozialausschusses vor.[838] Sie ist in Unternehmen mit mindestens 50 Arbeitnehmern verpflichtend. Für Unternehmen ab 300 Arbeitnehmern muss die Datenbank in digitaler Form angelegt werden; für kleinere Unternehmen ist auch die Papierform zulässig.[839] Die Datenbank muss für die zugangsberechtigten Arbeitnehmer ständig (*en permanence*) zugänglich sein.[840] Wenn die Informationen vertraulich sind und der Arbeitgeber diese als vertraulich kennzeichnet, sind die Zugangsberechtigten in Bezug auf diese Informationen zur Verschwiegenheit

---

835 *Giordano/Santoro,* Travail et emploi 2019, 69.

836 Art. L 2312-18 CT.

837 Art. 2242-17 CT.

838 Art. L 2312-18, L 2312-36.

839 Art. R 2312-12 CT; *Auzero/Baugard/Dockès,* Droit du travail, 34. Aufl. 2021, Rn. 1254.

840 Art. L 2312-36 Abs. 2 CT.

verpflichtet.[841] Existiert kein abweichender Unternehmenstarifvertrag, erstellt und aktualisiert der Arbeitgeber die Wirtschafts- und Sozialdatenbank nach den gesetzlichen Vorgaben.[842]

Für den Inhalt der Datenbank gelten umfangreiche Regelungen, die je nach Unternehmensgröße variieren.[843] In der Rubrik „berufliche Gleichstellung von Männern und Frauen“ ist die Situation von Frauen und Männern für jede Berufskategorie des Unternehmens vergleichend zu analysieren. Zahlreiche Themenbereiche sind abzuarbeiten, wie etwa Einstellung, Ausbildung, Eingruppierung, Gehaltsunterschiede und die Karriereentwicklung nach Alter, Qualifikation und Dienstalter.[844] Zudem sind die Verbesserungsmaßnahmen des vergangenen Jahres aufzulisten und die Zielerreichung anhand der ausgewählten Indikatoren zu bewerten.[845] Die Ziele, Maßnahmen und Indikatoren für das kommende Jahr und deren Kosten sind ebenfalls aufzunehmen.[846]

In der Rubrik „Entgelt der Arbeitnehmer und Führungskräfte“ sind die folgenden Daten enthalten:

- Veränderungen beim Arbeitnehmerentgelt (Personalkosten des Unternehmens einschließlich der Sozialversicherungsbeiträge; Lohnentwicklung nach Berufskategorie und Geschlecht, Mindestlohn);
- Vermögensbildung der Arbeitnehmer (*épargne salariale*): Gewinnbeteiligung; Aktienbeteiligung.[847]

Die Informationen der beiden vorhergehenden Jahre, des laufenden Jahres und die Aussichten für die nächsten drei Jahre müssen in der Datenbank enthalten sein.[848] Die Datenbank muss regelmäßig aktualisiert werden, um die Arbeitnehmervertreter vor den jährlichen Anhörungen zu informieren.[849]

Ein Unternehmenstarifvertrag kann die Organisation, Struktur und den Inhalt der Datenbank abweichend regeln.[850] Sofern kein Gewerkschaftsdelegierter im

841 Art. L 2312-36 Abs. 6, R 2312-13 CT; *Auzero/Baugard/Dockès*, Droit du travail, 34. Aufl. 2021, Rn. 1254.
842 Art. L 2312-36 Abs. 1, R 2312-8 CT.
843 Art. L 2312-19, L 2312-21, L 2312-36, R 2312-8 f. CT.
844 Art. L 2312-36 Abs. 3 Nr. 2, R 2312-8 Nr. 2 A; R 2312-9 Nr. 2 I-II CT.
845 Art. R 2312-8 Nr. 2 B; R 2312-9 Nr. 2 III CT.
846 Art. R 2312-8 Nr. 2 B; R 2312-9 Nr. 2 III CT.
847 Art. L 2312-36 Abs. 3 Nr. 4, R 2312-8 Nr. 4; R 2312-9 Nr. 4 CT.
848 Art. L 2312-36 Abs. 4, R 2312-10 CT.
849 Art. R 2312-11 CT.
850 Art. L 2312-21 Abs. 1 Nr. 1, L 2312-36 Abs. 1, R 2312-8 CT.

Unternehmen existiert, kann der Wirtschafts- und Sozialausschuss diese Vereinbarung mit dem Arbeitgeber schließen.[851] Der Inhalt der Datenbank kann allerdings nicht völlig frei geändert werden. Enthalten sein müssen zumindest die Themen berufliche Gleichstellung sowie die Gehaltsbestandteile der Arbeitnehmer und Führungskräfte.[852] Die Vereinbarung kann weitere Informationen in der Datenbank vorsehen, die für die Verhandlungspflichten der Koalitionen über die Gleichstellung von Frauen und Männern im Unternehmen wichtig sind.[853] Solche abweichenden Vereinbarungen sind in der Praxis selten.[854]

B. Rechte und Pflichten des Wirtschafts- und Sozialausschusses

Der Wirtschafts- und Sozialausschuss muss Beschwerden von einzelnen oder mehreren Arbeitnehmern entgegennehmen und an den Arbeitgeber weitergeben – sog. Warnungsrecht (*droit d'alerte*).[855] Im Rahmen der regelmäßigen Anhörung über die Sozialpolitik und die Arbeitsbedingungen ist er über den verhandelten Unternehmenstarifvertrag bzw. Aktionsplan für berufliche Gleichstellung anzuhören.[856] Sofern keine abweichende Vereinbarung besteht, findet die Anhörung jährlich statt.[857] Vor der Anhörung muss der Arbeitgeber über die Wirtschafts- und Sozialdatenbank den Unternehmenstarifvertrag bzw. Aktionsplan für berufliche Gleichstellung, die berechneten Indikatoren des Entgeltgleichheitsindex und die Informationen über die Situation der Männer und Frauen im Unternehmen zur Verfügung stellen.[858] In größeren Unternehmen mit mindestens 300 Arbeitnehmern muss der Wirtschafts- und Sozialausschuss eine Kommission für berufliche Gleichstellung einrichten.[859] Die Kommission bereitet die Beratungen des Ausschusses vor und kann Beschwerden von Arbeitnehmern entgegennehmen.[860]

---

851 Art. L 2312-21 Abs. 1 CT.

852 Art. L 2312-21 Abs. 2 CT; *Auzero/Baugard/Dockès,* Droit du travail, 34. Aufl. 2021, Rn. 1254.

853 Art. L 2312-21 Abs. 3 iVm L 2242-1, L 2242-11 Nr. 1, L 2242-13 CT.

854 *Teyssié,* Droit et pratique du comité social et économique, 2018, S. 432.

855 Art. L 2312-5 CT.

856 Art. L 2312-17 Nr. 3, L 2312-22, L 2312-14 CT.

857 Art. L 2312-22, L 2312-19 CT.

858 Art. L 2312-26 I, II Nr. 2; Lamy social 2020, Rn. 1916.

859 Art. L 2315-56 CT.

860 *Teyssié,* Droit et pratique du comité social et économique, 2018, S. 261.

C. Verhandlungspflichten der Koalitionen

Art. L 2242-1 ff. und R 2242-2 ff. CT verpflichten die Koalitionen auf Branchen- und Unternehmensebene jeweils zu regelmäßigen Verhandlungen über die Schließung der Entgeltlücke und die berufliche Gleichstellung von Frauen und Männern. Die Verhandlungspflichten erlegen den Akteuren zumindest ein Treffen und Debatten über die Änderung oder den Abschluss einer Vereinbarung auf – sog. *obligation de moyens*. Eine Abschlusspflicht folgt daraus nicht.[861]

I. Sinn und Zweck

Die Anpassung von Arbeits- und Wirtschaftsbedingungen an wirtschaftliche, finanzielle und technologische Veränderungen ist aufwendig. Die diskriminierungsfreie Neubewertung von Arbeitsleistung ist aufgrund der hohen Komplexität von Entgeltstrukturen mit einem hohen zeitlichen Aufwand verbunden. Wenn die Koalitionen deswegen Neuverhandlungen ablehnen, besteht ein erhebliches Veralterungsrisiko (*risque d'obdolescence*) von Tarifverträgen.[862] Die Regelungen über die regelmäßige Verhandlungspflicht für berufliche Gleichstellung sollen das Entstehen überholter Strukturen in Tarifwerken verhindern.[863] Der soziale Dialog soll zu Änderungen in den Tarifverträgen führen, um auf lange Sicht die berufliche Gleichstellung zu verbessern.[864]

II. Verhandlungsebene

Die Koalitionen auf Branchenebene und Unternehmensebene sind jeweils unabhängig voneinander zu Verhandlungen verpflichtet.[865] Der Abschluss einer Vereinbarung für berufliche Gleichstellung auf Branchenebene entbindet den Arbeitgeber nicht von der Verpflichtung, eine Verhandlung auf Unternehmensebene einzuleiten.[866] Anstatt auf Unternehmensebene können

---

861 *Labbé/Reynaud,* La négociation collective en entreprise, 2001, S. 64 f.

862 *Teyssié,* Droit du travail, Relations collectives, 12. Aufl. 2020, Rn. 1878.

863 *Teyssié,* Droit du travail, Relations collectives, 12. Aufl. 2020, Rn. 1878.

864 *Teyssié,* Droit du travail, Relations collectives, 12. Aufl. 2020, Rn. 2003.

865 Branchenebene: Art. L 2241-1 bis L 2241-12 CT: Unternehmensebene: Art. L 2242-1 ff.

866 *DGT,* Instr. Nr. DGT/DPSIT/RT3/2017/124, 4.4.2017, https://www.legifrance.gouv.fr/download/pdf/circ?id=42117, S. 5.

die Verhandlungen auch auf Konzern- oder auf Betriebsebene stattfinden.[867] Der Arbeitgeber kann die Verhandlungen auf Betriebsebene führen, wenn im Betrieb oder in den Betrieben jeweils repräsentative Gewerkschaftsvertretungen gewählt wurden und keine von ihnen widerspricht.[868] Der Abschluss eines Konzerntarifvertrags (*accord de groupe*) entbindet alle von der Vereinbarung erfassten Unternehmen von der Verhandlungspflicht.[869] Selbst wenn die Verhandlung auf der Konzernebene scheitert, können die Koalitionen wenigstens noch eine Vereinbarung schließen, die die Unternehmen des Konzerns von der Verhandlungspflicht entbindet.[870] Ohne eine solche Vereinbarung müsste jedes Unternehmen nochmals eine Verhandlung auf Unternehmensebene führen.[871]

III. Voraussetzungen der Verhandlungspflichten

Auf Branchenebene sind die Organisationen, die durch einen Branchentarifvertrag oder Berufstarifvertrag (*accord professionnel*) gebunden sind, mindestens einmal alle vier Jahre zu einer Verhandlung über die Gehälter und die Maßnahmen zur beruflichen Gleichstellung verpflichtet.[872] Zusätzlich gilt eine jährliche Verhandlungspflicht über die Gehälter, wobei das Ziel der beruflichen Gleichstellung berücksichtigt werden soll.[873] Die Arbeitgeberkoalition ist verpflichtet, die Arbeitnehmerkoalition mindestens 15 Tage vor der jährlichen Verhandlung über die notwendigen Informationen zu unterrichten.[874] Genauere Vorgaben für diese Informationen sind nicht geregelt.[875] Neben der jährlichen und der vierjährlichen Verhandlung muss auf Branchenebene alle drei

---

867 Konzern: Art. L 2232-33 CT; eigenständiger Betrieb: Cass. soc. 21.3.1990, Nr. 88-14.794, Bull. civ. V, Nr. 139; 12.7.2016, Nr. 14-25.794, RJS 2016, Nr. 638; Lamy social 2020, Rn. 1911.

868 *DGT,* Instr. Nr. DGT/DPSIT/RT3/2017/124, 4.4.2017, https://www.legifrance.gouv.fr/download/pdf/circ?id=42117, S. 5; *Teyssié,* Droit du travail, Relations collectives, 12. Aufl. 2020, Rn. 2006.

869 Art. 2232-33 CT; *DGT,* Instr. Nr. DGT/DPSIT/RT3/2017/124, 4.4.2017, https://www.legifrance.gouv.fr/download/pdf/circ?id=42117, S. 5.

870 *DGT,* Instr. Nr. DGT/DPSIT/RT3/2017/124, 4.4.2017, https://www.legifrance.gouv.fr/download/pdf/circ?id=42117, S. 5.

871 *DGT,* Instr. Nr. DGT/DPSIT/RT3/2017/124, 4.4.2017, https://www.legifrance.gouv.fr/download/pdf/circ?id=42117, S. 5.

872 Art. L 2241-1 Nrn. 1, 2 CT; *Teyssié,* Droit du travail, Relations collectives, 12. Aufl. 2020, Rn. 1893.

873 Art. L 2241-8 CT.

874 Art. D 2241-9 CT.

875 *Teyssié,* Droit du travail, Relations collectives, 12. Aufl. 2020, Rn. 1880.

Jahre über die Maßnahmen zur beruflichen Gleichstellung und Beendigung der festgestellten Ungleichheiten verhandelt werden.[876]

In Unternehmen mit mindestens einer repräsentativen Gewerkschaftsvertretung gelten eigenständige Verhandlungspflichten.[877] Sofern keine Gewerkschaftsdelegierten für das Unternehmen gewählt wurden, z. B. mangels aufgestellter Kandidaten der Gewerkschaftsorganisationen, besteht keine Verhandlungspflicht. Der Arbeitgeber muss in diesem Fall einen Aktionsplan für die berufliche Gleichstellung erstellen.[878] In Frankreich können grundsätzlich nur die auf den jeweiligen Ebenen repräsentativen Gewerkschaftsorganisationen einen Tarifvertrag (*convention collective, accord collectif*)[879] mit dem Arbeitgeber abschließen.[880] Auf jeder Ebene können eine oder mehrere Gewerkschaftssektionen repräsentativ sein.[881] Die Repräsentativität richtet sich nach den folgenden Kriterien:

1. Beachtung der rechtsstaatlichen Werte,
2. Unabhängigkeit,
3. finanzielle Transparenz,
4. die zweijährige Zugehörigkeit zum beruflichen und geografischen Verhandlungsbereich des Unternehmens,
5. die auf der Verhandlungsebene hergestellte Öffentlichkeit,
6. der Einfluss, der durch die Aktivität und Erfahrung bestimmt wird,
7. die Anzahl der Mitglieder und Beiträge.[882]

---

876 Art. L 2241-11 CT; *Teyssié,* Droit du travail, Relations collectives, 12. Aufl. 2020, Rn. 1882 (1886).

877 Art. L 2242-1, L 2242-3, L 2242-8, R 2242-2 CT; *Teyssié,* Droit du travail, Relations collectives, 12. Aufl. 2020, Rn. 2005.

878 *DGT,* Instr. Nr. DGT/DPSIT/RT3/2017/124, 4.4.2017, https://www.legifrance.gouv.fr/download/pdf/circ?id=42117, S. 6 f.

879 Zur Unterscheidung *accord* und *convention*: *Kammerer/Roß-Kirsch,* Arbeitsrecht in Frankreich, 2017, S. 7; *Schwarzbach,* Die Geltung von Tarifverträgen in Frankreich, 2013, S. 45 ff.

880 Unternehmen: Art. 2232-16 Abs. 1 CT; Betrieb: Art. L 2232-16 Abs. 2 CT; Konzern: Art. L 2232-31 CT; durch die Verordnungen *Macrons* wurde der Kreis der abschlussberechtigten Arbeitnehmervertretungen erweitert, dazu: *Teyssié,* Droit du travail, Relations collectives, 12. Aufl. 2020, Rn. 1903 ff.

881 Art. L 2242-1 CT; zu den Kriterien ausführlich: *Halberstadt,* Die Gestaltung des Arbeitsvertrags durch Tarifvertrag im französischen Recht, 1. Aufl. 2017, S. 69 ff.; vertiefend zur Gewerkschaftsvertretung in Frankreich: *Engler,* EuZA 2020, 122 (124 ff.).

882 Art. L 2121-1 CT; zu den Voraussetzungen der Repräsentativität übersichtlich: Guide pratique Lamy social, 2020, Nr. 6557.

Auf Ebene des Unternehmens oder eigenständigen Betriebs sind zudem nur die Gewerkschaften repräsentativ, deren Gewerkschaftsorganisation im ersten Wahlgang der letzten Personalvertretungswahlen mindestens zehn Prozent der abgegebenen Stimmen erreicht haben.[883] Im ersten Wahlgang stehen nur gewerkschaftliche Kandidaten zur Wahl.[884] Auf Ebene des Konzerns und der Branche werden die Wahlergebnisse der zugehörigen Unternehmen oder Betriebe zusammengerechnet, um die Repräsentativität zu bestimmen.[885] Die Organisationen müssen auf diesen Ebenen mindestens acht Prozent der Stimmen erreicht haben, um repräsentativ zu sein.[886]

Auf Unternehmens- und Betriebsebene werden die repräsentativen Gewerkschaften durch einen oder mehrere Gewerkschaftsdelegierte (*délégués syndicals*) vertreten.[887] Ein Gewerkschaftsdelegierter ist ein von einer repräsentativen Gewerkschaft ernannter Arbeitnehmer des Unternehmens oder Betriebs, der durch die Personalvertretungswahl mit mindestens zehn Prozent der Stimmen bestätigt wurde.[888] Die Gewerkschaftsdelegierten vertreten die Gewerkschaft und können in deren Namen Unternehmens- bzw. Betriebstarifverträge mit dem Arbeitgeber abschließen.[889] Für die Wirksamkeit einer Vereinbarung müssen die unterzeichnenden Gewerkschaftsdelegierten zusammen mindestens 30 Prozent der bei den letzten Personalvertretungswahlen abgegebenen Stimmen repräsentieren und die Gewerkschaften, die mehr als 50 Prozent der Stimmen repräsentieren, dürfen nicht widersprochen haben.[890] Diese Schwellenwerte sollen sicherstellen, dass die Vereinbarung hinreichend von den Arbeitnehmern legitimiert ist.

IV. Verhandlungen auf Unternehmensebene

Zunächst ist der im Gesetz detailliert geregelte Ablauf der verpflichtenden Verhandlungen über die berufliche Gleichstellung von Männern und Frauen auf Unternehmensebene in der folgenden Übersicht zusammengefasst:

---

883 Art. L 2122-1 CT.

884 *Halberstadt,* Die Gestaltung des Arbeitsvertrags durch Tarifvertrag im französischen Recht, 1. Aufl. 2017, S. 72.

885 Art. L 2122-4 f. CT.

886 Art. L 2122-5 CT; *Halberstadt,* Die Gestaltung des Arbeitsvertrags durch Tarifvertrag im französischen Recht, 1. Aufl. 2017, S. 72.

887 Art. L 2143-3 ff. CT.

888 Art. L 2143-3 Abs. 1 CT.

889 Art. L 2143-3 Abs. 1 CT.

890 Art. L 2232-2 CT.

Übersicht 6: Ablauf der verpflichtenden Verhandlungen für berufliche Gleichstellung von Männern und Frauen auf Unternehmensebene

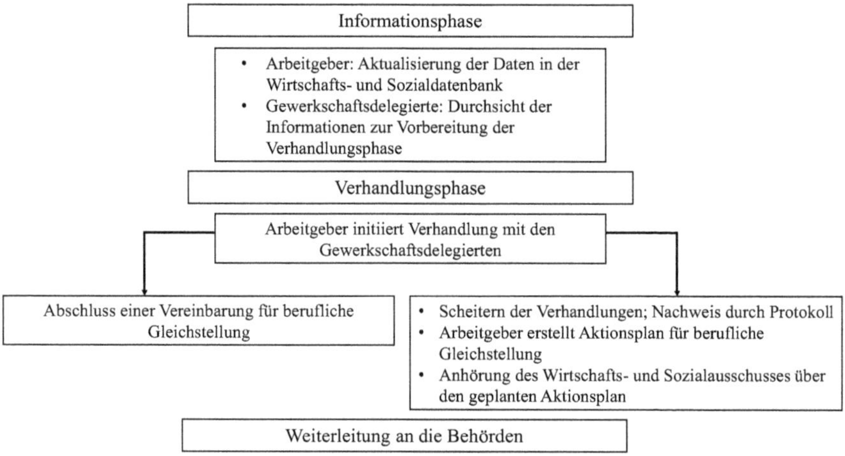

1. *Allgemein*

Seit der Arbeitsmarktreform *Macrons* können die Sozialpartner auf der Unternehmensebene die Verhandlungsmodalitäten weitgehend frei regeln und sich dadurch den detaillierten gesetzlichen Formalien entziehen.[891] In einer Vereinbarung mit einer Laufzeit von höchstens vier Jahren können die Verhandlungsthemen konkretisiert oder zusammengefasst, die Laufzeit der Tarifverträge sowie die vom Arbeitgeber bereitzustellenden Informationen festgelegt werden.[892] Es gelten allerdings gewisse Mindestanforderungen – so ist etwa mindestens alle vier Jahre über die Gehälter und die berufliche Gleichstellung zwischen Männern und Frauen zu verhandeln.[893] Ohne eine Rahmenvereinbarung gelten die gesetzlichen Regelungen zu Laufzeit, Verhandlungsthemen und den sonstigen Modalitäten. Für den gesamten Verhandlungsprozess, auch für die vorherige Information der

891 Art. L 2241-5, L 2242-11 CT; Verordnung Nr. 2017-1385, 22.11.2017, JORF 23.11.2017, Text Nr. 29; *Teyssié,* Droit du travail, Relations collectives, 12. Aufl. 2020, Rn. 2002.

892 Art. L 2242-10 ff. CT; für die Branchenebene: Art. L 2241-4 ff. CT.

893 Art. L 2242-11 f. CT.

Gewerkschaftsdelegierten, gilt die Pflicht zur loyalen Zusammenarbeit (*impératif de loyauté*).[894]

Sofern eine abweichende Rahmenvereinbarung nicht besteht, gelten auf Unternehmensebene zwei eigenständige Verhandlungspflichten über die:

- Gehälter, Arbeitszeit und die Verteilung der Wertschöpfung;
- berufliche Gleichstellung zwischen Männern und Frauen.[895]

Im Rahmen der Verhandlungen über die Gehälter muss auch über die Maßnahmen zur Schließung der Entgeltlücke zwischen Männern und Frauen verhandelt werden.[896] Zudem soll über die Überprüfung der Auswirkungen bereits festgelegter Maßnahmen zur Schließung der Entgeltlücke verhandelt werden.[897] Ein kritischer Autor merkt an, es handele sich bei dieser Überprüfung nicht um ein verhandelbares Thema, sondern um eine statistische Kontrolle.[898]

Im Rahmen der Verhandlung über die berufliche Gleichstellung ist über neun Themen zu verhandeln.[899] Dazu gehören u. a. die Schließung der Entgeltlücke, die berufliche Bildung und der Karriereverlauf. Die Verhandlung über die Schließung der Entgeltlücke ist also mehrfach gesetzlich abgesichert. Wenn keine Maßnahmen für die Schließung der Entgeltlücke im Unternehmenstarifvertrag oder Aktionsplan für berufliche Gleichstellung festgelegt wurden, müssen solche Maßnahmen in der verpflichtenden Verhandlung über die Gehälter nochmals verhandelt werden.[900] Die Sachdienlichkeit dieser mehrfachen Verhandlungen über das gleiche Thema wird in der Rechtsliteratur bezweifelt.[901]

Für einen Unternehmenstarifvertrag, der dem Thema berufliche Gleichstellung gewidmet ist, gelten gewisse inhaltliche Anforderungen. In Unternehmen mit weniger als 300 Arbeitnehmern müssen für mindestens drei der neun im Gesetz aufgelisteten Themenbereiche Ziele, Maßnahmen und Indikatoren festgelegt werden; in Unternehmen mit 300 oder mehr Beschäftigten für mindestens vier Bereiche.[902] Die Auswahl aus den vorgesehenen Themen

894 *Teyssié,* Droit du travail, Relations collectives, 12. Aufl. 2020, Rn. 2014 ff.; *Auzero/Baugard/Dockès,* Droit du travail, 34. Aufl. 2021, Rn. 1346.
895 Art. L 2242-1 CT; *Teyssié,* Droit du travail, Relations collectives, 12. Aufl. 2020, Rn. 2020.
896 *Teyssié,* Droit du travail, Relations collectives, 12. Aufl. 2020, Rn. 2026.
897 Art. L 2242-15 Nr. 3 CT.
898 *Teyssié,* Droit du travail, Relations collectives, 12. Aufl. 2020, Rn. 2031.
899 Art. L 2242-11, L 2242-17 CT.
900 Art. L 2242-3 Abs. 2, L 2242-1 Nr. 1 CT.
901 *Teyssié,* Droit du travail, Relations collectives, 12. Aufl. 2020, Rn. 2031.
902 Art. R 2242-2 CT.

ist grundsätzlich frei. Nur für die Schließung der Entgeltlücke müssen zwingend Ziele und Maßnahmen festgelegt werden.[903] Durch den Entgeltgleichheitsindex[904] sind für diesen Themenbereich bereits einheitliche Indikatoren verpflichtend, daher müssen für die Entgeltlücke keine weiteren Indikatoren festgelegt werden.

Die Festlegung der Ziele und Maßnahmen im Entgeltbereich stützt sich insbesondere auf die Informationen über der Situation von Frauen und Männern im Unternehmen.[905] Für die Schließung der Entgeltlücke werden die berechneten Indikatoren des Entgeltgleichheitsindex berücksichtigt.[906] Der Arbeitgeber muss diese Informationen vor den Verhandlungen in die Wirtschafts- und Sozialdatenbank einpflegen.[907] Vor der Ziel- und Maßnahmenfestlegung sollten die Ungleichbehandlungen erkannt werden und sodann sollte geprüft werden, ob sie durch objektive Gründe gerechtfertigt sind. Auf einer vergleichbaren bzw. gleichen Position können z. B. Leistungsunterschiede, unterschiedliche Verantwortlichkeiten oder wirtschaftliche Gründe die Gehaltsunterschiede rechtfertigen.[908] Wenn die Unterschiede nicht durch einen sachlichen Grund erklärt werden können, sollten diese durch spezifische Maßnahmen ausgeglichen werden. Hierfür kann ein finanzielles Budget festgelegt werden. In der Praxis messen die Sozialpartner die Ungleichheiten im Unternehmen anhand vereinbarter und gesetzlich festgelegter Indikatoren und räumen dieser Analyse in den Unternehmenstarifverträgen viel Raum ein.[909]

Die Ziele können quantitativ oder qualitativ festgelegt werden.[910] Ein quantitatives Ziel ist beispielsweise, wenn der Anteil von Frauen in Führungspositionen mit unbefristeten Verträgen auf mindestens 30 Prozent der Gesamtzahl der Führungskräfte festgelegt wird. Ein qualitatives Ziel kann das Bemühen um ein Gleichgewicht in den überwiegend weiblich oder männlich dominierten Berufen sein. Zudem können vorübergehend auch Maßnahmen der positiven Diskriminierung ergriffen werden, um tatsächliche Ungleichheiten

---

903 Dekret Nr. 2012-1408, 18.12.2012, JORF 19.12.2012, Text Nr. 29 relatif à la mise en œuvre des obligations des entreprises pour l'égalité professionnelle entre les femmes et les hommes.

904 Dazu: § 6, S. 177.

905 Art. L 2242-17 Nr. 2 iVm L 2312-36 CT.

906 Art. R 2242-2 CT.

907 Art. L 2242-17 Nr. 2 iVm L 2312-36 CT, zur Wirtschafts- und Sozialdatenbank: § 5 A., S. 153.

908 Dazu § 3 B. I., S. 72.

909 *Laufer/Silvera*, Revue de l'OFCE 2006, 245 (253).

910 Lamy social 2020, Rn. 1912.

auszugleichen.[911] Der Arbeitgeber kann aufgrund des Entgeltgleichheitsindex ein Interesse daran haben, Ziele und Maßnahmen zur Verbesserung des Indexwerts in den Aktionsplan aufzunehmen.[912]

Den festgelegten Zielen und Maßnahmen müssen Indikatoren zugeordnet werden.[913] Sie sollen die Prüfung der Zielerreichung in der Umsetzungsphase und bei den Verhandlungen für den nächsten Aktionsplan ermöglichen.[914] Die Sozialpartner sind frei in der Festlegung der Indikatoren und ihrer Berechnungsmethode. Um die Umsetzung und die Auswirkungen der Maßnahmen sowie die Zielerreichung in regelmäßigen Abständen zu prüfen, empfiehlt die Praxisliteratur zudem auf freiwilliger Basis einen Prüfungsausschuss (*commission de suivi*) einzurichten.[915]

2. *Beispiele aus der Praxis*

Im Folgenden werden einige Klauseln aus abgeschlossenen Abkommen französischer Unternehmen genannt.

a. *Ziele*

Abkommen *Opel:* Da Teilzeitarbeit als eine potentielle Ursache für Lohndiskriminierung identifiziert wurde, wird der Überwachung der Entlohnung und Beförderung von Teilzeitbeschäftigten (einschließlich Teilzeitbeschäftigte im Elternurlaub) besondere Aufmerksamkeit gewidmet.[916]

Abkommen *Renault:* Gleiche Einstellungslöhne für Männer und Frauen mit gleichwertigen Qualifikationen, Erfahrungen, Fähigkeiten und Niveaus von Leistung und Verantwortung werden garantiert. [917]

---

911 Lamy social 2020, Rn. 1912; Cass. soc. 12.7.2017, Nr. 15-26.262, Bull. civ. V, Nr. 123.

912 Lamy social 2020, Rn. 1912.

913 Art. R 2242-2 Abs. 2 CT.

914 Lamy social 2020, Rn. 1912.

915 Lamy social 2020, Rn. 1915.

916 Accord d'entreprise OPEL France relatif au développement de l'emploi féminin et à l'égalité professionnelle entre les femmes et les hommes – OPEL FRANCE, 30.4.2020, S. 5, abzurufen unter: https://www.legifrance.gouv.fr/acco/id/ACCOTEXT000041960399?tab_selection=all&searchField=ALL&query=opel&page=1&init=true [Zugriff: 21.1.2021].

917 Accord en faveur de l'égalité professionnelle entre les femmes et les hommes et de la mixité dans l'entreprise, Renault s.a.s., 2.8.2019, S. 14, abzurufen unter: http://sudrenault.org/accord-egalite-professionnelle-2019 [Zugriff: 10.2.2021].

Abkommen *Hewlett-Packard France:* Im Hinblick auf die Beförderung (Aufstieg auf ein höheres Arbeitsplatzniveau) und um die Auswirkungen der gläsernen Decke abzumildern, wird die Unternehmensleitung darauf achten, die berufliche Entwicklung von Frauen zu fördern und die Funktionen und insbesondere die folgenden Arbeitsplatzniveaus zu feminisieren: *Expertin, Master, Management 1 (MG1), Management 2 (MG2), Geschäftsführung (Dir.)*, indem sie sich verpflichtet, bis zum Ende des Dreijahreszeitraums einen Frauenanteil von mindestens 25 % auf jeder dieser beruflichen Ebenen zu erreichen.[918]

b. *Maßnahmen*

Abkommen *Capgemini:* In jeder Kategorie wird das Lohngefälle zwischen dem Lohn von Frauen und dem von Männern wie folgt berechnet: [...] Sobald der Unterschied zwischen den bereinigten Durchschnittswerten zuungunsten der Frauen ausfällt, wird der Lohn aller Frauen in dieser Berufskategorie proportional zu diesem Gehaltsgefälle erhöht.[919]

Abkommen Konzern *Orange:* Mindestens einmal jährlich sollte in jeder Tochtergesellschaft der Anteil von Frauen in Führungsausschüssen und auf den verschiedenen Managementebenen gemessen werden. 2022 wird eine Überprüfung durchgeführt, um die erzielten Fortschritte zu untersuchen.[920]

Abkommen *Hewlett-Packard France:* Die Personalchefs werden dafür sorgen, dass Frauen im gleichen Maße befördert werden wie Männer. Wenn der Arbeitnehmer das Gefühl hat, dass er/sie in Bezug auf die berufliche Entwicklung ungleich behandelt wird, kann er/sie die Angelegenheit an die Prüfungskommission der Vereinbarung zur Gleichstellung der Geschlechter verweisen.[921]

---

918 Accord sur l'égalité professionnelle entre les Femmes et les Hommes, Années 2015-2017, Société Hewlett Packard France, S. 14, abzurufen unter: http://www.cftchpe.fr/wp-content/uploads/2016/10/Accord_egalite-pro_2015-2017_HPF.pdf [Zugriff: 10.2.2021].

919 Accord sur l'égalité professionnelle entre les femmes et les hommes, la parentalité et l'équilibre des temps au sein de l'UES Capgemini, 18.6.2018, S. 21, abzurufen unter: http://cftc.capgemini.free.fr/nego/egaliteHF/20180618AccordEgalitePro.pdf [Zugriff: 10.2.2021].

920 Accord mondial portant sur l'égalité professionnelle entre les femmes et les hommes au sein du groupe Orange, 17.7.2019, S. 12, abzurufen unter: http://www.focom-orange.fr/wp-content/uploads/2019/07/20190717_accord_egalite_pro_monde.pdf [Zugriff: 10.2.2021].

921 Accord sur l'égalité professionnelle entre les Femmes et les Hommes, Années 2015-2017, Société Hewlett Packard France, S. 16, abzurufen unter:

c. *Budget*

Abkommen *La Poste:* Ein Jahresbudget von 200.000 Euro wird für die Umsetzung spezifischer Maßnahmen zur Gleichstellung der Geschlechter bei der Entlohnung vorgesehen. Die Verwendung des Budgets für gleiches Entgelt wird in einem Ausschuss detailliert festgelegt: Anzahl der betroffenen Begünstigten nach Funktionsebene und Branche und der durchschnittliche Prozentsatz der gewährten Neubewertung.[922]

Abkommen *Capgemini:* Das in diesem Abkommen vorgesehene Mindestbudget beträgt 1,5 Millionen Euro für den Dreijahreszeitraum 2018–2020.[923]

V. Einseitiger Aktionsplan (*plan d'action unilatéral*) des Unternehmens

Wenn die Verhandlung über die berufliche Gleichstellung scheitert oder für das Unternehmen keine Verhandlungspflicht besteht, muss der Arbeitgeber einen Aktionsplan für berufliche Gleichstellung erstellen.[924] Auf Unternehmensebene geht der Tarifvertrag der einseitigen Festlegung eines Aktionsplans durch den Arbeitgeber vor.[925] Der Arbeitgeber muss zunächst mit den Gewerkschaftsdelegierten verhandeln.[926] Sofern die Verhandlung erfolgreich ist, kann der geschlossene Unternehmenstarifvertrag für berufliche Gleichstellung eine Laufzeit von bis zu vier Jahren haben, vor deren Ablauf der Arbeitgeber eine Neuverhandlung einleiten muss.[927] War die Verhandlung nicht erfolgreich, muss der Arbeitgeber selbst einen Aktionsplan erstellen und ein Protokoll bei der zuständigen Behörde

http://www.cftchpe.fr/wp-content/uploads/2016/10/Accord_egalite-pro_2015-2017_HPF.pdf [Zugriff: 10.2.2021].

922 Accord Egalité professionnelle entre les Femmes et les Hommes – LA POSTE, 25.7.2019, S. 8 f., abzurufen unter: http://fapt44.reference-syndicale.fr/files/2019/10/Accord-social-relatif-%C3%A0-l%C3%A9galit%C3%A9-professionnelle-entre-les-femmes-et-les-hommes.pdf [Zugriff: 10.2.2021].

923 Accord sur l'égalité professionnelle entre les femmes et les hommes, la parentalité et l'équilibre des temps au sein de l'UES Capgemini, 18.6.2018, S. 22, abzurufen unter: http://cftc.capgemini.free.fr/nego/egaliteHF/20180618AccordEgalitePro.pdf [Zugriff: 10.2.2021].

924 Art. L 2242-3 Abs. 1 CT; Lamy social 2020, Rn. 1918.

925 Lamy social 2020, Rn. 1909.

926 Lamy social 2020, Rn. 1909.

927 Art. L 2242-12 CT.

einreichen, um das Fehlen einer Vereinbarung glaubhaft zu machen.[928] In diesem Fall ist bereits im folgenden Jahr eine Neuverhandlung zu initiieren.[929]

Der Aktionsplan legt nach einer Bewertung der gesetzten Ziele und der Maßnahmen des Vorjahres die Ziele für das kommende Jahr fest, definiert die qualitativen und quantitativen Maßnahmen zu ihrer Erreichung und bewertet ihre Kosten.[930] Es gelten dieselben inhaltlichen Mindestanforderungen wie bei einer verhandelten Vereinbarung. Der einseitige Aktionsplan hat nur eine Laufzeit von einem Jahr.[931] Anders als bei einer verhandelten Vereinbarung muss der Wirtschafts- und Sozialausschuss zu den geplanten Regelungen des Aktionsplans angehört werden, wenn sie die Arbeitsbedingungen, die Personalstruktur, die berufliche Bildung oder die Arbeitsbedingungen betreffen.[932]

D. Kontrolle und Sanktionen der Behörden

Hat ein Unternehmen keine Wirtschafts- und Sozialdatenbank eingerichtet, kann dies wegen Behinderung der Arbeitnehmervertreter (*délit d'entrave*) mit einer Geldstrafe von 7.500 € geahndet werden.[933] Arbeitgeber, die ihrer Verhandlungspflicht nicht nachgekommen sind, sind von der öffentlichen Auftragsvergabe ausgeschlossen.[934] Allerdings wird das Unternehmen berücksichtigt, wenn es die Verhandlungen nachholt oder die notwendigen Schritte für Verhandlungen noch vor der Auftragsvergabe initiiert.[935]

Der örtlich zuständigen Arbeitsdirektion (*Direccte*) sind der Tarifvertrag und das Eröffnungsprotokoll der Verhandlung zu übermitteln.[936] Im Falle eines einseitigen Aktionsplans ist zudem das Protokoll der gescheiterten

928 Art. L 2242-8, L 2242-5, L 2242-13 CT.

929 Art. L 2242-13 CT.

930 Art. L 2242-3, R 2242-3 CT.

931 Art. L 2242-3 CT.

932 Art. L 2312-8 CT.

933 Art. L 2328-1 CT; *Direction de l'information légale et administrative (Premier ministre)*, Base de données économiques et sociales (BDES), 11.2.2020, abrufbar unter: https://www.service-public.fr/professionnels-entreprises/vosdroits/F32193 [Zugriff: 4.11.2020].

934 Lamy social 2020, Rn. 1937; Art. L 2141-4 Abs. 1 Nr. 2 Gesetzbuch für die öffentliche Beschaffung (*Code de la commande publique*).

935 Lamy Social 2020, Rn. 1936.

936 Art. L 2242-6 CT.

Verhandlungen oder der Beleg der fehlenden Gewerkschaftsvertretung einzureichen.[937] Die Übermittlung erfolgt über die eigens eingerichtete Webseite des Arbeitsministeriums.[938] Die Übermittlungspflicht dient auch der Vereinfachung des öffentlichen Zugangs zu Konzern-, Unternehmens- und Betriebstarifverträgen.[939] Die Tarifverträge werden seit dem 1.9.2017 vollständig auf der öffentlichen Informationsseite *https://www.legifrance.gouv.fr* veröffentlicht.

Die Arbeitsdirektion prüft, ob ein verhandelter Tarifvertrag oder einseitig erstellter Aktionsplan vorliegt und ob dieser mit den gesetzlichen Mindestvorgaben vereinbar ist.[940] In Unternehmen ab 50 Arbeitnehmern kann bei Verstößen eine Geldstrafe verhängt werden.[941] Die Geldstrafe wird vom Behördenleiter verhängt, wenn ein Unternehmen mit mehr als 49 Arbeitnehmern keinen Tarifvertrag oder Aktionsplan übermittelt hat oder dieser nicht den Vorschriften des Arbeitsgesetzbuchs genügt und der Arbeitgeber einer entsprechenden Aufforderung der Arbeitsinspektion (*inspection du travail*) innerhalb von sechs Monaten nicht nachgekommen ist.[942] Der Arbeitgeber kann innerhalb der Frist noch Rechtfertigungsgründe darlegen, wie z. B. wirtschaftliche Schwierigkeiten des Unternehmens oder laufende Restrukturierungen.[943] Die Höhe der Strafe bestimmt sich nach den Umständen, insbesondere der Kooperation des Unternehmens, und etwaigen früheren Verstößen.[944] Sie kann höchstens ein Prozent der Bruttolohnsumme betragen, die während des Zeitraums, in der die Verpflichtung nicht erfüllt wurde, an die Arbeitnehmer ausgezahlt wurde.[945] Die Strafzahlung kommt der Sozialversicherung zugute.[946] Der Arbeitgeber kann bei seiner zuständigen Arbeitsdirektion eine formelle Stellungnahme zur Konformität des Tarifvertrags bzw. Aktionsplans mit dem Arbeitsgesetzbuch

---

937 Art. L 2242-8, L 2242-5, D 2231-4 CT; Lamy social 2020, Rn. 1918.

938 Art. D 2231-2, D 2231-4 ff. CT; Lamy social 2020, Rn. 1914; abzurufen unter: https://www.teleaccords.travail-emploi.gouv.fr/PortailTeleprocedures/ [Zugriff: 16.6.2020].

939 *DGT,* Instr. Nr. DGT/DPSIT/RT3/2017/124, 4.4.2017, https://www.legifrance.gouv.fr/download/pdf/circ?id=42117, S. 7; Art. 16 des Gesetzes Nr. 2016-1088, 8.8.2016, JORF 9.8.2016, Text Nr. 3 relative au travail, à la modernisation du dialogue social et à la sécurisation des parcours professionnels – *Loi El Khomri;* Art. L 2231-5-1 CT.

940 *Giordano/Santoro,* Travail et Emploi 2019, 69 (79 f.).

941 Art. L 2242-8, Art. R 2242-5 ff. CT; Lamy social, Rn. 1936.

942 Art. R 2242-3 CT; Lamy social 2020, Rn. 1931.

943 Art. R 2242-6 CT.

944 Art. L 2242-7, R 2242-5 f. CT.

945 Art. L 2242-8 Abs. 3, R 2242-5 CT.

946 Art. L 2242-8 Abs. 4 CT, Art. L 135-1 Sozialgesetzbuch (Code de la sécurité sociale).

beantragen.[947] Die Einleitung dieses Verfahrens verhindert eine Geldstrafe wegen eines unzureichenden Tarifvertrags bzw. Aktionsplans.[948]

E. Kritische Würdigung

Aufgrund der mangelnden Umsetzung in den Unternehmen justierte der französische Gesetzgeber die Regelungen zu den Verhandlungen der Koalitionen häufig nach. In Frankreich existieren daher zunehmend Vereinbarungen für berufliche Gleichstellung auf Unternehmens- und Branchenebene, was zu vermehrten Konkurrenzproblemen führt.

I. Konkurrenz zwischen Branchen- und Unternehmenstarifvertrag

Die Arbeitsmarktreform *Macrons* strukturierte das Verhältnis zwischen Branchen- und Unternehmenstarifverträgen grundlegend neu.[949] Die Reform wollte den sozialen Dialog auf Unternehmensebene stärken und privilegiert daher die Anwendung der Unternehmenstarifverträge, obwohl die Branchentarifverträge traditionell eine starke Rolle im französischen Recht einnehmen.[950] Die Arbeitsmarktreform und insbesondere das Verhältnis zwischen Branchen- und Unternehmenstarifverträgen sind in Frankreich höchst umstritten.[951] Es wird befürchtet, dass die starken Branchentarifverträge weniger zur Anwendung kommen könnten und mit der fortschreitenden Dezentralisierung ein Bedeutungsverlust der einzelnen Tarifverträge einhergehen werde.[952] Die Gewerkschaften seien auf Unternehmensebene zu schwach vertreten und schlecht gerüstet, um Unternehmenstarifverträge zu verhandeln.[953]

Die Verhandlungspflichten für berufliche Gleichstellung auf Branchen- und Unternehmensebene versuchen, den strukturell angelegten geringen

947 Art. L 2242-9, R 2242-9 CT.

948 Lamy social 2020, Rn. 1933.

949 Verordnungen Nr. 2017-1385, -1386, -1387, -1388, -1389, 22.9.2017, JORF 23.9.2017, Text Nr. 29, 31, 33, 35, 37 – ordonnances *Macron*.

950 *Sciberras,* Dr. social 2019, 224 (225); *Schwarzbach,* Die Geltung von Tarifverträgen in Frankreich, 2013, S. 48 f.; *Auzero/Baugard/Dockès,* Droit du travail, 34. Aufl. 2021, Rn. 1395.

951 *Ray/Béraud/Antonmattei/Lokiec/et al.,* Dr. social 2019, 188 ff.; *Auzero,* Dr. social 2017, 1018; *Nicod,* RDT 2017, 657.

952 *Huglo,* RJS 2018, 179; *Teyssié,* Droit du travail, Relations collectives, 12. Aufl. 2020, Rn. 1898.

953 *Sciberras,* Dr. social 2019, 224 (225); *Auzero/Baugard/Dockès,* Droit du travail, 34. Aufl. 2021, Rn. 1434, 1436.

Organisationsgrad der französischen Gewerkschaften auszugleichen. Die Existenz eines Branchentarifvertrags entbindet das Unternehmen nicht von der Verpflichtung, über einen Unternehmenstarifvertrag zu verhandeln.[954] Daher können mehrere Tarifverträge im Unternehmen anwendbar sein. Der Branchentarifvertrag für berufliche Gleichstellung von Frauen und Männern hat grundsätzlich Vorrang vor einem Unternehmenstarifvertrag für berufliche Gleichstellung.[955] Seit der Arbeitsmarktreform *Macrons* kann der Unternehmenstarifvertrag jedoch vorgehen, sofern er mindestens gleichwertige Garantien bietet.[956] Für die Feststellung der Gleichwertigkeit ist der gesamte Regelungskomplex zur Gleichstellung von Frauen und Männern mit dem jeweiligen Regelungskomplex des Tarifvertrags auf der anderen Ebene zu vergleichen.[957]

Gerade für die Verbesserung der Gleichstellung von Frauen und Männern ist diese gesetzliche Regelung der Tarifkonkurrenz besonders problematisch. Zunächst bereitet der anhand eines kollektiven Sachgruppenvergleichs[958] durchzuführende Günstigkeitsvergleich große Schwierigkeiten.[959] Hinsichtlich der beruflichen Gleichstellung ist noch ungeklärt, wie die jeweiligen Regelungskomplexe in den Tarifverträgen mit verschiedenen Zielen und Maßnahmen überhaupt verglichen werden können. In der Folge werden Unsicherheiten darüber existieren, welche Regelungen anwendbar sind und umgesetzt werden müssen. Zudem erscheint die eigene Verhandlungspflicht aufgrund der Verhandlungspflicht oder eines bereits bestehenden Tarifvertrags auf der jeweils anderen Ebene als eine bloße Formalität, was dazu führen könnte, dass auf beiden Ebenen weniger verhandelt wird.

Die Verhandlungspflichten auf Unternehmens- und Branchenebene führten in Frankreich zwar zu einer Vielzahl an Normen im Bereich der beruflichen Gleichstellung, jedoch existiert auch nach den Reformen *Macrons* kein konsistentes Gesamtsystem.[960] Vielmehr wurde das dem französischen System immanente Problem der Normenkonkurrenzen noch verstärkt.[961]

---

954 *DGT,* Instr. Nr. DGT/DSIT/RT3/2017/124, 4.4.2017, S. 5.
955 Art. L 2253-1 Abs. 1, Nr. 9, Abs. 2 CT.
956 Art. L 2253-1 Abs. 2 CT.
957 Art. L 2253-1 Abs. 2 CT.
958 Zum Maßstab des Günstigkeitsvergleichs: *Halberstadt,* Die Gestaltung des Arbeitsvertrags durch Tarifvertrag im französischen Recht, 1. Aufl. 2017, S. 125 ff.
959 *Auzero/Baugard/Dockès,* Droit du travail, 34. Aufl. 2021, Rn. 1440.
960 *Auzero/Baugard/Dockès,* Droit du travail, 34. Aufl. 2021, Rn. 1412.
961 *Riot,* JCP E 2002, S. 5 (7) „inonder notre arsenal législatif de textes éparses sans pour autant organiser leur compatibilité“ (wir überschwemmen unser Rechtssystem mit

II. Umsetzung in der Praxis

Seit ihrer Einführung leiden die Regelungen an mangelnder Umsetzung.[962] Der Gesetzgeber verschärfte die ursprünglich freiwilligen Regelungen mehrmals, um eine höhere Wirkung auf Branchen- und Unternehmensebene zu erzielen.[963] Die Verhandlungspflichten sind daher komplex und umfangreich geregelt.

Für die Akteure ist bereits die Vorbereitung der Verhandlungen schwierig umzusetzen. Das Gesetz verpflichtet zur Einrichtung einer Wirtschafts- und Sozialdatenbank, in der bestimmte Informationen eingepflegt und regelmäßig aktualisiert werden müssen. Die Datenbank soll im komplexen Bereich der Entgeltgleichheit von Frauen und Männern die Unkenntnis auf beiden Seiten verhindern. Theoretisch ermöglicht sie dem Arbeitgeber und den Gewerkschaften, die Unterschiede zwischen den Geschlechtern bei Beförderung, Gehaltserhöhungen und Eingruppierungen zu analysieren und ggf. festgestellte Ungleichheiten auf ihre sachliche und objektive Legitimation zu überprüfen. Die erhobenen Daten eignen sich auch zum Erkennen von anderen Ungleichheiten, etwa hinsichtlich älterer Arbeitnehmer. Die Wirtschafts- und Sozialdatenbank kann daher zu gezielteren und effektiveren Verhandlungen führen.[964] Gerade in den mittleren Unternehmen wird die Wirtschafts- und Sozialdatenbank jedoch aufgrund fehlender Ressourcen nicht umgesetzt.[965] Bereits die Vorgängerregelung, die nur die Erstellung eines vergleichenden Berichts über die Situation von Männern und Frauen vorsah,[966] wurde im Jahr 2010 in nur 38 Prozent der Unternehmen mit 50 bis 99 Arbeitnehmern umgesetzt.[967] In größeren

---

verstreut platzierten Rechtsvorschriften, ohne uns über ihre Vereinbarkeit Gedanken zu machen, vgl. *Strauß,* Schutz vor Diskriminierung durch Privatpersonen im Straf-, Arbeits-, und Zivilrecht, 2013, S. 172); *Auzero/Baugard/Dockès,* Droit du travail, 34. Aufl. 2021, Rn. 1412, 1437 ff.; vgl. auch: *Schwarzbach,* Die Geltung von Tarifverträgen in Frankreich, 2013, S. 123 ff.

962 *Verkindt,* Dr. social 2008, 1051 (1053).

963 Gesetz Nr. 83-635, 13.7.1983, JORF 14.7.1983, S. 2176 für berufliche Gleichstellung zwischen Männern und Frauen – *Loi Roudy;* Gesetz Nr. 2001-397, 9.5.2001, JORF 10.5.2001, Text Nr. 1 für berufliche Gleichstellung zwischen Frauen und Männern – *Loi Génisson;* Gesetz Nr. 2006-340, 23.3.2006, JORF 24.3.2006, Text Nr. 2 für Lohngleichheit zwischen Frauen und Männern.

964 *Teyssié,* Droit et pratique du comité social et économique, 2018, S. 432.

965 Rechtsgespräch mit *Guillaume Santoro* im September 2020.

966 Gesetz Nr. 2006-340, 23.3.2006, JORF 24.3.2006, Text Nr. 22; Dekret Nr. 2008-838, 22.8.2008, JORF 26.8.2008, Text Nr. 15.

967 *Laufer,* L'égalité professionnelle entre les femmes et les hommes, 2014, S. 88.

Unternehmen ab 500 Arbeitnehmern waren es immerhin 84 Prozent.[968] Zudem können nur wenige Gewerkschaftsdelegierte den zeitlichen Aufwand zur Analyse der vom Arbeitgeber zur Verfügung gestellten Daten aufbringen.[969]

Auch in Deutschland zeigen sich ähnliche Umsetzungsschwierigkeiten, wenn es um die Regelung und Einrichtung von Datenbanken geht. Zum Beispiel sieht der Gesetzgeber ausdrücklich Mietdatenbanken als Alternative zu Mietspiegeln vor. Die meisten Kommunen erstellen allerdings keine Datenbank, da die Kosten und die Einhaltung datenschutzrechtlicher Vorschriften mit Risiken verbunden sind.[970] Digitale Datenbanken sind zwar ein geeignetes Transparenzinstrument, jedoch sind sie in der Praxis schwierig umzusetzen. Für eine bessere Umsetzung müsste die Datenerhebung und Datenweitergabe rechtssicher geregelt und die technische Umsetzung unterstützt werden. Insbesondere sollten die Kosten niedrig gehalten werden, etwa durch von Behörden zentral entwickelte Softwarelösungen.

Trotz der angedrohten Bußgelder haben nur ca. 30 Prozent der Unternehmen einen Unternehmenstarifvertrag oder einen Aktionsplan.[971] Der Inhalt abgeschlossener Vereinbarungen beschränkt sich meistens auf die Wiederholung gesetzlicher Vorschriften[972] und die Verhandlung der beruflichen Gleichstellung wird oft wie eine Formalität behandelt.[973] Insbesondere in Branchen, in denen vorwiegend Frauen arbeiten, werden nur wenige Vereinbarungen geschlossen, deren Inhalt eher formal bleibt.[974] Im Entgeltbereich werden die das Unternehmen betreffenden Zahlen und Indikatoren, wie z. B. die Entgeltlücke, in den Vereinbarungen selten konkret benannt und behandelt.[975] Der Grund könnte das juristische Risiko sein, da die

---

968 *Laufer,* L'égalité professionnelle entre les femmes et les hommes, 2014, S. 88.

969 *Laufer,* L'égalité professionnelle entre les femmes et les hommes, 2014, S. 72.

970 *Gante,* NZM 2003, 929 (940).

971 *Giordano/Santoro,* Travail et Emploi 2019, 69 (89 f.); nach: *Izard,* Sem. Soc. Lamy, 23.4.2019, Nr. 1858, S. 5 (6) gelten nur in 31 Prozent der Unternehmen ein Aktionsplan oder eine Vereinbarung für berufliche Gleichstellung; nach *Laufer/Silvera,* Revue de l'OFCE 2006, 245 (264) wurden in weniger als ein Drittel der Unternehmen Verhandlungen eingeleitet.

972 *Giordano/Santoro,* Travail et Emploi 2019, 69 (82 f.); *DARES,* L'égalité professionnelle est-elle négociable?, 2019, S. 69 ff.; *Salis-Madinier,* Dr. social 2019, 222 (223).

973 *Laufer,* L'égalité professionnelle entre les femmes et les hommes, 2014, S. 73; *Giordano/Santoro,* Travail et Emploi 2019, 69 (89 f.); *Izard,* Sem. Soc. Lamy, 13.5.2019, Nr. 1861, S. 3.

974 *DARES,* L'égalité professionnelle est-elle négociable ?, 2019, S. 23, 27.

975 *DARES,* L'égalité professionnelle est-elle négociable ?, 2019, S. 49 ff.

Diskriminierungsklagen im Entgeltbereich, insbesondere unter den höheren Angestellten, zunahmen.[976]

Auch nach zahlreichen legislativen Verschärfungen sind die verpflichtenden Verhandlungen der Koalitionen über die berufliche Gleichstellung, insbesondere im Entgeltbereich, wenig erfolgreich, weshalb der Gesetzgeber im Jahr 2018 zusätzlich die einheitliche Indexberechnung mit Ergebnisverpflichtung einführte.[977]

F. Rechtsvergleichende Stellungnahme

Im kollektiven Arbeitsrecht offenbaren sich grundlegende Systemunterschiede zwischen dem deutschen und französischen Recht.[978] Im Gegensatz zum deutschen Arbeitsrecht sind die französischen Gewerkschaften institutionell im Unternehmen oder im eigenständigen Betrieb durch die Gewerkschaftssektionen (*sections syndicales*) und die Gewerkschaftsdelegierten (*délégués syndicals*) vertreten. Die Gewerkschaftsdelegierten verhandeln mit dem Arbeitgeber Tarifverträge auf Unternehmens- bzw. Betriebsebene, während dem Wirtschafts- und Sozialausschuss Anhörungs- und Informationsrechte zustehen. Im deutschen Arbeitsrecht sind der Betriebsrat und der Gesamtbetriebsrat die institutionelle Arbeitnehmervertretung auf Betriebs- bzw. auf Unternehmensebene. Dem Betriebsrat stehen neben Informations- und Anhörungsrechten auch Zustimmungsverweigerungs- und Mitbestimmungsrechte zu. In den Fällen der gesetzlichen Mitbestimmungsrechte kann der Betriebsrat mit dem Arbeitgeber Betriebsvereinbarungen abschließen. Zudem sind auch freiwillige Betriebsvereinbarungen über andere Themenbereiche möglich.

Die Gewerkschaften sind in Deutschland hingegen nicht institutionell im Unternehmen vertreten. Die Betätigung der Koalitionen ist durch die kollektive Koalitionsfreiheit, Art. 9 Abs. 3 GG, geschützt. Die Verhandlung und der Abschluss von Tarifverträgen sind unter dem Begriff der Tarifautonomie besonders geschützt und sind der Kern der Koalitionsfreiheit.[979] Die Koalitionen haben die Aufgabe, die Arbeits- und Wirtschaftsbedingungen, insbesondere das Entgelt, in einem von staatlicher Rechtsetzung weitgehend frei gelassenen Raum,

976 *DARES*, L'égalité professionnelle est-elle négociable ?, 2019, S. 49.

977 *Giordano/Santoro*, Travail et Emploi 2019, 69 (90).

978 Dazu ausführlich: *Schwarzbach*, Die Geltung von Tarifverträgen in Frankreich, 2013; *Halberstadt*, Die Gestaltung des Arbeitsvertrags durch Tarifvertrag im französischen Recht, 1. Aufl. 2017.

979 BVerfG 26.6.1991, 1 BvR 779/85, BVerfGE 84, 212.

in eigener Verantwortung und im Wesentlichen ohne staatliche Einflussnahme zu regeln.[980] Der Gesetzgeber kann nur die Grund- und Rahmenbedingungen schaffen, damit die Koalitionen die Tarifverträge verhandeln und abschließen können. Eine rechtliche Pflicht der Koalitionen, Verhandlungen aufzunehmen oder über bestimmte Themen zu verhandeln, ist dem deutschen Recht fremd und wäre auch nicht verfassungsgemäß.[981] Demgegenüber ist in Frankreich das kollektive Arbeitsrecht von staatlichen Regelungen geprägt. Die Tarifverhandlungen und die Tariflandschaft gleichen einem staatlichen Verwaltungssystem. Dies führt zum geringen Organisationsgrad, zur Zersplitterung und zur schwachen Verhandlungsmacht der französischen Gewerkschaften, wenngleich zahlreiche Tarifverträge abgeschlossen werden. Ausdruck und Folge dieser strukturellen Eigenschaft des französischen Kollektivarbeitsrechts sind die Verhandlungspflichten, die einen verpflichtenden, regelmäßigen und formellen Rahmen für die Verhandlungen der Koalitionen festlegen. Eine Übertragbarkeit oder Vergleichbarkeit mit den Tarifverhandlungen im deutschen Recht ist aufgrund der großen strukturellen Unterschiede ausgeschlossen.

I. Verhandlungspflichten versus Mitbestimmungsrechte

Aufgrund der institutionalisierten und durch die Personalvertretungswahl legitimierten Gewerkschaftsvertretung sind die Unternehmenstarifverträge in Frankreich eher mit den Betriebsvereinbarungen im deutschen Recht vergleichbar.[982] Betriebsvereinbarungen sind das zentrale Mittel zur Ausübung der Mitbestimmungsrechte des Betriebsrats.[983] In einer Betriebsvereinbarung können unmittelbare Rechte und Pflichten des Arbeitgebers und der Arbeitnehmer geregelt sein.[984] Die Mitbestimmungsrechte des Betriebsrats begünstigen den betriebsinternen Dialog zum Ausgleich der Unternehmer- und Arbeitnehmerinteressen. Die abschließende Liste der erzwingbaren Mitbestimmungsrechte umfasst nicht das Thema „berufliche Gleichstellung zwischen Frauen und

980 BVerfG 24.4.1996, 1 BvR 712/86, BVerfGE 94, 268 (283); 27.4.1999, 1 BvR 2203/93, BVerfGE 100, 271 (282).

981 *Löwisch/Rieble*, Tarifvertragsgesetz, 4. Aufl. 2017, Grundlagen Rn. 258 ff.; *Dieterich*, RdA 2002, 1 (10 ff., 17); *Baumann*, RdA 1994, 272 (276 ff.); *Säcker/Oetker*, Grundlagen und Grenzen der Tarifautonomie, 1992, S. 93 f.

982 *Halberstadt*, Die Gestaltung des Arbeitsvertrags durch Tarifvertrag im französischen Recht, 1. Aufl. 2017, S. 102.

983 *Kania*, in: ErfK, 21. Aufl. 2021, § 87 BetrVG, Rn. 3.

984 § 77 Abs. 4 BetrVG; *Kania*, in: ErfK, 21. Aufl. 2021, § 87 BetrVG, Rn. 3.

Männern". Entsprechende Maßnahmen könnten in einer freiwilligen Betriebsvereinbarung festgelegt werden. Der Betriebsrat hat im Entgeltbereich ein Mitbestimmungsrecht zu den Fragen der betrieblichen Lohngestaltung, insbesondere der Aufstellung von Entlohnungsgrundsätzen und der Einführung und Anwendung von neuen Entlohnungsmethoden sowie deren Änderung.[985] Das Mitbestimmungsrecht soll eine angemessene, durchsichtige und gerechte Lohngestaltung sichern.[986] Sofern tarifliche Entgeltregelungen anwendbar sind, haben diese Vorrang vor einer Betriebsvereinbarung.[987] Im deutschen Recht entstehen daher keine derart komplexen Konkurrenzprobleme wie bei der im französischen Recht provozierten Tarifkonkurrenz zwischen Branchen- und Unternehmenstarifvertrag.

Gesetzliche Vorgaben zur Ausübung der zwingenden Mitbestimmungsrechte existieren in Deutschland nicht. Der Abschluss einer Betriebsvereinbarung ist nicht obligatorisch.[988] Ausreichend ist ein Konsens der Parteien, der durch eine formlose Regelungsabrede oder eine schriftliche Betriebsvereinbarung erreicht werden kann.[989] Eine Verhandlungspflicht ist nicht geregelt. Allerdings werden in den meisten Fällen Verhandlungen zwischen Betriebsrat und Arbeitgeber notwendig sein, um die erforderliche einvernehmliche Regelung zu erreichen. Gelingt der Konsens nicht, entscheidet die neutrale Einigungsstelle.[990]

II. Information der Arbeitnehmervertreter

Im deutschen Recht hat der Betriebsrat ein Mitbestimmungsrecht über die betriebliche Lohngestaltung und die Aufgabe, die innerbetriebliche Einhaltung der Tarifverträge und Gesetze zu überwachen, also auch des Diskriminierungsrechts und des Gleichbehandlungsgrundsatzes.[991] Zur Durchführung seiner Aufgaben hat der Betriebsrat auf Verlangen jederzeit ein Einsichtsrecht in die erforderlichen Unterlagen.[992] Dieser Einsichtsanspruch umfasst auch bereits vorhandene, nicht anonymisierte Bruttogehaltslisten, in denen die gezahlten Entgeltbestandteile den

985 § 87 Abs. 1 Nrn. 10 BetrVG.
986 BAG 30.9.2008, 1 ABR 54/07, NZA 2009, 502 (504); 22.6.2010, 1 AZR 853/08, NZA 2010, 1243 (1245).
987 § 87 Abs. 1 Eingangssatz BetrVG.
988 *Kania*, in: ErfK, 21. Aufl. 2021, § 87 BetrVG, Rn. 3.
989 *Kania*, in: ErfK, 21. Aufl. 2021, § 87 BetrVG, Rn. 3.
990 § 87 Abs. 2 BetrVG.
991 § 80 Abs. 1 Nr. 1 BetrVG; BAG 7.5.2019, 1 ABR 53/17, NZA 2018, 108 Rn. 20.
992 § 80 Abs. 2 Satz 2 BetrVG; BAG 7.5.2019, 1 ABR 53/17, NZA 2018, 108 Rn. 12.

Namen der einzelnen Arbeitnehmer zugeordnet sind.[993] Alle Lohn- und Gehaltsbestandteile, tariflicher wie außertariflicher Art, einmalig oder wiederkehrend, kollektivrechtlich oder einzelvertraglich, sind erfasst.[994] Dies soll dem Betriebsrat ermöglichen, stichprobenartige Kontrollen im Rahmen seiner Überwachungspflicht durchzuführen.[995]

Der Gesetzgeber hat die Form der Einsicht nicht geregelt. Somit kann der Arbeitgeber entscheiden, wie er die Arbeitnehmervertreter Einsicht in die Listen nehmen lässt. Der Betriebsrat hat kein Recht auf die Überlassung der Liste in digitaler oder gedruckter Form und darf auch keine Kopien anfertigen.[996]

Nach der bisherigen Rechtsprechung und der herrschenden Literaturmeinung hat sich an dieser Rechtslage nach Einführung des EntgTranspG wenig geändert.[997] § 13 Abs. 2 EntgTranspG gewährt dem Betriebsrat das Recht, die Gehaltslisten im Sinne des § 80 Abs. 2 Satz 2 BetrVG einzusehen und auszuwerten. Eine gewisse qualitative Steigerung regelt § 13 Abs. 3 EntgTranspG. Demnach muss der Arbeitgeber dem Betriebsausschuss Einblick in die Bruttogehaltslisten gewähren, diese nach Geschlecht aufschlüsseln und so aufbereiten, dass der Betriebsausschuss den Auskunftsanspruch nach § 10 EntgTranspG gegenüber den Arbeitnehmern ordnungsgemäß erfüllen kann.[998] Der Arbeitgeber muss solche Bruttoentgeltlisten ggf. erstmalig herstellen, indem er die Daten sortiert und aufbereitet.[999]

Die französische Wirtschafts- und Sozialdatenbank ist den Arbeitnehmervertretern und den Gewerkschaftsdelegierten ebenfalls ständig zugänglich. Sie gewährt im Gegensatz zum deutschen Recht keine Einsicht auf Gehaltslisten nach Namen. Sie enthält allgemeine Informationen und Auswertungen über die berufliche Gleichstellung im Unternehmen und die Gehälter, z. B. die Gehaltsbestandteile je Berufskategorie und die vergleichende Analyse der Situation der Frauen und Männer je Berufskategorie. So soll es die Datenbank ermöglichen, bestehende

---

993 § 80 Abs. 2 Satz 2 Hs. 2 BetrVG; BAG 30.9.2008, 1 ABR 54/07, NZA 2009, 502 (505); LAG Niedersachsen 22.10.2018, 12 TaBV 23/18, NZA-RR 2019, 92 Rn. 24.

994 LAG Niedersachsen 22.10.2018, 12 TaBV 23/18, NZA-RR 2019, 92 Rn. 21.

995 LAG Niedersachsen 22.10.2018, 12 TaBV 23/18, NZA-RR 2019, 92 Rn. 24.

996 *Kania,* NZA 2017, 819 (820); LAG Düsseldorf 23.10.2018, 8 TaBV 42/18, ArbRAktuell 2019, 77.

997 BAG 7.5.2019, 1 ABR 53/17, NZA 2019, 1218 Rn. 25 ff.; LAG Düsseldorf 23.10.2018, 8 TaBV 42/18, ArbRAktuell 2019, 77; LAG Niedersachsen 22.10.2018, 12 TaBV 23/18, NZA-RR 2019, 92 Rn. 28; *Kania,* NZA 2017, 819 (820).

998 BAG 7.5.2019, 1 ABR 53/17, NZA 2019, 1218 Rn. 24.

999 BAG 7.5.2019, 1 ABR 53/17, NZA 2019, 1218 Rn. 25 ff.

Ungleichheiten in bestimmten Berufskategorien festzustellen, um diese sodann zu untersuchen und ggf. über Maßnahmen zu verhandeln. Wie im deutschen Recht ist zur Informationsbeschaffung und -auswertung nur der Arbeitgeber verpflichtet. Dem deutschen und französischen Recht ist gemeinsam, dass die Informations- bzw. Einsichtsrechte der Arbeitnehmervertreter ausschließlich den damit verbundenen Aufgaben der Arbeitnehmervertreter dienen.

§ 6 Ein einheitlicher Index für Entgeltgleichheit

Um das Ziel der Entgeltgleichheit zu erreichen, wurde in Frankreich im Jahr 2018 ein einheitlicher Index eingeführt. Er soll die Entgeltgleichheit auf Unternehmensebene messen und so die ungerechtfertigten Unterschiede zwischen männlichen und weiblichen Arbeitnehmern innerhalb von drei Jahren verringern.[1000] Unternehmen mit mindestens 50 Arbeitnehmern müssen ab 1.1.2020 jährlich einen Index veröffentlichen, der auf gesetzlich vorgegebenen Indikatoren basiert und die Entgeltgleichheit zwischen Frauen und Männern abbildet.[1001] Die genaue Berechnung des Index wurde in einem Dekret geregelt.[1002] Verwaltungsvorschriften des Arbeitsministeriums, die an die zuständigen Kontrollbehörden[1003] gerichtet sind, konkretisieren die Vorgaben.[1004] Die Unternehmen müssen einen Indexwert von mindestens 75 Punkten erreichen.[1005] Erreicht das Unternehmen weniger als 75 Punkte, muss es Korrekturmaßnahmen ergreifen, damit dieses Niveau innerhalb von maximal drei Jahren erreicht wird. Zu den Korrekturmaßnahmen können z. B. Gehaltsanpassungen gehören. Wird das Ziel auch nach drei Jahren nicht erreicht, kann eine Strafe von höchstens ein Prozent der Bruttolohnsumme verhängt werden.[1006] Es handelt sich somit um eine Ergebnisverpflichtung des Arbeitgebers (*obligation de résultat*).[1007]

A. Die Berechnung des Index

Die statistische Methode zur Indexberechnung ist durch Gesetz und Dekret festgelegt.[1008] Am Ende der Berechnung steht ein Indexwert von Null bis 100,

---

1000 *DGT,* Instr. Nrn. DGT/SAT/DASIT1/2019/33, 2019/03, 25.1.2019, S. 1, abrufbar unter: https://travail-emploi.gouv.fr/publications/picts/bo/2019/20190003/tre_20190003_0000_0010.pdf [Zugriff: 27.1.2021].

1001 Art. 104 des Gesetzes Nr. 2018-771, 5.9.2018, JORF 6.9.2018, Text Nr. 1 pour la liberté de choisir son avenir professionnel.

1002 Dekret Nr. 2019-15, 8.1.2019, JORF 9.1.2019, Text Nr. 12.

1003 Arbeitsinspektion und die Arbeitsdirektionen (Direccte).

1004 *DGT,* Instr. Nrn. DGT/SAT/DASIT1/2019/33, 2019/03, 25.1.2019.

1005 Art. L 1142-9, D 1142-6 CT.

1006 Art. L 1142-10, D. 1142-8 ff. CT.

1007 *DGT,* Instr. Nrn. DGT/SAT/DASIT1/2019/33, 2019/03, 25.1.2019, S. 1.

1008 Art. L 1142-7 ff., D 1142-2 ff. CT.

wobei 100 der beste Indexwert ist, der erreicht werden kann. Für die kleinen und mittleren Unternehmen gilt eine vereinfachte Methode.[1009]

I. Berechnungsgrundlagen

Zu den Grundlagen der Indexberechnung gehören die Berechnungsebene; die Unternehmensgröße, ab der die Berechnung verpflichtend ist und die Indikatoren, aus denen sich der Index zusammensetzt.

1. Berechnungsebene

Der Index wird grundsätzlich in jeder Gesellschaft (*société*), die auch eine juristische Person ist, berechnet – also auf Unternehmensebene. Dies gilt auch für Unternehmen, die Teil eines Konzerns (*groupe*) sind.[1010] Verbände und Gewerkschaften müssen ihren Indexwert ebenfalls ermitteln. Öffentliche Betriebe für Industrie und Handel sowie Verwaltungseinrichtungen sind zur Indexberechnung verpflichtet, wenn sie mindestens 50 Arbeitnehmer mit privatrechtlichem Vertrag beschäftigten.[1011] Ausgenommen sind die Gebietskörperschaften (in Frankreich: Kommunen, Départements, Regionen und die Überseegebiete).[1012]

In Unternehmen ab 50 Arbeitnehmern mit mehreren eigenständigen Betrieben (*établissements distincts*) wird auf Unternehmensebene ein zentraler Wirtschafts- und Sozialausschuss (*comité social et économique central d'entreprise*) gebildet.[1013] Da dieser zentrale Ausschuss zur beruflichen Gleichstellung angehört werden kann, erfolgt in diesen Unternehmen die Berechnung ebenfalls auf Unternehmens- und nicht auf Betriebsebene.[1014] Liegt eine wirtschaftlich-soziale Einheit von mehreren Unternehmen (*unité économique et sociale [UES]*) vor, wird der Index auf der Ebene berechnet, auf der auch der Wirtschafts- und Sozialausschuss eingerichtet wurde.[1015]

1009 Annex II des Dekrets Nr. 2019-15, 8.1.2019, JORF 9.1.2019, Text Nr. 12.

1010 Lamy social 2020, Rn. 1894.

1011 *Ministère du travail,* Index de l'égalité professionnelle : calcul et questions/réponses, 29.11.2019, Punkt A., abrufbar unter: https://travail-emploi.gouv.fr/droit-du-travail/egalite-professionnelle-discrimination-et-harcelement/indexegapro [Zugriff: 28.1.2021].

1012 *Ministère du travail,* Index de l'égalité professionnelle : calcul et questions/réponses, 29.11.2019, Punkt A.

1013 Art. L 2313-1 CT; *Ministère du travail,* Index de l'égalité professionnelle : calcul et questions/réponses, 29.11.2019, Punkt A.

1014 Lamy social 2020, Rn. 1894.

1015 Art. D 1142-2 Abs. 2, D 1142-2-1 Abs. 2 CT.

2. *Schwellenwert*

Die Berechnungspflicht gilt für Einheiten ab 50 Arbeitnehmern. Die Schwellenwertberechnung erfolgt nach den allgemeinen Regeln des Arbeitsgesetzbuchs.[1016] Stichtag ist der 1. März, der auf den Berechnungszeitraum folgt.[1017] In einer wirtschaftlich-sozialen Einheit (*UES*) sind ggf. die Mitarbeiter der einzelnen Unternehmen zusammenzurechnen. Die Schwellenwertberechnung ist von der Bestimmung der Arbeitnehmer zu unterscheiden, deren Daten in die Indexberechnung einfließen.

3. *Die Indikatoren*

Der Index besteht aus unterschiedlich gewichteten Indikatoren, die zusammengerechnet werden – gewichteter Summenindex. Die errechneten Indikatorergebnisse werden nach einem vorgegebenen Schlüssel in Punkte umgerechnet.[1018] Die Anzahl der vorgegebenen Indikatoren unterscheidet sich je nach Unternehmensgröße. Die Indikatoren können auch die Schlechterstellung der männlichen Arbeitnehmer zeigen und sind nicht auf die Abbildung der schlechteren Position von Frauen im Unternehmen begrenzt.[1019] Die Berechnung basiert auf den Daten, die der Arbeitgeber bereits für die Wirtschafts- und Sozialdatenbank[1020] erheben und auswerten muss. Für die Arbeitgeber, die ihre Wirtschafts- und Sozialdatenbank regelmäßig pflegen, ist die Umsetzung daher relativ einfach.[1021]

a. *Unternehmen mit mehr als 250 Arbeitnehmern*

In Unternehmen mit mehr als 250 Arbeitnehmern fließen die folgenden fünf Indikatoren in die Indexberechnung ein:

1. Entgeltdifferenz zwischen Männern und Frauen nach Alter und gleichwertigem Arbeitsplatz;
2. Differenz der individuellen Gehaltserhöhungsquoten ohne Beförderungen zwischen Männern und Frauen;

1016 Art. D 1142-8 Abs. 2 iVm L 1111-2 f., L 1251-54 CT.

1017 *DGT,* Instr. Nrn. DGT/SAT/DASIT1/2019/33, 2019/03, 25.1.2019, S. 6 f.; Art. D 1142-4 CT.

1018 Dazu: Übersicht 7: Punkteskala zur Indexberechnung, S. 187.

1019 *Leyre,* Sem. Soc. Lamy, 25.2.2019, Nr. 1850, S. 3.

1020 Dazu: § 5 A., S. 123.

1021 *Leyre,* Sem. Soc. Lamy, 25.2.2019, Nr. 1850, S. 3.

3. Differenz der Beförderungsquote zwischen Männern und Frauen;
4. Prozentsatz der Arbeitnehmer, die nach der Rückkehr aus dem Mutter- oder Adoptionsschutz (*congé de maternité ou d'adoption*) eine Gehaltserhöhung bekamen, sofern im Unternehmen eine allgemeine Gehaltserhöhung während der Schutzzeit erfolgt war;
5. Anzahl der Arbeitnehmer des unterrepräsentierten Geschlechts unter den zehn Arbeitnehmern mit den höchsten Gehältern.[1022]

b. Unternehmen mit 50 bis 250 Arbeitnehmern

In Unternehmen mit 50 bis 250 Arbeitnehmern ist die Berechnung vereinfacht, da die Differenz der Gehaltserhöhungs- und Beförderungsquoten nur einen Indikator bildet. Daher sind nur die folgenden vier Indikatoren zu berechnen:

1. Entgeltdifferenz zwischen Männern und Frauen nach Alter und gleichwertigem Arbeitsplatz;
2. Differenz der Gehaltserhöhungsquote (inkl. Beförderungen) zwischen Männern und Frauen;
3. Prozentsatz der Arbeitnehmer, die nach der Rückkehr aus dem Mutter- oder Adoptionsschutz eine Gehaltserhöhung bekamen, sofern im Unternehmen eine allgemeine Gehaltserhöhung während der Schutzzeit erfolgt war;
4. Anzahl der Arbeitnehmer des unterrepräsentierten Geschlechts unter den zehn Arbeitnehmern mit den höchsten Gehältern.[1023]

II. Berechnungsmethode für den Indikator Entgeltlücke

Die Berechnung des Indikators Entgeltlücke ist der komplexeste Teil der Indexberechnung. Die Methode enthält Vereinfachungen wie etwa eine pauschale Toleranz und eine Eingrenzung der Daten, die in die Berechnung des Index einfließen.

1. Datenerhebung und Referenzzeitraum

Der Referenzzeitraum für die Berechnung des Index beträgt 12 aufeinanderfolgende Monate, deren Lage der Arbeitgeber bei der ersten Indexberechnung frei festlegen konnte.[1024] Bis zum 1. März eines jeden Jahres ist aus den Daten des

---

1022 Art. D 1142-2 CT.

1023 Art. D 1142-2-1 CT.

1024 Zum Beispiel: 1.6.2018 bis 31.5.2018 für die Indexveröffentlichung am 1.3.2019; Annex I 1., Annex II 1. des Dekrets Nr. 2019-15, 8.1.2019, JORF 9.1.2019, Text Nr. 12.

letzten Referenzzeitraums der Index zu berechnen und zu veröffentlichen.[1025] Die folgenden Arbeitnehmergruppen werden nicht für die Berechnung berücksichtigt: Arbeitnehmer mit einem Ausbildungsvertrag (*contrat d'apprentissage*) oder einem Professionalisierungsvertrag (*contrat de professionnalisation*); Leiharbeitnehmer (*travailleurs intérimaires*); ins Ausland entsandte Arbeitnehmer mit Arbeitsvertrag im Ausland (*salariés expatriés*); Arbeitnehmer, die mehr als sechs Monate des Referenzzeitraums nicht anwesend waren.[1026]

Von allen Arbeitnehmern, die nicht zu den oben genannten Gruppen gehören, sind am letzten Tag des Referenzzeitraums oder an ihrem letzten Anwesenheitstag die folgenden Daten zu erfassen:

- Alter und
- Niveau oder Koeffizient des Branchentarifvertrags[1027] oder
- Niveau nach der Methode der Arbeitsplatzbewertung des Unternehmens oder
- die sozioprofessionellen Kategorien (*professions et catégories socioprofessionnelles [PCS]*) nach der INSEE-Nomenklatur:[1028] Arbeiter (*ouvrier*), Angestellte (*employé*), Facharbeiter und technische Aufsichtspersonen (*techniciens et agents de maîtrise*), Ingenieure und höhere Angestellte (*ingénieurs et cadres*).[1029]

Zudem ist das Bruttoentgelt zu ermitteln, das der Arbeitnehmer im Referenzzeitraum tatsächlich erhalten hat.[1030] Für die Arbeitnehmer in Teilzeit ist das Entgelt auf das Vollzeitäquivalent hochzurechnen. Der Entgeltbegriff entspricht grundsätzlich dem weiten Entgeltbegriff des Art. 3221–3 CT.[1031] Boni und Provisionen, die von individuellen Leistungen der Arbeitnehmer

---

1025 Art. D 1142-4 CT.

1026 Annex I 2., Annex II 2. des Dekrets Nr. 2019-15, 8.1.2019, JORF 9.1.2019, Text Nr. 12.

1027 Dazu: § 3 A. II., S. 59.

1028 FAQ; *Institut national de la statistique et des études économiques (INSEE)*, Nomenclatures des professions et catégories socioprofessionnelles des emplois salariés des employeurs privés et publics, 16.11.2018, abrufbar unter: https://www.insee.fr/fr/information/2497958. [Zugriff: 26.11.2020].

1029 Annex I 2., Annex II 2. des Dekrets Nr. 2019-15, 8.1.2019, JORF 9.1.2019, Text Nr. 12.

1030 Annex I 3., Annex II 3. des Dekrets Nr. 2019-15, 8.1.2019, JORF 9.1.2019, Text Nr. 12.

1031 Dazu: § 3 A. III., S. 63.

abhängen, werden mitgezählt.[1032] Ebenso sind Sachbezüge (wie etwa Dienstwagen, Jobticket, Kantinenguthaben), die für persönliche Zwecke genutzt werden können, mitzurechnen.[1033] Ausgenommen werden bestimmte Zahlungen, da sie die Entgeltlücke verzerren würden. Dazu gehören Kündigungsentschädigungen, Abfindungen und Gehaltsbestandteile, die an eine spezifische Situation geknüpft sind (z. B. Gewinnbeteiligungen, Überstundenzuschläge, Dienstalterprämien, Feiertagszulage, Schmutzzulage, Kältezulage, Bereitschaftszulage).[1034]

2. *Bildung der Vergleichsgruppen*

Die Arbeitnehmer werden in Gruppen mit gleichwertigem Arbeitsplatz und in vier Altersgruppen sortiert.[1035] Die Altersgruppen sind: jünger als 30 Jahre, 30 bis 39 Jahre, 40 bis 49 Jahre, älter als 49 Jahre. Für die Gruppeneinteilung nach gleichwertigen Arbeitsplätzen kann der Arbeitgeber aus drei Methoden wählen:

- nach den Koeffizienten oder Niveaus der Berufsklassifikation des Branchentarifvertrags[1036] (vorherige Anhörung des Wirtschafts- und Sozialausschusses notwendig);
- eine selbst festgelegte Unterteilung nach objektiven Kriterien (vorherige Anhörung des Wirtschafts- und Sozialausschusses notwendig);
- die vier sozioprofessionellen Berufskategorien der INSEE-Nomenklatur.

Nur die Gruppen, die mindestens drei Männer und mindestens drei Frauen beinhalten, werden berücksichtigt.[1037] Sollten aufgrund der gewählten Gruppeneinteilung nur die Daten von weniger als 40 Prozent der Arbeitnehmer in den Index einfließen, muss der Arbeitgeber die Gruppen anhand der vier sozioprofessionellen Kategorien einteilen.[1038] Diese Methode ist wegen der groben

---

1032 *Ministère du travail,* Index de l'égalité professionnelle : calcul et questions/réponses, 29.11.2019, Punkt D.

1033 *Ministère du travail,* Index de l'égalité professionnelle : calcul et questions/réponses, 29.11.2019, Punkt D.

1034 Annex I 3., Annex II 3. des Dekrets Nr. 2019-15, 8.1.2019, JORF 9.1.2019, Text Nr. 12.

1035 Annex I 4., Annex II 4 des Dekrets Nr. 2019-15, 8.1.2019, JORF 9.1.2019, Text Nr. 12.

1036 Dazu: § 3 A. II., S. 59.

1037 Annex I 4.1., Annex II 4.1. des Dekrets Nr. 2019-15, 8.1.2019, JORF 9.1.2019, Text Nr. 12.

1038 Annex I 4.1.b., Annex II 4.1.b. des Dekrets Nr. 2019-15, 8.1.2019, JORF 9.1.2019, Text Nr. 12.

Unterteilung in nur vier Gruppen ungenauer. Allerdings kann sie dadurch Gruppengrößen mit einer ausreichenden Datengrundlage für die Indikatorberechnung ermöglichen.

3. *Berechnung der Entgeltlücke je Gruppe und der Gesamtentgeltlücke*

Für jede Gruppe wird das durchschnittliche, auf einen Arbeitnehmer in Vollzeit hochgerechnete Entgelt der Männer und der Frauen berechnet.[1039] Im Anschluss wird vom Durchschnittsentgelt der Männer das Durchschnittsentgelt der Frauen abgezogen.[1040] Die Differenz zwischen den beiden Durchschnittswerten wird in Prozent angegeben. Liegt das Durchschnittsgehalt der Männer über dem der Frauen, ergibt sich ein positiver Wert. Im umgekehrten Fall, das Durchschnittsgehalt der Frauen liegt über dem der Männer, ist der Wert negativ.

Beispielrechnungen für eine fiktive Vergleichsgruppe „Angestellte"
Rechenweg: Durchschnittsentgelt Männer – Durchschnittsentgelt Frauen
Beispiel 1: 2.300 € – 2.450 € = -150 €, umgerechnet: – 6,122449 %
Beispiel 2: 2.450 € – 2.300 € = 150 €, umgerechnet: 6,122449 %
Beispiel 3: 2.450 € – 2.350 € = 100 €, umgerechnet: 4,081633 %

Von der Entgeltlücke in Prozent wird eine Toleranz abgezogen bzw. hinzugerechnet.[1041] Bei einem positiven Wert wird der Betrag der Toleranz abgezogen, bei einem negativen Wert hinzugerechnet. Wurden die Gruppen anhand der sozioprofessionellen Kategorien gebildet, beträgt die Toleranz fünf Prozent, in den anderen Fällen zwei Prozent. Ist die Entgeltlücke positiv, wird die Toleranz nur soweit abgezogen, dass kein negativer Wert entsteht. Ist sie negativ, wird sie nur bis zum Wert null hinzugerechnet. Die Entgeltlücke kann somit nicht durch die Toleranz ihr Vorzeichen ändern.

Beispielrechnungen für diesen Schritt:
Rechenweg: Entgeltlücke in Prozent +/- Betrag der Toleranz
Beispiel 1: -7,5 % + |5| = -2,5
Beispiel 2: 6,3 % – |5| = 1,3
Beispiel 3: 4,1 % – |4,1| = 0 (nur bis zum Ergebnis 0 abziehbar)

1039 Annex I 4.1.c., Annex II 4.1.c. des Dekrets Nr. 2019-15, 8.1.2019, JORF 9.1.2019, Text Nr. 12.

1040 Annex I 4.1.d., Annex II 4.1.d. des Dekrets Nr. 2019-15, 8.1.2019, JORF 9.1.2019, Text Nr. 12.

1041 Annex I, 4.1.e., Annex II, 4.1.e. des Dekrets Nr. 2019-15, 8.1.2019, JORF 9.1.2019, Text Nr. 12.

Die berechneten Entgeltlücken jeder Gruppe werden mit der Arbeitnehmeranzahl der Gruppe im Verhältnis zur Anzahl der insgesamt berücksichtigten Arbeitnehmer multipliziert.[1042] Die Ergebnisse jeder Vergleichsgruppe werden im letzten Schritt addiert, um die Gesamtdifferenz zwischen den Gehältern von Männern und Frauen zu erhalten. Das Ergebnis wird auf eine Nachkommastelle gerundet.[1043]

Beispielrechnung für diesen Schritt:
Rechenweg:

$$\frac{\text{Anzahl Arbeitnehmer Vergleichsgruppe}}{\text{Anzahl berücksichtigte Arbeitnehmer insg.}} * \text{Entgeltlücke Vergleichsgruppe}$$

Vergleichsgruppe 1: höhere Angestellte: $\frac{50}{250} * 7\% = 1{,}4\%$

Vergleichsgruppe 2: Angestellte $\frac{100}{250} * -1\,\% = -0{,}4\,\%$

Vergleichsgruppe 3: Arbeiter: $\frac{100}{250} * 2\% = 0{,}8\,\%$

Gesamt: 1,4 % + 0,8 % – 0,4 % = 1,8 %

III. Berechnung der weiteren Indikatoren

Neben dem Indikator Entgeltlücke müssen die kleineren und mittleren Unternehmen noch drei weitere Indikatoren, die größeren Unternehmen vier weitere Indikatoren berechnen.

1. Individuelle Gehaltserhöhungen und Beförderungen

Die größeren Unternehmen mit mehr als 250 Arbeitnehmern müssen jeweils einen Indikator für die Quote der individuellen Gehaltserhöhungen und für die Beförderungsquote berechnen. Für die Berechnung müssen die Arbeitnehmer zunächst in die vier großen sozioprofessionellen Gruppen unterteilt werden.[1044] Nur die Gruppen mit mindestens zehn Frauen und zehn Männern

1042 Annex I, 4.1.f., Annex II, 4.1.f. des Dekrets Nr. 2019-15, 8.1.2019, JORF 9.1.2019, Text Nr. 12.

1043 Annex I, 4.1.g., Annex II, 4.1.g. des Dekrets Nr. 2019-15, 8.1.2019, JORF 9.1.2019, Text Nr. 12.

1044 Annex I, 4.2.a. des Dekrets Nr. 2019-15, 8.1.2019, JORF 9.1.2019, Text Nr. 12.

werden berücksichtigt.[1045] Für jede Gruppe wird für Männer und Frauen jeweils der Prozentanteil berechnet, der von einer Gehaltserhöhung (Indikator 2) bzw. einer Beförderung (Indikator 3) während des Referenzzeitraums profitierte.[1046] Daraufhin wird vom Prozentanteil der Männer der Prozentanteil der Frauen abgezogen.[1047] Die Differenz zwischen beiden Werten wird in Prozentpunkten angegeben.[1048] Um die gesamte Lücke zu berechnen, wird die Arbeitnehmeranzahl jeder Gruppe durch die Gesamtanzahl der Arbeitnehmer aller Gruppen geteilt und sodann mit der ermittelten Differenz in der Gruppe multipliziert.[1049] Alle Werte werden zusammengezählt und das Ergebnis auf eine Nachkommastelle gerundet.[1050]

In den Unternehmen mit 50 bis 250 Arbeitnehmern muss nur ein Indikator für die Gehaltserhöhungen inkl. Beförderungen berechnet werden.[1051] Die Berechnung erfolgt grundsätzlich entsprechend der oben beschriebenen Schritte.[1052] Die Mindestanzahl der Arbeitnehmer in den Gruppen beträgt allerdings nur fünf Frauen und fünf Männer[1053] und es darf ein längerer Referenzzeitraum von bis zu drei Jahren verwendet werden.[1054]

2. Gehaltserhöhung nach dem Mutterschaftsurlaub und die zehn höchsten Gehälter

Der Hintergrund des Indikators „Gehaltserhöhung nach dem Mutterschaftsurlaub" ist die Finanzierung des Gehaltsausgleichs während der Schutzzeiten. Im Gegensatz zum deutschen Arbeits- und Sozialrecht wird der Arbeitsausfall nicht hauptsächlich durch den Arbeitgeber finanziert, sondern durch die Krankenkassen (*caisses primaires d'assurance maladie [CPAM]*). Die Arbeitnehmer in Mutterschutz haben einen Anspruch auf ein Tagegeld in Höhe von 79 Prozent des Bruttoverdienstes, das sie vor dem Mutterschutz verdient haben. Dieses ist auf eine monatliche Obergrenze von 3428 € und eine Untergrenze von 9,63 €

1045 Annex I, 4.2.b. des Dekrets Nr. 2019-15, 8.1.2019, JORF 9.1.2019, Text Nr. 12.
1046 Annex I 4.2.c. des Dekrets Nr. 2019-15, 8.1.2019, JORF 9.1.2019, Text Nr. 12.
1047 Annex I 4.2.d. des Dekrets Nr. 2019-15, 8.1.2019, JORF 9.1.2019, Text Nr. 12.
1048 Annex I 4.2.d. des Dekrets Nr. 2019-15, 8.1.2019, JORF 9.1.2019, Text Nr. 12.
1049 Annex I 4.2.e. des Dekrets Nr. 2019-15, 8.1.2019, JORF 9.1.2019, Text Nr. 12.
1050 Annex I 4.2.f. des Dekrets Nr. 2019-15, 8.1.2019, JORF 9.1.2019, Text Nr. 12.
1051 Art. D 1142-2-1 Nr. 2 CT.
1052 Lamy social 2020, Rn. 1900; Annex II 4.2. des Dekrets Nr. 2019-15, 8.1.2019, JORF 9.1.2019, Text Nr. 12.
1053 *DGT,* Instr. Nrn. DGT/SAT/DASIT1/2019/33, 2019/03, 25.1.2019, S. 4.
1054 Annex II 1. des Dekrets Nr. 2019-15, 8.1.2019, JORF 9.1.2019, Text Nr. 12.

je Tag begrenzt (Stand: Jahr 2020). Zuletzt werden von der berechneten Entschädigung noch der Allgemeine Sozialbeitrag (*contribution sociale généralisée [CSG]*) und der Beitrag zur Abtragung der Sozialversicherungsschulden (*contribution pour le remboursement de la dette sociale [CRDS]*) abgezogen. Daher kann es dazu kommen, dass eine während der Schutzzeit erfolgte allgemeine Gehaltserhöhung nicht an diese Arbeitnehmer weitergegeben wird, wenn sie wieder in das Unternehmen zurückkehren. Die entsprechende gesetzliche Verpflichtung[1055] war wenig bekannt und wurde wenig umgesetzt, weshalb sie in den Index aufgenommen wurde.[1056] Für den Indikator ist die Gesamtanzahl der Rückkehrer aus dem Mutter- oder Adoptionsschutz, während dem eine Gehaltserhöhung erfolgte, ins Verhältnis zu der Anzahl der Rückkehrer zu setzen, die diese Gehaltsanpassung nach der Rückkehr aus dem Mutterschutz bekommen haben. Fand während der Schutzzeiten keine Gehaltserhöhung statt oder kehrte kein Arbeitnehmer aus einer Schutzzeit zurück, ist der Indikator nicht berechenbar. Für den letzten Indikator wird unter den zehn höchsten Arbeitnehmergehältern der Anteil des unterrepräsentierten Geschlechts ermittelt.

IV. Zusammensetzung des Index

Die Indikatoren sind unterschiedlich gewichtet. Die Entgeltlücke ist der wichtigste Indikator und fließt mit 40 von 100 Punkten in den Index ein. Der finale Indexwert wird berechnet, indem die erreichten Punktzahlen jedes Indikators addiert werden.[1057] Die folgende Übersicht informiert über die Indikatoren und deren Gewichtung.

Im Falle eines nicht berechenbaren Indikators ist die errechnete Gesamtpunktzahl proportional hochzurechnen. Solche Fälle können auftreten, wenn keine Gehaltserhöhungen oder Beförderungen während des Referenzzeitraums erfolgten oder keine ausreichende Gruppengröße erreicht wurde, also weniger als 40 Prozent der Arbeitnehmer in die Indikatorberechnung eingeflossen sind.[1058] Hat beispielsweise ein Unternehmen nur drei Indikatoren berechnen können und daher 60 von 80 Punkten erreicht, beträgt der Indexwert 75 von

1055 Gesetz Nr. 2006-340, 23.3.2006, JORF 24.3.2006, Text 2; Art. L 1225-26 CT.

1056 *Champeaux*, Sem. Soc. Lamy, 3.12.2018, Nr. 1839, S. 2 (3).

1057 Annex I 5., Annex II 5. des Dekrets Nr. 2019-15, 8.1.2019, JORF 9.1.2019, Text Nr. 12.

1058 Annex I 5.1., Annex II 5.1. des Dekrets Nr. 2019-15, 8.1.2019, JORF 9.1.2019, Text Nr. 12.

Übersicht 7: Punkteskala zur Indexberechnung[a]

Indikatoren	**Errechneter Wert**	**Punkte**
Entgeltlücke zwischen Männern und Frauen	0 %	40
	> 0 – 1 %	39
	> 1 – 2 %	38
	> 2 – 3 %	37
	> 3 – 4 %	36
	> 4 – 5 %	35
	> 5 – 6 %	34
	> 6 – 7 %	33
	> 7 – 8 %	31
	> 8 – 9 %	29
	> 9 – 10 %	27
	> 10 – 11 %	25
	> 11 – 12 %	23
	> 12 – 13 %	21
	> 13 – 14 %	19
	> 14 – 15 %	17
	> 15 – 16 %	14
	> 16 – 17 %	11
	> 17 – 18 %	8
	> 18 – 19 %	5
	> 19 – 20 %	2
	> 20 %	0
Lücke der individuellen Gehaltserhöhungsquoten (ohne Beförderungen) zwischen Frauen und Männern In Unternehmen > 250 Arbeitnehmer	≤ 2 %	20
	> 2 – 5 %	10
	> 5 – 10 %	5
	> 10 %	0
Lücke der Beförderungsquoten zwischen Frauen und Männern In Unternehmen > 250 Arbeitnehmer	≤ 2 %	15
	> 2 – 5 %	10
	> 5 – 10 %	5
	> 10 %	0
Lücke der individuellen Gehaltserhöhungsquoten zwischen Frauen und Männern In Unternehmen ≥ 50 ≤ 250 Arbeitnehmer	≤ 2 %	35
	> 2 – 5 %	25
	> 5 – 10 %	15
	> 10 %	0
Anteil der Arbeitnehmer mit Gehaltserhöhung nach Rückkehr aus Schutzzeit	= 100 %	15
	< 100 %	0

Indikatoren	Errechneter Wert	Punkte
Anzahl der Arbeitnehmer des unterrepräsentierten Geschlechts auf den Arbeitsplätzen mit den 10 höchsten Gehältern	4 – 5 Arbeitnehmer	10
	2 – 3 Arbeitnehmer	5
	0 – 1 Arbeitnehmer	0

a Vgl. Art. D 1142–3 CT; Annex I 4., Annex II 4. des Dekrets Nr. 2019–15, 8.1.2019, JORF 9.1.2019, Text Nr. 12; Lamy social 2020, Rn. 1903.

100 Punkten (Rechenweg: 60/80*100).[1059] Eine Hochrechnung kann nur vorgenommen werden, wenn theoretisch noch mindestens 75 Indexpunkte erreicht werden können. Zum Beispiel darf das Ergebnis 50 von 55 Punkten nicht mehr hochgerechnet werden. In so einem Fall muss das Unternehmen für den betreffenden Zeitraum keinen Indexwert berechnen und veröffentlichen.

Ergreift das Unternehmen Maßnahmen, um den Rückstand der Entgeltlücke aufzuholen, etwa durch Gehaltserhöhungen oder Beförderungen, werden die Indikatoren bezüglich der Gehaltssteigerungsquoten auf die höchstmögliche Punktzahl gesetzt.[1060] Dies soll verhindern, dass die Korrekturmaßnahmen zu schlechteren Indikatorwerten bei den Gehaltssteigerungsraten führen. Besteht zum Beispiel in einem Unternehmen mit mehr als 250 Arbeitnehmern eine Entgeltlücke von 10 % zuungunsten von Frauen und führen Anpassungsmaßnahmen beim Indikator „Gehaltserhöhungen ohne Beförderungen" zu einer Lücke von 7 % zugunsten der Frauen, erreicht das Unternehmen den Höchstwert von 20 Punkten anstatt der ursprünglich berechneten Punktzahl für diesen Indikator.[1061]

B. Unterstützung, Kontrolle und Sanktionen durch die Behörden

Die Unternehmen ab 50 Arbeitnehmern sind verpflichtet, jährlich den Indexwert und die zur Beseitigung der Entgeltlücke ergriffenen Maßnahmen zu veröffentlichen.[1062] Die Ergebnisse des Vorjahres sind spätestens zum 1. März

1059 Lamy social 2020, Rn. 1903.

1060 Annex I 5.2., Annex II 5.2. des Dekrets Nr. 2019-15, 8.1.2019, JORF 9.1.2019, Text Nr. 12

1061 *DGT,* Instr. Nrn. DGT/SAT/DASIT1/2019/33, 2019/03, 25.1.2019, S. 4.

1062 Art. L 1142-8 CT.

des laufenden Jahres auf der Website des Unternehmens zu veröffentlichen.[1063] Hat das Unternehmen keine Website, sind die Ergebnisse den Arbeitnehmern mit anderen Mitteln, wie einem Rundschreiben, elektronische Nachricht oder Postversand, zur Kenntnis zu bringen.[1064] Es ist nur der Indexwert und nicht die errechnete Entgeltlücke zu veröffentlichen. Wird der erreichte Indexwert nicht veröffentlicht, kann eine Geldstrafe von bis zu einem Prozent der Bruttolohnsumme verhängt werden.[1065]

Aufgrund der komplexen Berechnung des Index veranlasste das Arbeitsministerium die Unterstützung der Unternehmen durch die Behörden. Unternehmen mit bis zu 250 Arbeitnehmern können bei der zuständigen Regionaldirektion (*Direccte*) die Benennung einer oder mehrerer Ansprechpartner (*référents égalité professionnelle*) beantragen, die die Indexberechnung und ggf. die Festlegung geeigneter und sachdienlicher Korrekturmaßnahmen begleiten.[1066] Für alle Unternehmen werden ein halbtägiges Praxisseminar, eine Online-Lehrvideoanimation und ein kostenloser Telefonservice angeboten.[1067] Die Antworten auf häufig gestellte Fragen und eine Excel-Datei zur Indexberechnung wurden ebenfalls veröffentlicht.[1068] Für die verpflichtende Übermittlung des Index und der einzelnen Indikatoren an die Behörden ist ein Online-Formular bereitgestellt.[1069] Alternativ können die Unternehmen ein vom Ministerium entwickeltes Online-Kalkulationsformular mit detaillierter Anleitung und anschließender Ergebnisübermittlung an die zuständige Behörde nutzen.[1070]

Die Arbeitsinspektion räumte den Kontrollen in Zusammenhang mit den Indexergebnissen eine Priorität ein.[1071] Sie erhöhte die Zahl ihrer Kontrollen im Bereich der beruflichen Gleichstellung von Männern und Frauen auf 7.000 im

---

1063 Art. D 1142-4 CT.

1064 Art. D 1142-4 CT.

1065 Art. L 2242-8 ff., R 2242-3, R 2242-7 CT.

1066 Art. D 1142-7 CT; *Izard,* Sem. Soc. Lamy, 9.3.2020, Nr. 1898, S. 2 (4).

1067 *Ministère du travail,* Index de l'égalité professionnelle : calcul et questions/réponses, Pour vous accompagnement dans le calcul de votre Index, 29.11.2019.

1068 *Ministère du travail,* Index de l'égalité professionnelle : calcul et questions/réponses, Pour vous accompagnement dans le calcul de votre Index, 29.11.2019.

1069 Art. D 1142-5 Abs. 3 CT; abrufbar unter: https://solen1.enquetes.social.gouv.fr/cgi-3/HE/SF?P=1162z26z2z-1z-1z91BD660965 [Zugriff: 2.12.2020].

1070 *Ministère du travail,* Index Egapro, L'outil de calcul et de déclaration de votre index égalité professionnelle Femmes- Hommes, abrufbar unter: https://index-egapro.travail.gouv.fr/ [Zugriff: 1.12.2020].

1071 *Izard,* Sem. Soc. Lamy, 9.3.2020, Nr. 1898, S. 2.

Jahr 2019 (4.502 im Jahr 2018).[1072] Diese seien effizienter gewesen, da sich die Arbeitsinspektoren auf die Unternehmen konzentrieren konnten, die kein oder ein schlechtes Indexergebnis veröffentlicht hatten.[1073] Ob die Unternehmen den Indexwert richtig berechnet haben, wird nicht kontrolliert.[1074]

Erreicht ein Unternehmen einen Indexwert von kleiner als 75 Punkten und in den drei nachfolgenden Referenzzeiträumen kein einziges Mal mehr als 74 Punkte, kann eine Geldstrafe verhängt werden.[1075] Eine Ausnahme gilt, wenn der Index nicht berechenbar war.[1076] Erreicht das Unternehmen vor Ablauf der drei Jahre 75 Punkte und kommt es danach wieder zu einem Wert kleiner 75, hat das Unternehmen wieder drei Jahre Zeit, um den Wert größer gleich 75 zu erreichen.[1077]

C. Information der Arbeitnehmervertreter und Festlegung der Korrekturmaßnahmen

Sowohl die Ergebnisse der einzelnen Indikatoren als auch die Gesamtpunktzahl werden dem Wirtschafts- und Sozialausschuss und den Gewerkschaftsdelegierten über die Wirtschafts- und Sozialdatenbank[1078] zur Verfügung gestellt.[1079] Die vereinheitlichten und jährlich berechneten Indikatoren sollen den sozialen Dialog verbessern.[1080] Die Zwischenergebnisse der Indikatoren werden für jede gebildete Vergleichs- und Altersgruppe eingestellt.[1081] Alle für das Verständnis nützlichen Angaben sind beizufügen, insbesondere die angewandte Methodik und ggf. die geplanten oder bereits durchgeführten Korrekturmaßnahmen.[1082] Für den Fall, dass bestimmte Indikatoren nicht berechnet werden können, muss dies gegenüber dem Wirtschafts- und Sozialausschuss

1072 *Ministère du travail,* Index de l'égalité professionnelle entre les femmes et les hommes, Dossier de presse, 17.9.2019, S. 7; *Izard,* Sem. Soc. Lamy, 23.4.2019, Nr. 1858, S. 5 (6).

1073 *Izard,* Sem. Soc. Lamy, 9.3.2020, Nr. 1898, S. 2.

1074 *Izard,* Sem. Soc. Lamy, 11.6.2019, Nr. 1865, S. 2 (3).

1075 Art. L 1142-10, D 1142-6 ff. CT.

1076 *DGT,* Instr. Nrn. DGT/SAT/DASIT1/2019/33, 2019/03, 25.1.2019, S. 4.

1077 Art. D 1142-8 CT.

1078 Dazu: § 5 A., S. 153.

1079 Art. D 1142-5 CT.

1080 *Leyre,* Sem. Soc. Lamy, 25.2.2019, Nr. 1850, S. 3.

1081 *DGT,* Instr. Nrn. DGT/SAT/DASIT1/2019/33, 2019/03, 25.1.2019, S. 5.

1082 Art. R 2312-7 CT; *DGT,* Instr. Nrn. DGT/SAT/DASIT1/2019/33, 2019/03, 25.1.2019, S. 5.

ausführlich begründet werden und die Berechnungsschritte müssen dennoch zur Verfügung gestellt werden.[1083]

Verfehlt das Unternehmen den Indexwert von 75 oder höher, müssen geeignete und sachdienliche Ziele und Maßnahmen zur Verbesserung festgelegt werden.[1084] Für die Umsetzung der Maßnahmen muss ggf. über einen ein- oder mehrjährigen Finanzplan verhandelt werden.[1085] Sofern keine abweichende Vereinbarung mit den repräsentativen Gewerkschaften im Unternehmen geschlossen wurde, findet die Verhandlung über die Verbesserung des Indexwerts im Rahmen der verpflichtenden Verhandlung über die berufliche Gleichstellung statt.[1086] Wenn keine Einigung zustande kommt oder keine Verhandlungspflicht besteht, entscheidet der Arbeitgeber nach Anhörung des Wirtschafts- und Sozialausschusses selbst über die Ziele, Maßnahmen und den Finanzplan.[1087] Der Arbeitgeber kann diese in seinen Aktionsplan (*plan d'action unilatéral*) für berufliche Gleichstellung aufnehmen, der in Ermangelung eines Tarifvertrags für berufliche Gleichstellung erstellt werden muss.[1088] Sofern bereits eine Vereinbarung für berufliche Gleichstellung mit längerer Laufzeit geschlossen wurde und das Unternehmen danach den geforderten Indexwert nicht erreicht, muss der Arbeitgeber eine Neuverhandlung initiieren.[1089]

In Verbindung mit den Verhandlungsverpflichtungen (dazu § 5) ergibt sich im Falle eines ungenügenden Indexergebnisses die folgende Reihenfolge für den Arbeitgeber:

- Berechnung und Veröffentlichung des Index;
- Einstellen der Informationen in die Wirtschafts- und Sozialdatenbank vor der jährlich stattfindenden Anhörung des Wirtschafts- und Sozialausschusses[1090];

1083 Art. D 1142-5 CT; *DGT,* Instr. Nrn. DGT/SAT/DASIT1/2019/33, 2019/03, 25.1.2019, S. 5.

1084 Art. L 1142-9 CT.

1085 Art. L 1142-9 CT.

1086 Art. L 2242-3 Abs. 2, L 2242-1 Nr. 2 CT; L 1142-9 CT; zu den Verhandlungspflichten auf Unternehmensebene: § 5 C. IV., S. 159.

1087 Art. L 1142-9 CT.

1088 Dazu: § 5 C. V., S. 165.

1089 Rechtsgespräch mit *Guillaume Santoro* im September 2020: dies ergebe sich aus dem Wortlaut des Gesetzes und des Dekrets; vgl. Art. L 1142-9, D 1142-6 CT.

1090 Dazu: § 5 B., S. 155.

– Verhandlung und Vereinbarung von Korrekturmaßnahmen mit den Gewerkschaftsdelegierten und anschließend Anhörung des Wirtschafts- und Sozialausschusses;
– wenn die Verhandlungen scheitern: Festlegung der Korrekturmaßnahmen und vorherige Anhörung des Wirtschafts- und Sozialausschusses.[1091]

D. Kritische Würdigung

In diesem Kapitel wird zunächst die Umsetzung in der Praxis beschrieben. Daraufhin wird untersucht, welche rechtlichen Problemstellungen ein einheitlicher Index für Entgeltgleichheit im Arbeitsrecht aufwirft.

I. Umsetzung in der Praxis

Am 1.3.2020 mussten alle französischen Unternehmen ab 50 Arbeitnehmern ihren erreichten Indexwert veröffentlichen. Die Indexveröffentlichung verursachte ein großes Echo in der Presse.[1092] Insgesamt waren 40.000 Unternehmen mit neun Millionen Arbeitnehmern, davon rund 4,5 Millionen weiblich, zur Indexberechnung verpflichtet.[1093] Die aus deutscher Sicht geringe Zahl der Arbeitnehmer lässt sich mit strukturellen Unterschieden zwischen Deutschland und Frankreich erklären. In Frankreich beschäftigen die Unternehmen mit weniger als 50 Arbeitnehmern 45 Prozent aller Arbeitnehmer und die Anzahl der Erwerbstätigen ist mit ca. 27 Millionen sehr viel geringer als in Deutschland.

Nach Angaben des Arbeitsministeriums veröffentlichten knapp zwei Drittel der zur Berechnung verpflichteten Unternehmen den Index.[1094] Je nach Unternehmensgröße variiert der Anteil der Veröffentlichungen stark.[1095] In

1091 *Izard,* Sem. Soc. Lamy, 9.3.2020, Nr. 1898, S. 5; Lamy social 2020, Rn. 1905, 1907.

1092 *Rodier,* Muriel Pénicaud tance les mauvais élèves de l'égalité salariale en entreprise, Le Monde, 6.3.2020; *Garcin-Berson,* Égalité femmes-hommes en entreprise : Muriel Pénicaud dévoile les chiffres de l'index égalité, Le Figaro, 5.3.2020.

1093 *Izard,* Sem. Soc. Lamy, 9.3.2020, Nr. 1898, S. 2 f.

1094 *Izard,* Sem. Soc. Lamy, 9.3.2020, Nr. 1898, S. 2.

1095 Größer 999 Arbeitnehmer: 81 Prozent; 251-999 Arbeitnehmer: 71 Prozent; 50-250 Arbeitnehmer: 49 Arbeitnehmer; *Ministère du travail,* Index de l'égalité professionnelle : les tendances globales 2020 et les résultats pour les plus grandes entreprises, 6.3.2020, abrufbar unter: https://travail-emploi.gouv.fr/actualites/l-actualite-du-ministere/index-egalite-professionnelle-tendances2020-resultats-grandes-entreprises [Zugriff: 28.1.2021].

den kleinen und mittleren Unternehmen veröffentlichten nur 49 Prozent den Indexwert.[1096] Wie bei der Wirtschafts- und Sozialdatenbank und der Vereinbarung bzw. dem Aktionsplan für berufliche Gleichstellung (dazu § 5 E. II., S. 170) zeigen sich auch bei der Indexveröffentlichung große Umsetzungsdefizite.

Für die Unternehmen mit mehr als 250 Arbeitnehmern handelte es sich bereits um die zweite Veröffentlichung, weshalb das Arbeitsministerium deren Fortschritt evaluieren konnte.[1097] Die Anzahl der Unternehmen größer 999 Arbeitnehmer, die die gesetzlich verpflichtende Weitergabe einer allgemeinen Gehaltserhöhung an Rückkehrer aus dem Mutterschutz erfüllten, verbesserte sich von 66 Prozent (2019) auf 90 Prozent (2020). Während im Jahr 2019 20 Prozent der großen Unternehmen den Indexwert von 75 nicht erreicht hatten, waren es 2020 nur noch 4 Prozent. Der Anteil der Frauen an den zehn höchsten Gehältern im Unternehmen verbesserte sich nicht signifikant.[1098]

Entgegen der Erwartung, dass in kleinen und mittleren Unternehmen die Entgeltungleichheiten größer sind, entsprachen die Indexergebnisse der kleinen und mittleren Unternehmen für das Jahr 2019 denen der größeren Unternehmen.[1099] Circa 2000 Unternehmen müssen nach der Veröffentlichung am 1. März 2020 Korrekturmaßnahmen festlegen und umsetzen, um den Wert von 75 innerhalb von drei Jahren zu erreichen.[1100] Das französische Arbeitsministerium veröffentlicht eine Liste der besten Unternehmen mit Indexwert von 99 oder 100 Punkten auf seiner Internetseite[1101] und die Ergebnisse der Unternehmen mit über 999 Arbeitnehmern.[1102] Die Daten werden zudem durch die Statistikdirektion des Arbeitsministeriums (*Direction de l'animation, des études et des statistiques [DARES]*) analysiert.

1096 *Ministère du travail,* Index de l'égalité professionnelle : les tendances globales 2020 et les résultats pour les plus grandes entreprises, 6.3.2020.

1097 *Ministère du travail,* Index de l'égalité professionnelle : les tendances globales 2020 et les résultats pour les plus grandes entreprises, 6.3.2020.

1098 Von 3,5/10 auf 3,7/10; *Izard,* Sem. Soc. Lamy, 9.3.2020, Nr. 1898, S. 2.

1099 Im Durchschnitt: 83,4/100 kleine und mittlere Unternehmen (50-250 Arbeitnehmer); 84,7/100 Unternehmen mit 251-999 Arbeitnehmern; 83/100 große Unternehmen; *Izard,* Sem. Soc. Lamy, 9.3.2020, Nr. 1898, S. 2.

1100 *Izard,* Sem. Soc. Lamy, 9.3.2020, Nr. 1898, S. 3.

1101 Abrufbar unter: https://travail-emploi.gouv.fr/IMG/pdf/index_egal_pro_-_focus_meilleure_note_des_entreprises.pdf [Zugriff: 28.1.2021].

1102 Abrufbar unter: https://index-egapro.travail.gouv.fr/consulter-index [Zugriff: 28.1.2021].

II. Fehlende Diskussion der rechtlichen Probleme in Frankreich

In der französischen Rechtsliteratur werden hauptsächlich die Berechnungsmethoden kritisiert, wie etwa die Toleranzschwelle von bis zu 5 Prozent oder der Indikator über die Gehaltserhöhungen und Beförderungen, der nicht das Volumen der Gehaltserhöhungen, sondern nur die Quoten berücksichtigt.[1103] Dabei sollte nicht übersehen werden, dass jedes gewählte Indexmodell für die Abbildung eines komplexen Sachverhalts Fehlspezifikationen enthält. Es wird immer Einflüsse geben, die nicht erkannt wurden oder nicht messbar sind.[1104] Der französische Gesetzgeber regelte zwar einen relativ genauen Rahmen für die Berechnungsmethode, jedoch verbleiben dem Arbeitgeber Spielräume in der Anwendung des statistischen Verfahrens, wie z. B. bei der Bildung der Vergleichsgruppen und der Arbeitsbewertung. Dies ist auch sinnvoll, da sich die Beschäftigungsstruktur in den Unternehmen stark unterscheiden kann. Durch eine unterschiedliche Anwendung des statistischen Verfahrens kann es auch zu unterschiedlichen Ergebnissen kommen.[1105] Vergleichbar ist dies mit den Auslegungsmethoden der Rechtswissenschaft, die je nach Gewichtung zu einem anderen Ergebnis führen.[1106] Die Rechtswissenschaft sollte sich daher nicht nur auf die Vergleichbarkeit und Aussagekraft der Indexergebnisse beschränken. Diese Arbeit kritisiert die vom französischen Gesetzgeber festgelegte statistische Methode nicht, sondern konzentriert sich auf die rechtlichen Probleme. Denn die gesetzliche Festlegung einer statistischen Methode mit mehreren Indikatoren und eine damit verbundene Ergebnisverantwortung des Arbeitgebers wirft nicht nur Probleme statistischer Art auf: Zunächst stellt sich die Frage, wie sich der einheitliche Index in die bereits geschilderte Systematik von Gleichbehandlungsgrundsatz und Diskriminierungsrecht einordnen lässt (dazu III.). Schwieriger zu beurteilen ist, ob die einheitliche Berechnungsmethode in Kombination mit der Ergebnisverantwortung mit der Gleichheit zwischen Männern und Frauen vereinbar ist (dazu IV.). Insbesondere ist fraglich, unter welchen Voraussetzungen Korrekturmaßnahmen des Arbeitgebers

1103 *Izard*, Sem. Soc. Lamy, 9.3.2020, Nr. 1898, S. 7 f.; *Coron/Boussard-Verrecchia, Berthou/Meurs*, RDT 2019, S. 147; *Déchoz*, Dr. ouvrier 2020, 70; *Petit*, Dr. social 2020, 53.

1104 *Börstinghaus*, in: Schmidt-Futterer Mietrecht, 14. Aufl. 2019, § 558d Qualifizierte Mietspiegel, Rn. 72 a.

1105 *Börstinghaus*, in: Schmidt-Futterer Mietrecht, 14. Aufl. 2019, § 558d Qualifizierte Mietspiegel, Rn. 72 a.

1106 *Börstinghaus*, in: Schmidt-Futterer Mietrecht, 14. Aufl. 2019, § 558d Qualifizierte Mietspiegel, Rn. 72 a.

rechtmäßig sind (dazu V.) Der Arbeitnehmerdatenschutz und die möglichen Auswirkungen auf Individual- und Kollektivverfahren sind demgegenüber weniger problematisch (dazu VI. und VII.).

III. Systematische Einordnung

Der Zweck des Entgeltgleichheitsindex ist die Förderung der tatsächlichen Gleichstellung von Frauen und Männern in der Arbeitswelt. Die Regelungen befinden sich in Titel IV (Berufliche Gleichstellung zwischen Männern und Frauen) des französischen Arbeitsgesetzbuchs.[1107] Titel IV wiederholt zunächst mit einigen Konkretisierungen die Regelungen des Diskriminierungsrechts aus Titel III.[1108] Der französische Gesetzgeber hat den Index somit in enger Verbindung zum Diskriminierungsrecht eingeordnet. Diese Verortung in der Nähe des Diskriminierungsrechts ist sachgerecht, da die tatsächliche Gleichstellung nur durch Beachtung der Grundsätze des Diskriminierungsrechts erreicht werden kann.[1109] Allerdings trägt der Index auch zur Umsetzung der allgemeinen Regel „*à travail égal, salaire égal*" und der spezielleren Regel der Entgeltgleichheit zwischen Frauen und Männern bei.[1110] Insbesondere für die Berechnung des ersten Indikators „Entgeltlücke" muss das Unternehmen Vergleichsgruppen nach gleichwertigen Tätigkeiten bilden und die gezahlten Entgeltbestandteile ermitteln und zusammenrechnen. Dies ist bereits ein großer Anreiz für ein nach objektiven, sachdienlichen Kriterien entwickeltes Entgeltsystem. Der Index ist somit nicht primär dem Diskriminierungsrecht oder dem Gleichbehandlungsgrundsatz zuzuordnen. Er dient der effektiven tatsächlichen Umsetzung dieser grundlegenden Rechtsnormen in der Arbeitswelt, die ein wichtiger Teilbereich des gesellschaftlichen Lebens ist.[1111] Wie die Verhandlungspflichten und der Aktionsplan für berufliche Gleichstellung setzt der Index auf der kollektivrechtlichen Ebene an.[1112]

Zudem stellt sich die Frage, ob der Entgeltgleichheitsindex mit seiner Ergebnisverpflichtung (*obligation de résultat*) über die Chancengleichheit (*égalité des chances*) hinaus, eine Ergebnisgleichheit (*égalité de résultat*) bezweckt, also eine Egalisierung unabhängig von den rechtlichen Kategorien Diskriminierung

1107 Art. L 1142-7 ff. CT.

1108 Art. L 1142-1 ff. CT.

1109 *Verkindt,* Dr. social 2008, 1051 (1054).

1110 *Petit,* Dr. social 2020, 53; dazu § 3, S. 55.

1111 *Verkindt,* Dr. social 2008, 1051 (1054).

1112 Vgl. Art. L 1142-5, L 1143-2 ff. CT; *Verkindt,* Dr. social 2008, 1051 (1054).

und Gleichbehandlung. Hierfür spricht, dass die Nichterreichung des Indexwerts von 75 in vier aufeinanderfolgenden Jahren mit einer Geldstrafe belegt werden kann. Die Indikatoren „Entgeltlücke", „Beförderungs- und Gehaltssteigerungsquoten" und die „Quote unter den höchsten Gehältern" zeigen nicht, ob die abgebildeten Unterschiede durch sachliche Gründe gerechtfertigt sind. Eine Prüfung der eventuell bestehenden sachlichen Gründe ist im Bußgeldverfahren nicht ausdrücklich vorgesehen. Für die Verhängung der Geldstrafe kommt es somit nur auf das Indexergebnis an. Die Überprüfung, ob im Unternehmen Rechtfertigungsgründe für die Ungleichheiten vorhanden sind, soll in den verpflichtenden Verhandlungen mit den Gewerkschaftsdelegierten oder ggf. durch den Arbeitgeber selbst geleistet werden.

In Frankreich wird die Gleichheit mittlerweile als ein Ziel angesehen, das mit effektiven Mitteln erreicht werden muss.[1113] Der Index soll durch die einheitliche Methode die Zielerreichung abbilden und messbar machen, um den Vergleich der Unternehmen zu ermöglichen und die Ergebnisse zu verbessern. Der Entgeltgleichheitsindex geht somit über das bisher geltende Gleichheitskonzept der Chancengleichheit hinaus und strebt eine mit den Indexergebnissen messbare Gleichstellung zwischen Frauen und Männern auf Unternehmensebene an.

IV. Starre Quoten durch die Hintertür?

Es stellt sich die Frage, ob der Index wegen der bußgeldbewehrten Ergebnisverantwortung des Arbeitgebers mittelbar wie eine rechtswidrige, starre Quotenregelung wirkt und ob er ein milderes Mittel als Quoten für bestimmte Führungsetagen sein kann.

1. Rechtliche Grundlagen

Gemäß Art. 1 Abs. 2 der französischen Verfassung vom 4.10.1958 fördert der Gesetzgeber den gleichen Zugang von Frauen und Männern zu den Wahlmandaten und -ämtern sowie zu den Führungspositionen im beruflichen und sozialen Bereich. Der französische Verfassungsrat legt diesen Artikel eng aus.[1114] Regelungen zur Bevorzugung aufgrund des Geschlechts seien nur bei gleichwertigen Verdiensten („*à mérite égaux*") rechtmäßig.[1115] Somit verstoßen starre

1113 *Porta*, in: Borenfreund/Vacarie (Hrsg.), Le droit social, l'égalité et les discriminations, 2013, S. 9 (11) mwN.

1114 *Sarigny*, Les cahiers du Conseil constitutionnel, Nr. 4/2020, Titel VII Abschnitt 3.

1115 Cons. const. 24.4.2003, Nr. 2003-471 DC, JORF 2.5.2003, S. 7641; 12.1.2002, Nr. 2001-455 DC, JORF 18.1.2002, S. 1053, Rn. 115.

Quotenregelungen oder der pauschale, priorisierte Zugang gegen die Gleichheit zwischen Frauen und Männern und sind im französischen Recht nicht verfassungsgemäß.[1116] Teilweise wird diese enge Auslegung in der Rechtsliteratur kritisiert, da die tatsächliche Gleichstellung von Männern und Frauen nur vom guten Willen der Akteure abhängig sei.[1117] In der deutschen Rechtsordnung ist der Gleichstellungsauftrag des Art. 3 Abs. 2 Satz 2 GG als Staatszielbestimmung ausgestaltet, die keinen individuellen Anspruch begründet.[1118] Dieser Auftrag richtet sich an die Gesetzgebung, Verwaltung und Rechtsprechung.[1119] Das individuelle Grundrecht auf Gleichberechtigung von Männern und Frauen ist demgegenüber unmittelbar geltendes Verfassungsrecht, das Gesetzgebung, Verwaltung und Rechtsprechung verpflichtet (Art. 3 Abs. 3 iVm Art. 1 Abs. 3 GG). Somit sind Maßnahmen, die zur Erreichung des Staatsziels in unverhältnismäßiger Weise gegen das Gleichheitsgrundrecht verstoßen, verfassungswidrig.[1120]

Das EU-Recht entspricht in dieser Grundlagenfrage dem deutschen und französischen Recht. Der EuGH hat in der Kalanke-Entscheidung zwischen rechtmäßigen Maßnahmen zur Förderung der Chancengleichheit und rechtswidrigen Maßnahmen zur Herstellung von Ergebnisgleichheit differenziert.[1121] Eine Regelung sei europarechtswidrig, wenn sie in einem Bereich, in dem Frauen unterrepräsentiert sind, bei gleicher Qualifikation von Bewerbern unterschiedlichen Geschlechts, den weiblichen Bewerbern in jedem Fall den Vorrang gewährt. Hingegen sind flexible Quotenregelungen mit Öffnungsklausel (*clause d'ouverture*) europarechtskonform.[1122]

2. *Einordnung der Indexberechnung*

Die Indikatoren Gehaltssteigerungsquote, Beförderungsquote sowie der Anteil an den zehn höchsten Gehältern machen insgesamt 45 von 100 Indexpunkten aus. Erreicht ein Unternehmen den Indexwert von 75 nicht, muss es diesen Wert in den nächsten drei Jahren zumindest einmal erreichen.[1123] Ein

1116 Cons. const. 16.3.2006, Nr. 2006-533 DC; JORF 24.3.2006, S. 4446, Rn. 12 ff.; *Verkindt,* Dr. social 2008, 1051 (1053).
1117 *Verkindt,* Dr. social 2008, 1051 (1053); *Lanquetin,* Dr. social 1996, 494 (499 ff.).
1118 *Hofmann,* NVwZ 1995, 662.
1119 *Hofmann,* NVwZ 1995, 662.
1120 BVerfG 13.1.1982, 1 BvR 848/77, BVerfGE 59, 231 (262 f.).
1121 EuGH 17.10.1995, C-450/93, Slg. 1995, I-3051 Rn. 15 ff. – Kalanke.
1122 EuGH 11.11.1997, C-409/95, Slg. 1997, I-6363 Rn. 33 – Marshall.
1123 Art. 1142-10 Abs. 1 CT.

Verstoß gegen diese Ergebnisverpflichtung ist bußgeldbewehrt. Ausnahmen für Härtefälle sind nicht ausdrücklich geregelt. Zudem drohen aufgrund der Veröffentlichungspflicht und des medialen und gesellschaftlichen Interesses Reputationsschäden. Für die Unternehmen besteht somit ein großer Druck, den verpflichtenden Indexwert zu erreichen.

Zunächst gilt: Die Verbesserungsmaßnahmen, die die Unternehmen selbst oder mit den Gewerkschaftsdelegierten festlegen können, müssen rechtmäßig sein. Sie dürfen nicht in rechtswidriger Weise gegen den Gleichbehandlungsgrundsatz oder das Diskriminierungsrecht verstoßen. Die alleinige Verbesserung des Indexergebnisses ist noch keine objektive und sachliche Rechtfertigung, für eine personenbezogene Ungleichbehandlung und rechtfertigt auch keine Diskriminierung wegen des Geschlechts. Nur unter den Voraussetzungen einer positiven Diskriminierung wäre eine Besserstellung aufgrund des Geschlechts rechtmäßig. Die bevorzugenden Maßnahmen müssen das Ziel haben, eine bestimmte tatsächliche Ungleichheit zu beseitigen. Für Einstellungs-, Beförderungs- oder Gehaltserhöhungsquoten sind insbesondere die obigen Grundsätze des nationalen und europäischen Rechts zu beachten. Auf diesbezügliche Klarstellungen wurde seitens des französischen Gesetzgebers jedoch verzichtet.

Letztendlich besteht nun für französische Unternehmen der Druck, die Quoten, die für den Index relevant sind, zu verbessern, um in der nächsten Berechnung das verpflichtende Ergebnis zu erzielen. Immerhin ermöglicht die Anzahl der Indikatoren eine gewisse Flexibilität. Das Unternehmen kann daher mit den repräsentativen Gewerkschaften oder ggf. einseitig festlegen, in welchen Bereichen sie welches Ziel mit welchen Mitteln erreichen möchte. Trotzdem muss das Unternehmen in letzter Konsequenz die noch fehlenden Punkte zum festgelegten Wert 75 erreichen, was nur gelingen kann, wenn die Indikatorwerte entsprechend verbessert werden. Die konkreten Zielwerte für die einzelnen Indikatoren sind zwar nicht direkt durch den Gesetzgeber vorgegeben; sie ergeben sich jedoch mittelbar aus der Verpflichtung, einen bestimmten Indexwert zu erreichen. Es besteht daher eine Gefahr der pauschalen rechtswidrigen Bevorzugung bzw. Benachteiligung aufgrund des Geschlechts. Die Indikatoren sind zwar geschlechtsneutral gefasst, es ist jedoch zu erwarten, dass der negative Effekt überwiegend die männlichen Arbeitnehmer trifft.

3. Ergebnis

Im Vergleich zu einer starren Quotenregelung in einer bestimmten Führungsetage kann die französische Konzeption eines Index mit bußgeldbewehrter

Ergebnisverpflichtung in ähnlich starker Weise in die grundrechtlich geschützte Gleichheit zwischen Männern und Frauen eingreifen, da die einzelnen Indikatoren bestimmte Quotenverhältnisse abbilden. Es besteht die Gefahr einer mittelbar verursachten, unverhältnismäßigen Diskriminierung der männlichen Arbeitnehmer durch Korrekturmaßnahmen des Arbeitgebers bzw. der Koalitionen. Dies muss der Gesetzgeber bei der Ausgestaltung einer verpflichtenden Indexberechnung beachten.

Im deutschen Recht steht dem Gesetzgeber ein gewisser Beurteilungsspielraum hinsichtlich der Geeignetheit und Erforderlichkeit einer Regelung zu. Die mit einem Index geförderte Gleichstellung der Frau ist als Staatszielbestimmung (Art. 3 Abs. 2 Satz 2 GG) ein legitimer Zweck. Eine einheitliche statistische Methode ist zur Zweckerreichung geeignet, da sie die Unternehmen zu einer Evaluation der aktuellen Situation veranlasst und eine gewisse Vergleichbarkeit ermöglicht. Die Festlegung mehrerer Indikatoren ermöglicht zudem einen breiteren Ansatz und mehr Flexibilität für die Unternehmen als eine Quotenregelung für ein bestimmtes Führungsgremium. Als mildere Mittel sind die Indexberechnung ohne Ergebnisverpflichtung, ein Index mit unverbindlichem Richtwert oder ein Index mit Ergebnisverpflichtung mit Härtefallklausel zu prüfen. Auf die Veröffentlichungspflicht des Indexwerts könnte nicht verzichtet werden, da ansonsten jeglicher Anreiz zur Berechnung des Index fehlen würde. Auf die Bußgeldbewehrung sollte verzichtet werden, um den Anreiz zur rechtswidrigen pauschalen Bevorzugung des unterrepräsentierten Geschlechts zu verhindern. Zudem sollte im Gesetzestext ausdrücklich darauf hingewiesen werden, dass eine dahin gehende Unternehmenspraxis rechtswidrig wäre, wenn sie nicht die Voraussetzungen einer positiven Diskriminierung erfüllt. Darüber hinaus kann mit einem höheren Schwellenwert als in Frankreich (50 Arbeitnehmer) die Überlastung von kleineren und mittleren Unternehmen verhindert werden.

V. Festlegung rechtmäßiger Korrekturmaßnahmen

Da nach der französischen Konzeption der Arbeitgeber bei einem Indexwert kleiner als 75 zu Korrekturmaßnahmen verpflichtet ist, die er vorrangig mit den Gewerkschaftsdelegierten aushandeln muss, stellt sich für die französischen Arbeitgeber eine komplexe Rechtsfrage: Welcher Kontrollmaßstab gilt für die festgelegten Fördermaßnahmen, die die Arbeitnehmer eines Geschlechts unmittelbar oder mittelbar bevorzugen?

Zunächst ist festzustellen, dass nicht jede Korrekturmaßnahme eine Bevorzugung einer Arbeitnehmergruppe aufgrund des Geschlechts verursachen muss. Unproblematisch werden Aufklärungs- und Sensibilisierungsmaßnahmen für Personalverantwortliche und Führungskräfte keinen diskriminierenden Effekt haben. Dies gilt auch für die Umstellung der beruflichen Bildungsangebote, um Arbeitnehmern, die in einer schwierigen Familiensituation sind, die Teilnahme zu erleichtern, etwa durch Verschiebung von den Wochenenden auf die Arbeitstage.

1. Positive Maßnahmen

Problematisch sind allerdings die positiven Diskriminierungen, die bestimmte Arbeitnehmer aufgrund ihres Geschlechts besonders fördern oder priorisieren. In Deutschland und Frankreich entscheiden die Gerichte selten über solche Maßnahmen von privaten Arbeitgebern oder den Koalitionen. Die Voraussetzungen für die Rechtmäßigkeit positiver Maßnahmen sind daher weitgehend ungeklärt und für den Arbeitgeber mit Rechtsunsicherheit verbunden.[1124]

In der französischen Rechtsliteratur wird auf dieses Problem im Zusammenhang mit den Verhandlungspflichten, dem verpflichtenden Aktionsplan und den Korrekturmaßnahmen bei einem unzureichenden Indexergebnis hingewiesen.[1125] Der Arbeitgeber und die Koalitionen dürften durch ihre Maßnahmen keine Diskriminierungen verursachen.[1126] Die Praxisliteratur empfiehlt für jede Maßnahme den Zweck und einen entsprechenden Indikator festzulegen.[1127]

Beispiel:

- Ziel: Förderung des beruflichen Wiedereinstiegs nach einer längeren Abwesenheit aus familiären Gründen;
- Maßnahme: Senkung der Fortbildungstage, die außerhalb der regulären Arbeitszeiten liegen;
- Indikator: Anteil der Fortbildungstage außerhalb der regulären Arbeitszeiten im Verhältnis zu den organisierten Fortbildungstagen insgesamt.[1128]

Die vorgeschlagenen Maßnahmen reichen von Sensibilisierungs- und Aufklärungsmaßnahmen bis zur Erhöhung der Beförderungsquote für die Arbeitnehmer des im Unternehmen benachteiligten Geschlechts.[1129] Durch die

1124 *Thüsing*, in: Münchener Kommentar zum BGB, Band 1, 8. Aufl. 2018, § 5 AGG Rn. 2

1125 *Moizard*, Dr. social 2020, 320 (324); *Terrenoire*, Sem. jur. Entreprise et affaires 19.3.2020, 51 (57).

1126 *Moizard*, Dr. social 2020, 320 (324).

1127 Lamy social 2020, Rn. 1924 ff.

1128 Lamy social 2020, Rn. 1925.

1129 Lamy social 2020, Rn. 1924 ff.

Verbindung mit Indikatoren erreicht das französische Recht eine bessere rechtliche Bewertbarkeit der Maßnahmen, da die tatsächlich bestehenden Ungleichheiten belegt werden können.

Im deutschen Rechtssystem ergibt sich eine entsprechende Problemlage bei der gesetzlich vorgesehenen Festlegung von Zielgrößen für den Frauenanteil in Führungspositionen durch börsennotierte oder mitbestimmte Unternehmen.[1130] Nachdem das Unternehmen seine Zielgröße festgelegt hat, folgt daraus der entsprechende Druck, diese Zielgröße durch konkrete Maßnahmen zu erreichen. Nach einer Ansicht in der Literatur sei eine Fördermaßnahme der Unternehmensleitung, die gleichzeitig Personen des anderen Geschlechts benachteiligt, gerechtfertigt, wenn sie ein angemessenes Mittel zum Ausgleich der tatsächlichen Ungleichheit oder zur Herstellung der Chancengleichheit ist.[1131] Die Rechtmäßigkeit solle im Einzelfall überprüft werden.

Die Rechtsprechung des EuGH zu diesem Problem ist bisher uneinheitlich.[1132] Der EuGH bekannte sich in einer Entscheidung zur Anwendung des Verhältnismäßigkeitsgrundsatzes.[1133] Es ging im konkreten Fall um den priorisierten Zugang zur Kinderbetreuungseinrichtung des Arbeitgebers für die weiblichen Arbeitnehmer des Unternehmens. Darin liegt gleichzeitig die unmittelbare Benachteiligung der männlichen Arbeitnehmer mit Kindern. Das Verhältnismäßigkeitserfordernis hätte zur Folge, dass die vom Arbeitgeber ergriffenen Korrekturmaßnahmen geeignet, erforderlich und angemessen sein müssten. Im Rahmen der Angemessenheit müsste der Arbeitgeber die Fördermaßnahmen mit den diskriminierenden Effekten auf andere Gruppen abwägen.

Der deutsche Gesetzgeber erlaubt den einzelnen Arbeitgebern, positive Maßnahmen zu ergreifen (§ 5 AGG).[1134] Im Gegensatz zum französischen Recht existiert im deutschen Recht allerdings keine rechtliche Verpflichtung des Arbeitgebers, Maßnahmen für die berufliche Gleichstellung oder die Schließung der Entgeltlücke festzulegen (vgl. § 5).[1135] In beiden Rechtssystemen ist noch unklar, in welchem Ausmaß Fördermaßnahmen des Arbeitgebers rechtmäßig sind.

1130 Zum Problem: *Röder/Arnold,* NZA 2015, 1281 (1286 ff.).

1131 *Röder/Arnold,* NZA 2015, 1281 (1287).

1132 *Thüsing,* in: Münchener Kommentar zum BGB, Band 1, 8. Aufl. 2018, § 5 AGG Rn. 8.

1133 EuGH 19.3.2002, C-476/99, Slg. 2002, I-2891, Rn. 39 ff. – Lommers.

1134 *Thüsing,* in: Münchener Kommentar zum BGB, Band 1, 8. Aufl. 2018, § 5 AGG Rn. 2.

1135 *Schlachter,* in: ErfK, 21. Aufl. 2021, § 5 AGG Rn. 1.

2. *Rechtsvergleichende Stellungnahme*

Aus rechtsvergleichender Perspektive wird deutlich, dass in Deutschland und Frankreich auf Unternehmensebene mittlerweile drei Gleichheitskonzeptionen zusammentreffen können:

- das Diskriminierungsverbot, abgeleitet aus der Menschenwürde;
- der arbeitsrechtliche Gleichbehandlungsgrundsatz, abgeleitet aus dem Gleichheitsgrundrecht;
- die tatsächliche Gleichheit im Sinne der Beseitigung tatsächlich bestehender Nachteile einer Arbeitnehmergruppe.

Der arbeitsrechtliche Gleichbehandlungsgrundsatz und das Diskriminierungsrecht lassen sich gut miteinander vereinbaren (vgl. § 3). Anders verhält es sich mit der tatsächlichen Gleichheit. Sobald der Arbeitgeber nach geeigneten Maßnahmen sucht, um gesetzlich oder selbst festgelegte Zielgrößen zu erreichen, entsteht in dieser Systematik ein Konflikt mit dem Gleichbehandlungsgrundsatz und dem Diskriminierungsrecht. Solche Konflikte entstehen, wenn der Gesetzgeber die privaten Unternehmen in die Erreichung der Staatsziele des Grundgesetzes einbinden möchte und die Wahl der Umsetzungsmaßnahmen den Unternehmen überlässt. Auch wenn der Gesetzgeber zur Umsetzung der Staatsziele in Grundrechte eingreift, ist die Lösung der Kollision zwischen Staatsziel und Grundrecht umstritten.[1136] Manche Autoren sprechen sich dafür aus, die Kollision mit dem Grundsatz der praktischen Konkordanz aufzulösen, also eine Verhältnismäßigkeitsprüfung durchzuführen, die sicherstellt, dass der Eingriff in das Grundrecht möglichst schonend erfolgt.[1137] Wenn sich diese Ansicht durchsetzt, sollte das Verhältnismäßigkeitserfordernis auch für Maßnahmen des Arbeitgebers gelten, die der tatsächlichen Gleichstellung von Männern und Frauen in der Privatwirtschaft dienen und in die Grundrechte der Arbeitnehmer eingreifen.

1136 Dafür: *Kingreen,* in: Bonner Kommentar zum GG, Art. 3 GG Rn. 415 (442 ff., 448 ff., 453); *Papier,* in: Merten/Papier (Hrsg.), Handbuch der Grundrechte, Band 3, 2009, § 64 Rn. 24 ff (29); anders zum Sozialstaatsprinzip BVerfG 28.5.1993, 2 BvF 2/90, 2 BvF 4/92, 2 BvF 5/92, BVerfGE 88, 203 (319).

1137 Vgl. *Nußberger,* in: Sachs (Hrsg.), Grundgesetz Kommentar, 8. Aufl. 2018, Art. 3 GG Rn 266; *Baer/Markard,* in: Mangoldt/Klein/Starck (Hrsg.), GG Kommentar, Band 1, 7. Aufl. 2018, Art. 3 Abs. 2 Rn. 372; dagegen *Starck,* in: Mangoldt/Klein/Starck, GG-Kommentar, Band 1, 6. Aufl. 2010, Art. 3 Abs. 2 GG Rn. 309 ff.; *Di Fabio,* AöR 1997, 404 (443).

Ansonsten könnten die Grundrechte des Einzelnen durch die Unternehmen stärker belastet werden als durch den Gesetzgeber. Der Gesetzgeber könnte sich der heiklen Abwägung entziehen und diese grundrechtsrelevanten Entscheidungen dem Arbeitgeber überlassen, ohne dass ein gleichwertiger Prüfungsmaßstab gilt.

VI. Datenschutz

Im Arbeitsrecht ist das Datenschutzrecht von großer Bedeutung. In Deutschland und Frankreich gelten Gehaltsdaten als besonders vertraulich.[1138] Um einen unverhältnismäßigen Eingriff in das Recht auf Privatsphäre der Arbeitnehmer zu vermeiden, dürfen die mit dem Index verbundenen Veröffentlichungs- und Transparenzpflichten keinen Rückschluss auf die Höhe einzelner Gehälter ermöglichen. Dementsprechend können nur begrenzte Veröffentlichungspflichten gelten. Unproblematisch ist z. B. die Veröffentlichung des Indexwerts, der Indikatorenwerte und der Entgeltlücken größerer Arbeitnehmergruppen. Die legitimen Zwecke sind die Vergleichbarkeit der Unternehmen und der Anreiz zur Verbesserung. Die Veröffentlichung genauerer Berechnungsschritte, wie des Durchschnittsgehalts der männlichen Arbeitnehmer einer bestimmten Berufsgruppe kann hingegen bereits Rückschlüsse auf die Gehaltshöhe einzelner Arbeitnehmer zulassen. Eine derart weitgehende Transparenzpflicht wäre unverhältnismäßig, da es bereits am legitimen Zweck fehlen würde.

Für die Berechnung des Entgeltgleichheitsindex ist die Erhebung und Auswertung von persönlichen Arbeitnehmerdaten notwendig. Es handelt sich um die Verarbeitung personenbezogener Daten, für die die Datenschutz-Grundverordnung (DS-GVO) und die nationalen Regelungen des Arbeitnehmerdatenschutzes zu beachten sind.[1139] Für die Datenverarbeitung zu statistischen Zwecken im öffentlichen Interesse ermöglicht Art. 89 Abs. 2 DS-GVO den Mitgliedstaaten Ausnahmen von mehreren Rechten der Betroffenen, insbesondere vom Auskunftsrecht gem. Art. 15 DS-GVO. Durch Nutzung dieser Ausnahmen kann der nationale Gesetzgeber den Unternehmen zusätzlichen Aufwand infolge der regelmäßigen Indexberechnung ersparen.

1138 Frankreich: *Izard,* Sem. Soc. Lamy, 9.3.2020, Nr. 1898, S. 7; Deutschland: *Stück,* ArbRAktuell 2020, 591.

1139 Vgl. *Franzen,* in: Franzen/Gallner/Oetker (Hrsg.), Kommentar zum europäischen Arbeitsrecht, 3. Aufl. 2020, Art. 88 DSGVO Rn. 13 f.

VII. Auswirkungen auf Gerichtsverfahren

Das veröffentlichte Indexergebnis eines Unternehmens hat nur eine sehr geringe Aussagekraft für den Beleg einer individuellen Diskriminierung aufgrund des Geschlechts. Die Ergebnisse und Zwischenergebnisse der einzelnen Indikatoren können und sollen vor allem als Informations- und Verhandlungsgrundlage für die verpflichtenden Verhandlungen der Koalitionen dienen. Eine Verwendung als Beweismittel in französischen Gerichtsverfahren wurde nicht ausdrücklich geregelt, insbesondere ist auch kein Auskunftsanspruch der einzelnen Arbeitnehmer vorgesehen. Selbst wenn gegen den Arbeitgeber ein Auskunftsrecht über die verarbeiteten Daten nach Art. 15 DS-GVO bestünde, hätten die damit erlangten Informationen keine Aussagekraft über eine individuelle Diskriminierung, da lediglich über die personenbezogenen Daten des Auskunftssuchenden zu informieren wäre,[1140] also sein Alter, Geschlecht, Jahresentgelt, Niveau oder Koeffizient nach dem Tarifvertrag oder der Arbeitsplatzbewertung des Unternehmens und seine sozioprofessionelle Kategorie. Theoretisch könnten Betroffene versuchen, über die Ermittlungsmaßnahmen[1141] den Zugang zu genaueren Informationen der Indexberechnung zu bekommen. Zum Beispiel könnte die Entgeltlücke in der Arbeitnehmergruppe des Betroffenen eine für die Beweisführung oder Vorbereitung der Klage nützliche Tatsache sein. Dementsprechende Tendenzen sind in Frankreich allerdings nicht zu erkennen.

Die Indexberechnung könnte für Sammelklageverfahren von Bedeutung sein. Die Gewerkschaftsdelegierten werden über die Wirtschafts- und Sozialdatenbank auch über die Zwischenschritte der Indexberechnung informiert. Diese Informationen darf eine Gewerkschaft unter gewissen Voraussetzungen vor Gericht nutzen.[1142] Eine Gewerkschaft könnte daher die Entgeltlücken und Unterschiede in den Beförderungs- und Gehaltserhöhungsquoten bestimmter Vergleichsgruppen als Beleg für eine kollektive Entgeltdiskriminierung aufgrund des Geschlechts vortragen. Für den Arbeitgeber könnten die Indexergebnisse ebenfalls nützlich sein, um sich gegen den Vorwurf einer kollektiven oder individuellen Diskriminierung zu wehren. Soweit ersichtlich werden die möglichen Auswirkungen auf Gerichtsverfahren in der französischen Rechtsliteratur noch nicht diskutiert. Vielmehr wird festgestellt, dass die Unternehmen ihren Transparenzpflichten oft nur unzureichend nachkämen.[1143]

1140 Art. 15 Abs. 1, Abs. 4 DS-GVO.

1141 Dazu: § 4 D. II. 3., S. 116.

1142 Dazu: § 4 D. II. 1., S. 105 (109).

1143 *Izard*, Sem. soc. Lamy, 9.3.2020, Nr. 1898, S. 2 (7).

E. Rechtsvergleichende Würdigung

Die Datenerhebung und Datenanalyse sind in der Wirtschaft schon lange ein wichtiger Erfolgsfaktor. Daten werden ausgewertet, um unternehmensinterne Prozesse zu optimieren oder um Produkte gezielter zu vermarkten, zu bewerben oder zu entwickeln. Ebenso erheben und verarbeiten staatliche Behörden im Rahmen ihrer Verwaltungstätigkeit große Datenmengen und viele Wissenschaftsdisziplinen verwenden für ihren Erkenntnisgewinn statistische Methoden. Eine durch Gesetz und Dekret einheitlich geregelte Indexberechnung ist eine rechtliche Innovation des französischen Arbeitsrechts. Sie soll die tatsächliche Gleichbehandlung und Nichtdiskriminierung von Männern und Frauen innerhalb eines relativ kurzen Zeitraums im privaten Arbeitsrecht erreichen.

Diese rechtliche Entwicklung schließt sich an eine wirtschaftliche Entwicklung der letzten Jahrzehnte an, nach der Unternehmen nicht mehr nur mit betriebswirtschaftlichen Kennzahlen, sondern auch mit nachhaltigen und sozialen Kriterien bewertet werden. Auf dem Kapitalmarkt etablierten sich standardisierte Umwelt-, Sozial- und Aufsichtskriterien (ESG-Kriterien) für eine nachhaltige Geldanlage.[1144] Unternehmen werden im Auftrag von Investoren durch private Nachhaltigkeits-Ratingagenturen (z. B. *oekom research, Sustainalytics*) und klassische Finanzdienstleistungsunternehmen wie *MSCI* und *Bloomberg* bewertet.[1145] Zu diesem Zweck entwickeln die privaten Unternehmen eigene Datenbanken und Kennzahlensysteme.[1146] Aufgrund der Vielzahl von privaten Anbietern fehlt es an Vergleichbarkeit. Zudem droht die Vereinnahmung von Interessengruppen und ein Unterbietungskampf der privaten Standardsetzer.[1147] Daher werden einheitliche und objektive Bewertungsstandards gefordert, die vom demokratisch legitimierten Gesetzgeber festgelegt werden.[1148]

Im Folgenden werden einige Verrechtlichungstendenzen herausgearbeitet, um zu verdeutlichen, dass die Regelung statistischer Messzahlen durch die Gesetzgeber und die Exekutive in Deutschland und in der EU bereits an Fahrt gewinnt. Im Vordergrund stehen die Messmethoden für soziale Standards.

1144 *Bueren,* ZGR 2019, 813 (821); *Häßler/Reich,* Die Aktiengesellschaft 2018, R287; *Mai,* Die Aktiengesellschaft 2019, R151.

1145 *Bueren,* ZGR 2019, 813 (831); dazu ausführlich: *Oblinger,* Integriertes Nachhaltigkeitsrating, 2018, S. 132 ff.

1146 *Bueren,* ZGR 2019, 813 (831); *Gajo,* Die Aktiengesellschaft 2020, R317.

1147 *Bueren,* ZGR 2019, 813 (836).

1148 *Bueren,* ZGR 2019, 813 (859).

I. Statistik in der deutschen Rechtsordnung

Gesetze und Verordnungen regeln bereits in wichtigen Rechtsbereichen die Anwendung von statistischen Methoden und Messzahlen, die teilweise sogar mit Rechtsfolgen für Privatrechtsbeziehungen verbunden sind.

1. Mietrecht

Aus dem deutschen Privatrecht ist zunächst der Mietspiegel zu nennen. Er dient der Ermittlung der ortsüblichen Vergleichsmiete, die wiederum zur Bestimmung der rechtmäßigen Neuvertragsmiete oder Mietanpassung verwendet werden kann.[1149] In angespannten Wohnungsmärkten wird dadurch eine höhere Vergleichbarkeit und Transparenz für Mieter und Vermieter erreicht. In § 558d Abs. 1 BGB ist allerdings nur geregelt, dass der Mietspiegel nach anerkannten wissenschaftlichen Methoden zu erstellen ist. Die Mietspiegel gewinnen an Bedeutung und sind immer wieder Gegenstand von Rechtsstreitigkeiten, die die Gerichte uneinheitlich entscheiden. Der Referentenentwurf zur Reform des Mietspiegelrechts enthält daher einen Verordnungsentwurf, der die Datengrundlage und die Methoden der Datenauswertung für die Erstellung der Mietspiegel genauer regeln soll.[1150]

2. Bankenrecht

Auf europäischer Ebene sind Berechnungs- und Meldepflichten von statistischen Kenngrößen im Bankenrecht vorhanden. Im Rahmen der Liquiditätsrisikostresstests müssen Banken betriebswirtschaftliche Kennzahlen verschiedener Szenarien berechnen und an die Bankenaufsicht (BaFin bzw. EBA) melden. Diese Pflichten wurden international durch die Basel-III-Vereinbarung des Baseler Ausschusses für Bankenaufsicht in Reaktion auf die Finanzkrise von 2007 bis 2012 beschlossen. Umgesetzt wurde die Vereinbarung durch die Kapitaladäquanzverordnung der EU (Capital Requirements Regulation [CRR]).[1151]

1149 §§ 556d, 558 Abs. 1 BGB.

1150 §§ 7 ff. des Referentenentwurfs einer Verordnung über den Inhalt und das Verfahren zur Erstellung und zur Anpassung von Mietspiegeln sowie zur Konkretisierung der Grundsätze für qualifizierte Mietspiegel, abrufbar unter: https://www.bmjv.de/SharedDocs/Gesetzgebungsverfahren/DE/Mietspiegel.html [Zugriff: 2.12.2020].

1151 Verordnung (EU) Nr. 575/2013 des Europäischen Parlaments und des Rates 26.6.2013, EU-Abl. L 176/1, 27.6.2013, S. 1 über Aufsichtsanforderungen an Kreditinstitute und Wertpapierfirmen und zur Änderung der Verordnung (EU) Nr. 646/2012 Text von Bedeutung für den EWR.

Die verpflichtenden Berechnungen und Meldungen dienen der Analyse des Liquiditätsrisikos der Banken und der Sicherung der Finanzstabilität im europäischen Wirtschaftsraum. Die EU-weit einheitlichen Standards sollen zudem Wettbewerbsvorteile durch eine unterschiedlich ausgeprägte Bankenaufsicht in den einzelnen Mitgliedstaaten verhindern.

3. *Kirchliches Arbeitsrecht*

Im kirchlichen Arbeitsrecht enthalten die Gleichstellungsgesetze der Evangelisch-Lutherischen Kirchen bereits Regelungen zur Bestandsaufnahme und der anschließenden Festlegung von Maßnahmen.[1152] Das Kirchliche Gleichstellungsgesetz der Evangelisch-Lutherischen Kirche in Bayern regelt zum Beispiel ein Verfahren zur statistischen Erfassung und Auswertung. Die Dienststellen erstellen alle drei Jahre unter Mitwirkung des Gleichstellungsbeauftragten eine Statistik, in der zum Stichtag 30. Juni für den Berichtszeitraum folgende Indikatoren auszuweisen sind:

1. die Zahl der Frauen und Männer unter den Beschäftigten, gegliedert nach Voll- und Teilzeitbeschäftigten sowie Beurlaubungen;
2. die Zahl der Frauen und Männer unter denjenigen, die sich um eine ausgeschriebene Stelle beworben haben, angestellt wurden oder beruflich aufgestiegen sind, bezogen auf Stellen des höheren und gehobenen Dienstes sowie entsprechende Stellen im Angestelltenverhältnis;
3. die Zahl der Frauen und Männer unter den Beschäftigten, die an einer Fortbildung teilgenommen haben.

Die Ergebnisse werden in einem Gespräch zwischen Dienststellenleitung und den Gleichstellungsbeauftragten ausgewertet. Wird festgestellt, dass Frauen in einzelnen Bereichen unterrepräsentiert sind, werden die Ursachen dafür erörtert und die Ziele und entsprechende Maßnahmen festgelegt. Für die Umsetzung dieser Maßnahmen ist ein Zeitplan aufzustellen.

4. *Arbeitsrecht*

Nach dem EntgTranspG gelten für bestimmte Unternehmen eine Berichtspflicht und ein Appell zur Durchführung eines betrieblichen Prüfverfahrens.

1152 Für viele: § 9 Kirchengesetz zur Förderung der Gleichstellung von Mitarbeiterinnen und Mitarbeitern in der Evangelischen Kirche (GleiStG) von Westfalen; § 4 ff. GleiStG im Rheinland; § 13 GleiStG Berlin-Brandenburg-schlesische Oberlausitz; § 4 ff. GleiStG in Bayern.

Lageberichtspflichtige Unternehmen mit in der Regel mehr als 500 Arbeitnehmern sind zur Erstellung eines Berichts zur Gleichstellung und Entgeltgleichheit verpflichtet.[1153] Zu berichten sind die Maßnahmen

- zur Förderung der Gleichstellung von Frauen und Männern und deren Auswirkungen und
- zur Herstellung der Entgeltgleichheit zwischen Frauen und Männern.

Sofern keine Maßnahmen durchgeführt werden, ist dies zu begründen.[1154] Im Bericht sind nur die Daten der durchschnittlichen Gesamtzahl der Beschäftigten sowie der durchschnittlichen Zahl der Vollzeit- und Teilzeitbeschäftigten bezogen auf das letzte Kalenderjahr des Berichtszeitraums anzugeben. Der Berichtszeitraum beträgt für tarifgebundene oder tarifanwendende Arbeitgeber fünf Jahre,[1155] für die übrigen Arbeitgeber drei Jahre.[1156]

Private Arbeitgeber mit in der Regel 500 Arbeitnehmern werden zudem zur Durchführung betrieblicher Prüfverfahren aufgefordert. Solche Prüfverfahren untersuchen die Eignung bestehender Entgeltsysteme zur Erreichung von Entgeltgleichheit.[1157] Die Modalitäten des Verfahrens kann der Arbeitgeber frei festlegen. § 18 EntgTranspG gibt nur vor, wie ein Prüfverfahren ausgestaltet werden sollte.[1158] Unter anderem sollen valide statistische Methoden verwendet werden und die Daten sind nach Geschlecht aufzuschlüsseln.[1159] Es handelt sich also um allgemein gehaltene Soll-Vorschriften.

Die Antidiskriminierungsstelle des Bundes stellt ein Prüfverfahren namens Entgeltgleichheits-Check (eg-check.de) zur Verfügung. Ein Praxishandbuch enthält eine Schritt-für-Schritt-Anleitung und Beispiele.[1160] Statistiken und Evaluationen des Entgelt- und Arbeitsbewertungssystems können mithilfe der bereitgestellten Excel-Tabellen und Vorlagen erstellt werden.[1161] Die

1153 § 21 EntgTranspG.
1154 § 21 Abs. 1 Satz 2 EntgTranpG.
1155 § 22 Abs. 1 EntgTranspG.
1156 § 22 Abs. 1 EntgTranspG.
1157 *Schlachter,* in: ErfK, 21. Aufl. 2021, § 21 EntgTranspG Rn. 2.
1158 *Schlachter,* in: ErfK, 21. Aufl. 2021, § 18 EntgTranspG Rn. 1.
1159 § 18 Abs. 2 Satz 3 und 4 EntgTranpG.
1160 *Antidiskriminierungsstelle des Bundes,* Entgeltgleichheits-Check, Ein Praxishandbuch, 2020.
1161 Siehe: https://www.eg-check.de/eg-check/DE/Wie_wende_ich_eg_check_an/02_Instrumente_zu_den_Entgeltbestandteilen/_node.html [Zugriff: 14.1.2021].

Antidiskriminierungsstelle ist zudem telefonisch und per E-Mail für Anwendungsfragen erreichbar.[1162] Darüber hinaus ist eine Zertifizierung möglich.

II. Gesetzlich geregelte Indizes als struktureller Lösungsansatz für strukturelle Probleme

Die Entgeltungleichheit zwischen Männern und Frauen ist ein strukturelles Problem, das sich in der Lebenswirklichkeit durch die freien Entscheidungen der einzelnen Menschen reproduzieren kann. Der Gesetzgeber darf keinesfalls die Berufswahl, Beförderungen und die Sorgearbeit für Kinder, erkrankte und pflegebedürftige Menschen nach festen Quoten verteilen. Eine vom Gesetzgeber intendierte, gesellschaftliche Änderung im Privatrechtsverkehr kann nicht alleine durch das Gebot oder Verbot eines Gesetzes oder Dekrets herbeigeführt werden, sondern das Verhalten der einzelnen Teilnehmer am Rechtsverkehr ist entscheidend.[1163] Die Normanwender müssen ihr Verhalten in den konkreten Situationen frei bestimmen können. Die rechtlichen Rahmenbedingungen müssen daher so gestaltet werden, dass die erwünschte, gesamtgesellschaftliche Situation erreicht wird, ohne die Entscheidungsfreiheit des Einzelnen im alltäglichen Leben zu beschränken.[1164] Einheitlich geregelte Indizes sind ein struktureller, kollektiver Lösungsansatz, um erwünschte Änderungen auf Unternehmensebene anzustoßen. Die Abbildung der Entgeltsituation der Beschäftigten durch Indikatoren machen Ungleichheiten und Gleichheiten sichtbar. Erkannte Geschlechterdifferenzen in bestimmten Alters- und Berufsgruppen können dadurch in den Unternehmen auf die etwaigen sachlichen Gründe überprüft werden. Bereits ein Index ohne Ergebnisverpflichtung setzt den Anreiz, den erreichten Wert durch Maßnahmen zu verbessern oder die sachlichen Gründe zu kommunizieren, was dem Betriebsfrieden und der Motivation der Beschäftigten eher zu- als abträglich sein dürfte.

III. Ergebnis

Auch im deutschen Recht besteht eine deutliche Tendenz zur Regelung von statistischen Verfahren. Für die privaten Rechtsbeziehungen im Mietrecht sind die gesetzlich vorgegebenen Mietspiegel von Bedeutung, die durch statistische

---

1162 Siehe: https://www.eg-check.de/eg-check/DE/Wie_wende_ich_eg_check_an/_node.html [Zugriff: 14.1.2021].

1163 *Verkindt,* Dr. social 2008, 1051.

1164 Vgl. *Latzel,* Verhaltenssteuerung, Recht und Privatautonomie, 2020, S. 50 ff. (52).

Datenerhebung und -auswertung erstellt werden. Darüber hinaus bereitet die Exekutive die Vereinheitlichung der statistischen Methode für die Mietspiegel vor. Im kirchlichen Arbeitsrecht regeln die Evangelisch-Lutherischen Kirchen bereits eigene statistische Verfahren und Verbesserungsabläufe für die berufliche Gleichstellung. Im übrigen Arbeitsrecht werden die Unternehmen ermutigt, betriebliche Prüfverfahren im Entgeltbereich durchzuführen. Die Modalitäten eines solchen Prüfverfahrens sind in allgemeiner und unverbindlicher Weise vorgegeben, insbesondere sollen valide statistische Methoden verwendet werden. Dis Antidiskriminierungsstelle hat bereits ein solches Verfahren entwickelt und stellt insbesondere ein ausführliches Praxishandbuch, Vorlagen und Excel-Tabellen zur Erstellung der Statistiken zur Verfügung.

§ 7 Zusammenfassung

Auf den Ebenen des Völkerrechts, des EU-Rechts und des nationalen Rechts bestehen zahlreiche Regelungen für die Entgeltgleichheit zwischen Männern und Frauen. Insbesondere das französische Arbeitsrecht zeichnet sich durch eine ausgeprägte Normenvielfalt aus. Hinsichtlich der rechtlichen Grundlagen konnten im Vergleich des französischen und deutschen Rechtssystems folgende Gemeinsamkeiten erarbeitet werden: Der verfassungsrechtliche Gleichheitssatz sowie die individuellen und kollektiven Freiheitsgrundrechte sind im Arbeitsrecht mittelbar zwischen den Arbeitsvertragsparteien anwendbar. In beiden Systemen entwickelte die Rechtsprechung einen arbeitsrechtlichen Gleichbehandlungsgrundsatz, der sich in Deutschland als Gewohnheitsrecht und in Frankreich als Richterrecht verselbstständigt hat. Die dogmatische Begründung des Grundsatzes ist in beiden Rechtssystemen umstritten. Nach herrschender Meinung ist er in der mittelbaren Drittwirkung des verfassungsrechtlichen Gleichheitssatzes im Arbeitsrecht begründet. Das europäische Diskriminierungsrecht und seine Umsetzung im nationalen Recht sind vom arbeitsrechtlichen Gleichbehandlungsgrundsatz zu unterscheiden, da sie insbesondere auf unterschiedlichen Gleichheitskonzeptionen basieren. Die tatsächliche Gleichstellung von Männern und Frauen in der Lebenswirklichkeit (*égalité réelle*) ist in Deutschland und Frankreich ein verfassungsrechtlicher Wert, der die nationalen Gesetzgeber zu innovativen Regelungen im Bereich des Arbeitsentgelts veranlasste. In Deutschland war dies das EntgTranspG im Jahr 2017 und in Frankreich der Index für die berufliche Gleichstellung von Männern und Frauen im Jahr 2018.

A. Der arbeitsrechtliche Gleichbehandlungsgrundsatz

Bezüglich der inhaltlichen Ausgestaltung des arbeitsrechtlichen Gleichbehandlungsgrundsatzes ergaben sich ebenfalls Übereinstimmungen: Bei Anwendung des Gleichbehandlungsgrundsatzes berücksichtigen die Gerichte die individuelle Vertragsfreiheit und das Recht auf Tarifverhandlungen. Die richterliche Kontrolle von Tarifverträgen anhand des Gleichbehandlungsgrundsatzes bzw. des mittelbar anwendbaren Gleichheitsgrundrechts ist weitgehend anerkannt, wobei der Umfang der richterlichen Kontrolle umstritten ist. Der Arbeitgeber kann in beiden Systemen keine Ansprüche gegenüber den Arbeitnehmern aus dem arbeitsrechtlichen Gleichbehandlungsgrundsatz ableiten. In einer genaueren Gegenüberstellung ergaben sich die folgenden Unterschiede: Der Anwendungsbereich des französischen Gleichbehandlungsgrundsatzes ist weiter als sein Äquivalent im deutschen Recht. Der weite Anwendungsbereich des französischen Gleichbehandlungsgrundsatzes wird allerdings durch zahlreiche Rechtfertigungsgründe für Ungleichbehandlungen ausgeglichen, die den individuellen und kollektiven Freiheitsgrundrechten der Arbeitsvertragsparteien und der Koalitionen Rechnung tragen. Für die Rechtfertigung von tarifvertraglichen Ungleichbehandlungen konnte der französische Kassationshof noch keine interessengerechte und ausdifferenzierte Kontrolle entwickeln, die der schwierigen Beweisführung und den kollidierenden Rechten gerecht wird. Das deutsche Recht konnte dies durch den Amtsermittlungsgrundsatz, den Einschätzungs- und Prognosespielraum der Tarifvertragsparteien und einen ausdifferenzierten Kontrollmaßstab je nach Art der Differenzierung lösen.

B. Diskriminierungsrecht

Das französische und das deutsche Diskriminierungsrecht wurzeln im EU-Recht. Aufgrund der Effektuierungsbemühungen der nationalen Gesetzgeber und Gerichte entwickelten sich jedoch große Unterschiede zwischen Deutschland und Frankreich: Mit der Einführung der Sammelklage im Jahr 2014 begann in Frankreich die verfahrensrechtliche Kollektivierung des arbeitsrechtlichen Diskriminierungsschutzes. Den Gerichten wird neben den Individualverfahren und der Herstellung von Einzelfallgerechtigkeit eine neue Rolle zugedacht. Sammelklageverfahren sollen den gebündelten Rechtsfrieden für eine Arbeitnehmergruppe erreichen. Wichtige Elemente der französischen Sammelklage für kollektive Diskriminierung sind:

- das späte Opt-in, das der geringen Klagebereitschaft der Arbeitnehmer Rechnung trägt;
- der stark begrenzte Ersatz der erlittenen Nachteile, um ausufernde Anspruchshöhen zu vermeiden;
- die vorrangige Klagebefugnis der Gewerkschaften, um kommerzielle Prozessfinanzierung zu vermeiden.

Der Rechtsverteidiger (*Défenseur des droits*) und Teile der Rechtsliteratur entwickelten zudem die systemische Diskriminierung als eigenständige rechtliche Kategorie, die über die mittelbare Diskriminierung hinausgeht. Die Gerichte sollen in ihren Urteilen die Elemente der Arbeits- und Gesellschaftsorganisation benennen, die sich nachteilig auf eine Arbeitnehmergruppe auswirken können. Damit sollen die Akteure auf diskriminierungsanfällige Strukturen in der Arbeitsorganisation hingewiesen werden.

Entgeltdiskriminierungsverfahren zeichnen sich durch eine schwierige Beweisführung für den Betroffenen aus. Im französischen Zivilverfahrensrecht existieren Beweiserleichterungen und Methoden der Tatsachenermittlung, die dem deutschen Prozessrecht fremd sind. Hervorzuheben ist die *Clerc*-Methode, die eine Entgeltbenachteiligung über einen längeren Karriereverlauf grafisch sichtbar macht und in pragmatischer Weise die Festlegung der erlittenen Nachteile durch das Gericht ermöglicht. Der Zugang zu den beweiserheblichen Informationen wird durch eine Reihe an Möglichkeiten erleichtert. Dazu gehören die Beweishilfe der Arbeitsschutzbehörden, die Offenlegung von beweiserheblichen Unterlagen im Wege der Ermittlungsmaßnahmen und die Vorlegung von Unternehmensdokumenten, die dem Arbeitnehmer aufgrund seiner Position im Unternehmen zugänglich waren.

Die kausale Verknüpfung zwischen der Entgeltbenachteiligung und dem verpönten Merkmal ist eine Schlüsselstelle in Diskriminierungsverfahren. Eine wichtige Gemeinsamkeit der beiden Rechtssysteme ist die dafür geltende Beweiserleichterung durch die Absenkung des Beweismaßes. Im Vergleich zum deutschen Recht wenden die französischen Tatrichter in den meisten Fällen ein stärker abgesenktes Beweismaß an, da sie aus der festgestellten Entgeltbenachteiligung bereits auf die Verknüpfung zum Geschlecht schließen. Die Beweismaßabsenkung des deutschen Zivilprozessrechts ist hingegen auf die überwiegende Wahrscheinlichkeit von größer 50 Prozent festgelegt. Trotz der Erleichterungen ist auch in Frankreich die Zahl der Entgeltdiskriminierungsklagen gering.

Zwei Ansatzpunkte haben sich im französischen System als wenig ausschlaggebend herausgestellt, um den Diskriminierungsschutz zu verbessern. Dies sind die Sanktionierung von Diskriminierungen durch das Strafrecht und die gewillkürte Prozessstandschaft der Gewerkschaften.

C. Verhandlungspflichten und Aktionsplan

Der französische Gesetzgeber will mit den Verhandlungspflichten der Koalitionen und dem Aktionsplan die tatsächliche Gleichstellung zwischen Männern und Frauen auf Unternehmensebene verbessern. Im Zentrum steht die Verhandlung von Maßnahmen, Zielen und Indikatoren mit den Gewerkschaftsdelegierten und nachrangig deren einseitige Festlegung durch den Arbeitgeber im Aktionsplan (*obligation de moyens*). Trotz schrittweiser Verschärfungen leiden die Regelungen seit ihrer Einführung an mangelnder Umsetzung.

Im Rechtsvergleich werden die großen systemischen Unterschiede zwischen dem deutschen und französischen Kollektivarbeitsrecht deutlich. In Frankreich ist die Verhandlung, Geltung und Legitimation der Tarifverträge eine gänzlich andere als im deutschen Tarifvertragsrecht. Die Gewerkschaften werden auf Unternehmens- und Branchenebene durch die Personalvertretungswahl legitimiert. Die Tarifverträge haben normative Wirkung auf sämtliche Arbeitsverhältnisse mit dem tarifgebundenen Arbeitgeber. In den Unternehmen oder eigenständigen Betrieben verhandeln die Gewerkschaftsdelegierten die Unternehmenstarifverträge, während dem Wirtschafts- und Sozialausschuss nur Informations- und Anhörungsrechte zustehen. Die in Frankreich geltenden Verhandlungspflichten über die Gehälter und die berufliche Gleichstellung auf Unternehmensebene sind daher eher mit den Mitbestimmungsrechten des Betriebsrats vergleichbar.

Ein wesentlicher Unterschied zum deutschen Recht ist die genaue Regelung der Verhandlungsmodalitäten. Dem deutschen Betriebsverfassungsrecht und Tarifvertragsrecht sind detaillierte gesetzliche Vorgaben zum Verhandlungsablauf, zu den Themen und den inhaltlichen Anforderungen einer Vereinbarung fremd. Auch eine gesetzlich geregelte Höchstlaufzeit von Betriebsvereinbarungen oder Tarifverträgen, um deren Veralterung zu verhindern, existiert im deutschen Recht nicht. Die französischen Regelungen sind dem geringen Organisationsgrad, der Zersplitterung und schwachen Verhandlungsmacht der französischen Gewerkschaften geschuldet. Optimierungsmöglichkeiten für das deutsche Recht lassen sich daraus nicht ableiten. Vielmehr wird deutlich, dass der Gesetzgeber einen geringen Organisationsgrad der Gewerkschaften nicht mit formalen Vorgaben ausgleichen kann. Der soziale Dialog droht in diesem System zu einer bloßen Formalität zu werden.

Immerhin lässt sich eine Erkenntnis aus der in Frankreich geregelten Informationsweitergabe an die Gewerkschaftsdelegierten und den Wirtschafts- und Sozialausschuss ableiten. Eine verpflichtende Wirtschafts- und Sozialdatenbank ist in der Theorie ein nützliches Transparenzinstrument, jedoch bereiten der Umfang der einzupflegenden Informationen und die technische Umsetzung vor allem den kleineren und mittleren Unternehmen Schwierigkeiten. Sofern der Gesetzgeber derartige Modifikationen für die Informationsweitergabe an die Arbeitnehmervertreter regeln möchte, sollten insbesondere die technischen Hürden berücksichtigt werden.

D. Index

Am 1. März 2020 mussten alle französischen Unternehmen mit mehr als 50 Arbeitnehmern einen Indexwert veröffentlichen, der nach einer einheitlichen Methode berechnet werden musste. Das Unternehmen muss innerhalb von drei Jahren den Indexwert 75 von 100 Punkten erreichen (*obligation de résultat*). Ansonsten droht ein Bußgeld. Die Ungleichheiten im Unternehmen sollen durch mehrere Indikatoren sichtbar gemacht werden und gezielte Korrekturmaßnahmen ermöglichen. Zu den Indikatoren gehören unter anderem die Gesamtentgeltlücke, die Differenz zwischen den Gehaltserhöhungsraten und der Anteil des unterrepräsentierten Geschlechts an den zehn höchsten Gehältern.

Wenn ein französisches Unternehmen den Indexwert von 75 Punkten nicht erreicht, kann aufgrund der Ergebnisverpflichtung und der Pflicht zu geeigneten Korrekturmaßnahmen eine Kollisionslage entstehen, da der Arbeitgeber den Gleichbehandlungsgrundsatz und das Diskriminierungsrecht beachten muss. Maßnahmen, die Arbeitnehmer aufgrund ihres Geschlechts bevorzugen, sind in Deutschland und Frankreich noch mit Rechtsunsicherheiten verbunden. Insbesondere ist noch unklar, wie die Kollision von tatsächlicher Gleichstellung und dem Recht auf Nichtdiskriminierung auf Unternehmensebene aufgelöst werden kann.

Im Vergleich zu den in Deutschland diskutierten Quotenregelungen auf bestimmten Führungsebenen verfolgt ein Index mit mehreren Indikatoren einen breiteren Ansatz, der den Unternehmen einen größeren Freiraum für ihr eigenverantwortliches unternehmerisches Handeln ermöglicht. Anstatt der französischen Konzeption eines Index mit bußgeldbewehrter Ergebnisverpflichtung sind mildere Gestaltungen möglich, z. B. ein Index ohne Ergebnisverpflichtung ggf. mit einem unverbindlichen Richtwert.

Literaturverzeichnis

Adam, Patrice, L'action de groupe discrimination, Sur la prudente audace d'une réforme majeure, Dr. social 2017, S. 638.

Akandji-Kombé, Jean-François (Hrsg.), Égalité et droit social, Les Rencontres sociales de la Sorbonne, Band 2, 2014.

Alaman, Marie, La rémunération en travail, RPDS 2019, S. 119.

Aldea, Oliver E., Das französische Kündigungsrecht im Spannungsfeld von Abfindungen und Bestandsschutz, 2010 [zit. *Aldea,* Das französische Kündigungsrecht].

Amrani-Mekki, Soraya, L'action collective québécoise. Regard (envieux) d'un processualiste français, R.I.D.C. 2016, S. 341.

Amrani-Mekki, Soraya, L'action de groupe du 21e siècle : un modèle réduit et réducteur ?, JCP G 2015, S. 2029.

Antonmattéi, Paul-Henri, Avantage catégoriel d'origine conventionnelle et principe d'égalité de traitement : évitons la tempête !, Dr. social 2009, S. 1169

Aubert-Monpeyssen, Thérèse, Principe „ À travail égal, salaire égal " et politiques de gestion des rémunérations, Dr. social 2005, S. 18.

Auzero, Gilles, Conventions d'entreprise et conventions de branche, Dr. social 2017, S. 1018.

Auzero, Gilles, L'application du principe d'égalité de traitement dans l'entreprise, Dr. social 2006, S. 822.

Auzero, Gilles/Baugard, Dirk/Dockès, Emmanuel, Droit du travail, 34. Aufl. 2021.

Barnes, George Nicoll, History of the International Labour Office, 1926.

Barten, Annusch, Das System der Arbeitnehmervertretung in Frankreich, 2001.

Bataille, Étienne, La procédure prud'homale, 3. Aufl. 2017.

Bauer, Jobst-Hubertus, Entgeltgleichheitsklage – Auskunft und Vermutung der Benachteiligung wegen des Geschlechts, ArbRAktuell 2021, S. 74.

Bayreuther, Frank, „Quotenbeweis" im Diskriminierungsrecht?, NJW 2009, S. 806.

Bepler, Klaus, Gleichbehandlung in Betrieb, Unternehmen, Konzern, NZA-Sonderbeil. Heft 18/2004, S. 3.

Berriat, Anne, Un tournant dans le contrôle de l'égalité de traitement (Cass. soc., 3 avr. 2019, n° 17–11.970), JCP S 2020, Nr. 1078.

Berthou, Katell, Le décret du 9 janvier 2019, RDT 2019, S. 155.

Blank, Hubert/Börstinghaus, Ulf/Eisenschmid, Norbert/Lammel, Siegbert/Langenberg, Hans/Lehmann-Richter, Arnold/Streyl, Elmar (Hrsg.), Schmidt-Futterer Mietrecht, 14. Aufl. 2019.

Borenfreund, Georges/Vacarie, Isabelle (Hrsg.), Le droit social, l'égalité et les discriminations, Thèmes et commentaires, Dalloz, 2013.

Boris, Eileen/Hoethker, Dorothea/Zimmermann, Susan (Hrsg.), Women's ILO. Transnational Networks, Global Labour Standards and Gender Equity 1919 to Present, 2018.

Bossu, Bernard, Les discriminations dans les relations de travail devant les cours d'appel, La réalisation contentieuse d'un droit fondamental, 2014, abrufbar unter: http://www.gip-recherche-justice.fr/wp-content/uploads/2015/03/Bossu-Rapport-Discri-version-2015.pdf (Zugriff: 15.1.2021).

Boulanger, Aurélien/Jonin, David, La phase précontentieuse dans l'action de groupe en matière de discrimination en droit du travail, Sem. Soc. Lamy 2017, Nr. 1786, S. 5.

Boulmier, Daniel/Dorant, Anne/Gardin, Alexia/Nivelles,Vanessa, Le Lamy Procédure prud'homale, 2020.

Boussard-Verrecchia, Emmanuelle, Anm. zu CA d'Aix-en-Provence 20.10.2017 Nr. 17–518, Dr. ouvrier 2018, S. 226.

Braunroth, Anna, Die zivilprozessuale Musterfeststellungsklage – ein Instrument zur kollektiven Durchsetzung des AGG?, VuR 2018, S. 455.

Brinkmann, Moritz, Das Beweismaß im Zivilprozess aus rechtsvergleichender Sicht, 2005.

Bruns, Alexander, Instrumentalisierung des Zivilprozesses im Kollektivinteresse durch Gruppenklagen?, NJW 2018, S. 2753.

Bueren, Eckart, Sustainable Finance, ZGR 2019, S. 813.

Bugada, Alexis, L'action de groupe contre les discriminations au travail : une menace judiciaire au service du dialogue social ?, Chroniques du Travail 2018, S. 191.

Calliess, Christian/Ruffert, Matthias (Hrsg.), EUV/AEUV, 5. Aufl. 2016.

Caro, Marjorie, Une nouvelle limite à l'application du principe d'égalité de traitement, Sem. Soc. Lamy, 15.10.2018, Nr. 1832.

Cesaro, Jean-François, L'égalité en droit social, 2012.

Cesaro, Jean-François/Teissier, Arnaud, L'égalité par le dialogue social, JCP C 2015, S. 430.

Champeaux, Françoise, L'égalité femmes-hommes enfin à l'horizon ?, Sem. Soc Lamy, 3.12.2018, Nr. 1839, S. 2.

Champeaux, Françoise, La loi sur l'action de groupe n'est pas applicable à la première action de groupe en discrimination syndicale, Sem. Soc. Lamy, 18.12.2020, abrufbar unter: https://www.actualitesdudroit.fr/ (Zugriff: 15.1.2021).

Champeaux, Françoise, Le défenseur des droits met en avant la discrimination systémique chez Safran, Sem. Soc. Lamy, 11.6.2019, Nr. 1865, S. 3.

Chappe, Vincent-Arnaud, La preuve par la comparaison : méthode des panels et droit de la non-discrimination, Sociologies Pratiques 2011, S. 46.

Chonnier, Jean-Marc, L'action de groupe dans les relations de travail : un dispositif novateur à efficacité incertaine, RJS 2017, S. 3.

Classen, Claus Dieter, Freiheit und Gleichheit im öffentlichen und im privaten Recht – Unterschiede zwischen europäischem und deutschem Grundrechtsschutz?, EuR 2008, S. 627.

Clément, Emmanuelle, L'action de groupe : un remède efficace contre les discriminations ?, JCP S 2017, Nr. 1296 (S. 27).

Clerc, François, Discrimination syndicale : la stratégie de la CGT, Sem. Soc. Lamy, Nr. 1190, 15.11.2004, S. 6.

Clerc, François, Introduction à la méthode CLERC, Courts and Charters, Turin Oktober 2014, abrufbar unter: https://slideplayer.fr/slide/3188397/ (Zugriff: 14.12.2020).

Cœuret, Alain/Duquesne, François/Fortis, Elisabeth, Droit pénal du travail, infractions, responsabilités, procédure pénale en droit du travail et de la sécurité sociale, 6. Aufl. 2016.

Cohen, Maurice, Le droit de substitution, cadeau empoisonné aux syndicats, Dr. social 1990, S. 790.

Commission des Lois constitutionnelles, de législation, du suffrage universel, du Règlement et d'administration générale, Avis Nr. 214 sur le projet de loi pour l'égalité des chances, 22.2.2006, abrufbar unter: https://www.senat.fr/rap/a05-214/a05-2141.pdf (Zugriff: 7.10.2020).

Coron, Clotilde/Boussard-Verrecchia, Emmanuelle/Berthou, Katell/Meurs, Dominique, Quelle efficacité attendre des indicateurs pour mesurer les écarts de rémunération entre les femmes et les hommes, RDT 2019, S. 147.

Cour de cassation, Note explicative relative à l'arrêt n°558 du 3 avril 2019 (17–11.970) – Chambre sociale, abrufbar unter: https://www.courdecassation.fr/jurisprudence_2/notes_explicatives_7002/relative_arret_41944.html (Zugriff am 19.8.2020).

Cour de cassation, Note relative à la structure des arrêts et avis et a leur motivation en forme développée, Dezember 2018, abrufbar unter:

https://www.courdecassation.fr/institution_1/reforme_cour_7109/travaux_reforme_2014_2019_9706/redaction_decisions_9223/ (Zugriff: 15.12.2020).

Cour de cassation, Rapport annuel 2003, abrufbar unter: https://www.courdecassation.fr/IMG/pdf/Rapport_2003_optimise.pdf (Zugriff: 10.1.2021).

Cour de cassation, Rapport annuel 2006, abrufbar unter: https://www.courdecassation.fr/IMG/pdf/cour_cassation-rapport_2006.pdf (Zugriff: 8.1.2021).

Cour de cassation, Rapport annuel 2008, abrufbar unter: https://www.courdecassation.fr/IMG/pdf/Cassation_2008.pdf (Zugriff: 5.1.2021).

Cour de cassation, Rapport annuel 2012, abrufbar unter: https://www.courdecassation.fr/IMG/pdf/rapport_ccassation_2012.pdf (Zugriff: 6.10.2020).

Cour de cassation/Agostini, Frédérique, Les droits de la partie civile dans le procès pénal, Rapport annuel 2000, abrufbar unter: https://www.courdecassation.fr/publications_26/rapport_annuel_36/rapport_2000_98/ (Pfad: Deuxième partie : Études et documents, Études sur le thème de la protection de la personne [Zugriff: 13.1.2021]).

Couturier, Gérard, Négociation d'établissement et discriminations entre salariés – L'arrêt EDF du 27 octobre 1999, Dr. social 2000, S. 185 ff.

Dabosville, Benjamin, L'égalité en matière de rémunération, Comparaison franco-allemande, RDT 2019, S. 59.

Daniel, Jérôme, Différences de traitement entre catégories professionnelles : la justification n'évite pas le soupçon, JCP S 2015, Nr. 1054 (S. 1).

Daniel, Jérôme, Égalité et non-discrimination : le choc des titans, JCP S 2019, Nr. 1336 (S. 1).

DARES, L'égalité professionnelle est-elle négociable ?, Dokument d'études, 2019, Nr. 231, abrufbar unter: https://dares.travail-emploi.gouv.fr/dares-etudes-et-statistiques/etudes-et-syntheses/documents-d-etudes/article/l-egalite-professionnelle-est-elle-negociable (Zugriff: 13.1.2021).

DARES, Ségrégation professionnelle et écarts de salaires femmes-hommes, DARES Analyses, 2015, Nr. 82, abrufbar unter: https://dares.travail-emploi.gouv.fr/IMG/pdf/2015-082.pdf (Zugriff: 4.1.2021).

Däubler, Wolfgang (Hrsg.), Tarifvertragsgesetz mit Arbeitnehmer-Entsendegesetz, 4. Aufl. 2016.

Däubler, Wolfgang, Tarifvertragsrecht, Ein Handbuch, 3. Aufl. 1993.

Déchoz, Jacques, La loi et l'algorithme, Dr. ouvrier 2020, S. 70.

Défenseur des droits, Discrimination systémique : la preuve par la généralité, Sem. Soc. Lamy 3.2.2020, Nr. 1893, S. 8.

Défenseur des droits, Rapport annuel 2019, abrufbar unter: https://www.defenseurdesdroits.fr/sites/default/files/atoms/files/raa-2019-num-17.03.20.pdf (Zugriff: 5.10.2020).

Défenseur des droits/ILO, 9e édition du Baromètre sur la perception des discriminations dans l'emploi, Etudes & Résultats, Februar 2016, abrufbar unter: https://www.defenseurdesdroits.fr/sites/default/files/atoms/files/etudes_et_resultats_barometre_ap_vf-v4_0.pdf (Zugriff: 15.1.2021).

Després, Isabelle, Les mesures d'instruction in futurum, 2004.

Deutlmoser, Ralf, Die Büchse der Pandora: Kollektiver Rechtsschutz in Europa, EuZW 2013, S. 652.

Deutscher Juristentag e.V., 72. Deutscher Juristentag 2018, Beschlüsse, abrufbar unter: https://djt.de/wp-content/uploads/2020/03/181130_djt_internet_72_beschluesse.pdf (Zugriff: 15.1.2021) [zit: 72. Deutscher Juristentag 2018, Beschlüsse].

Dhume, Fabrice, Du racisme institutionnel à la discrimination systémique ? Reformuler l'approche critique, Migrations Société 2016, S. 51.

Di Fabio, Udo, Die Gleichberechtigung von Mann und Frau, AöR 1997, S. 404.

Dieterich, Thomas, Bindung der Tarifvertragsparteien an den Gleichheitssatz, Anm. zu BAG 4.4.2000, 3 AZR 729/98, RdA 2001, S. 112.

Dieterich, Thomas, Flexibilisiertes Tarifrecht und Grundgesetz, RdA 2002, S. 1.

Diller, Martin/Krieger, Steffen/Arnold, Christian, Kündigungsschutzgesetz plus Allgemeines Gleichbehandlungsgesetz – Sind Arbeitnehmer in Zukunft doppelt vor Kündigungen geschützt?, NZA 2006, S. 887.

Direction de l'information légale et administrative (Premier ministre), Base de données économiques et sociales (BDES), 11.2.2020, abrufbar unter: https://www.service-public.fr/professionnels-entreprises/vosdroits/F32193 (Zugriff: 4.11.2020).

Dornbusch, Gregor/Fischermeier, Ernst/Löwisch, Manfred (Hrsg.), AR, Kommentar zum gesamten Arbeitsrecht, 9. Aufl. 2019.

Dupays, Alain/Julien, Dominique/Hautefort, Marie/Phérivong, Catherine (Hrsg.), Le Lamy social, Jahrgang 2020.

Dupays, Alain/Julien, Dominique/Hautefort, Marie/Phérivong, Catherine (Hrsg.), Guide pratique, Le Lamy social, Jahrgang 2020.

Engler, Miriam, Das neue Recht der Arbeitnehmervertretung in Frankreich, EuZA 2020, S. 122.

Engler, Nina, Strukturelle Diskriminierung und substantielle Chancengleichheit, 2005.

Fabre, Alexandre, Les négociateurs sociaux, „ seuls juges " du principe d'égalité, Dr. social 2015, S. 237.

Fabre, Alexandre, Mesure d'instruction in futurum et respect de la vie privée du salarié, Recueil Dalloz, Nr. 23, 2007, S. 1590.

Ferrer, Anaïs, Anm. zu Cass. soc. 10.11.2009, Nr. 07-42.849, Dr. ouvrier 2010, S. 208.

Franzen, Martin, Anwendungsfragen des Auskunftsanspruchs nach dem Entgelttransparenzgesetz (EntgTranspG), NZA 2017, S. 814.

Franzen, Martin/Gallner, Inken/Hartmut, Oetker (Hrsg.), Kommentar zum Europäischen Arbeitsrecht, 3. Aufl. 2020.

Frey, Erich, Der Grundsatz der Gleichbehandlung im Arbeitsrecht bei geldlichen Ansprüchen 1963.

Gajo, Marianne, Luxemburger Börse lanciert Datenbank für nachhaltige Finanzprodukte, Die Aktiengesellschaft 2020, R317.

Gamillscheg, Franz, Kollektives Arbeitsrecht, Band 1, 1997.

Gante, Jürgen, Markttransparenz durch Mietspiegel am Beispiel Nordrhein-Westfalens, Eine Analyse bezüglich Verbreitung und Inhalt, NZM 2003, S. 929.

Gasser, Jean-Michel, Les justifications de l'égalité des rémunérations ou que reste-t-il du principe "à travail égal, salaire égal"?, RJS 2007, S. 687.

Géniaut, Benoît, Non-discrimination et égalité de traitement: l'art de la comparaison, RDT 2018, S. 855.

Giesen, Richard, Anm. in: AP § 242 BGB Gleichbehandlung Nr. 220.

Giordano, Denis/Santoro, Guillaume, La négociation administrée sur l'égalité professionnelle : entre respect de l'obligation et engagement formel, Travail et Emploi 2019, S. 69.

Gomes, Barbara, Vers une reconnaissance constitutionnelle de la liberté de négociation collective, Dr. social 2020, S. 366.

Göpfert, Burkard/Giese, Katja, Entgelttransparenzgesetz – Folgt jetzt die Klagewelle?, NZA 2018, S. 207.

Gosselin, Hervé, L'évaluation au soutien du principe "à travail égal, salaire égal, Sem. Soc. Lamy, Nr. 1344, 10.3.2008, S. 8.

Groeben, Hans von der/Schwarze, Jürgen (Hrsg.), Vertrag über die Europäische Union und Vertrag zur Europäischen Gemeinschaft, Band 3, Art. 98 – 188 EGV.

Grumbach, Évelyne/Serverin, Tiennot, Discrimination syndicale : le concours des panels ne doit pas être arbitré par la Cour de cassation, RDT 2012, S. 714.

Guiomard, Frédéric, L'action de groupe dans le projet de loi sur la justice du XXIe siècle : un texte d'anesthésie ?, RDT 2016, S. 52.

Guiomard, Frédéric, L'action de groupe peut-elle contribuer à lever les freins à l'action contentieuse ? », La Revue des droits de l'homme [En ligne] Nr. 9/2016, abrufbar unter: https://journals.openedition.org/revdh/2052 (Zugriff: 9.12.2020).

Guiomard, Frédéric, La preuve des discriminations syndicales dans l'action de groupe, RDT 2018, S. 866.

Gurkmann, Jutta/Wernicke, Stephan, Musterklage einführen, Pro und Contra, DRiZ 2018, S. 92.

Halberstadt, Mariella, Die Gestaltung des Arbeitsvertrags durch Tarifvertrag im französischen Recht, 1. Aufl. 2017.

Häßler, Rolf D./Reich, Sandra, Kapitalmarkt-Report. Investoren auf dem Weg zur nachhaltigen Kapitalanlage, Die Aktiengesellschaft 2018, R287.

Hatzfeld, Nicolas, Une lutte syndicale exemplaire chez Peugeot-Sochaux (1995–2000), La remise en cause d'un système discriminatoire, Travail et Emploi 2016, S. 173.

Hecker, Jan, Europäische Integration als Verfassungsproblem in Frankreich, Verfassungsrechtliche Infiltrationshindernisse und Übertragungschancen in der Europajudikatur französischer Gerichte, 1998.

Heinzelmann, Christian, Musterfeststellungsklagen auch im Arbeitsrecht?, ArbRAktuell 2018, S. 597.

Hennette-Vauchez, Stéphanie/Pichard, Marc/Roman, Diane, La loi et la genre, Étude critiques de droit français, 2014.

Henry, Michel, L'action syndicale en exécution des conventions collectives, Dr. ouvrier 2007, S. 112.

Henssler, Martin/Willemsen, Heinz Josef/Kalb, Heinz-Jürgen (Hrsg.), Arbeitsrecht Kommentar, 9. Aufl. 2020.

Herbst, Laura, Viktimisierungsschutz: Keine Begrenzung auf formelle Verteidigung, EuZA 2020, S. 78.

Heukenkamp, Elisabeth, Gesetzlicher Mindestlohn in Deutschland und Frankreich, 2017.

Hilger, Marie-Luise, Zum Anspruch auf Gleichbehandlung im Arbeitsrecht, RdA 1975, S. 32.

Hillgruber, Christian/Goos, Christoph, Verfassungsprozessrecht, 5. Aufl. 2020.

Hofmann, Hans, Bevorzugung von Frauen bei Stellenbesetzungen?, NVwZ 1995, S. 662.

Hohenadel, Ursula, Die arbeitsrechtliche Stellung der Geschäftsleiter im französischen Recht, 1997.

Hueck, Götz, Der Grundsatz der gleichmäßigen Behandlung im Privatrecht, 1958.

Huglo, Jean-Guy, Accords collectifs et principe d'égalité de traitement : la métamorphose du rôle du juge, RJS 2018, S. 179.

Intrup-Dopheide, Johanna, Tariffähigkeit, Gewerkschaftspluralität und Tarifmehrheiten in Frankreich, 2013.

Izard, Sabine, Égalité professionnelle, l'index en pratique, Sem. Soc. Lamy Nr. 1898, 9.3.2020, S. 2.

Izard, Sabine, L'inspection du travail redouble ses efforts en 2019, Sem. Soc Lamy, Nr. 1858, 23.4.2019, S. 5.

Izard, Sabine, La Caisse d'Épargne accusée de discrimination envers les femmes, Sem. Soc. Lamy, Nr. 1865, 11.6.2019, S. 2.

Jellinek, Georg, Das Recht der Minoritäten, 1898.

Jellinek, Georg, System der subjektiven öffentlichen Rechte, 1892.

Junker, Abbo, Grund und Grenzen der Arbeitsrechtsvergleichung, in: Heldrich/Koller/Prölss/et al. (Hrsg.), Festschrift für Claus-Wilhelm Canaris zum 70. Geburtstag, Band II, 2007, S. 705 [zit. *Junker,* FS Canaris, 2007].

Junker, Abbo, Grundkurs Arbeitsrecht, 19. Aufl. 2020.

Junker, Abbo, Rechtsvergleichung als Grundlagenfach, JZ 1994, S. 921.

Kahl, Wolfgang/Waldhoff, Christian/Walter, Christian (Hrsg.), Bonner Kommentar zum GG, Ordner 2, Stand: 202. Aktualisierung Februar 2020.

Kammerer, Céline/Roß-Kirsch, Nadja, Arbeitsrecht in Frankreich, Rechtssicheres HR-Management für Unternehmer, Anwälte und Berater, 2017.

Kania, Thomas, Betriebsratsbeteiligung bei der Durchsetzung von Entgelttransparenz, NZA 2017, S. 819.

Katzenstein, Dietrich, Der Arbeitnehmer in der Europäischen Wirtschaftsgemeinschaft, BB 1957, S. 1081.

Kempen, Ernst/Brecht-Heitzmann, Holger/Schubert, Jens M./Seifert, Achim (Hrsg.), Tarifvertragsgesetz, Kommentar für die Praxis, 5. Aufl. 2014.

Kollerbaur, Agnes Maria, Die französische Arbeitsinspektion, Eine Untersuchung unter besonderer Berücksichtigung ihrer Rolle bei Kündigungen, 2010.

Körlings, Peter, Das dritte Geschlecht und die diskriminierungsfreie Einstellung, NZA 2018, S. 282 ff.

Labbé, Daniel/Reynaud, Bertrand, La négociation collective en entreprise, 2001.

Laborde, Jean-Pierre, Quelques observations à propos de la loi du 12 juillet 1990 relative à la protection des personnes contre les discriminations en raison de leur état de santé ou de leur handicap, Droit social 1991, S. 615.

Lacabarats, Alain, L'avenir des juridictions du travail : Vers un tribunal prud'homal du XXIème siècle, Rapport à Madame la Garde des Sceaux, 2014, abrufbar unter: https://www.vie-publique.fr/sites/default/files/rapport/pdf/144000416.pdf (Zugriff: 15.1.2021) [zit. *Lacabarats,* L'avenir des juridictions du travail, 2014].

Lamothe, Olivier Dutheillet de/Vasselot, Laurent Marquet de, Présomption de légalité des accords collectifs : unte atteinte à la démocratie sociale ?, Sem. Soc. Lamy, 23.4.2019, Nr. 1858, S. 8.

Langenfeld, Christine, Geschlecht – Kein Thema mehr für das Recht?, DVBL 2010, S. 1019 ff.

Langlois, Philippe, Quelle liberté pour les juges ?, Dr. social 2011, S. 1172.

Lanquetin, Marie-Thérèse, De l'égalité des chances, À propos de l'arrêt Kalanke, CJCE 17 octobre 1995, Dr. social 1996, S. 494.

Latraverse, Sophie, La lutte contre la discrimination au travail par le Défenseur des droits, Dr. social 2020, S. 288.

Latzel, Clemens, Gleichheit in der Unternehmensmitbestimmung, 2010.

Laufer, Jacqueline/Silvera, Rachel, L'égalité des femmes et des hommes en entreprise, De nouvelles avancées dans la négociation ?, Revue de l'OFCE 2006, S. 245.

Laufer, Jaqueline, L'égalité professionnelle entre les femmes et les hommes, 2014.

Lavergne, Guy, La discrimination systémique sous la Charte québécoise. En marge des arrêts O'Malley et Bhinder, Les Cahiers de droit, Vol. 27 1986, S. 901.

Leitmeier, Lorenz, Viel Lärm um Mangold, FA 2010, S. 4.

Leyre, Sylvie, Index égalité – L'heure du premier bilan approche, Entretien, Sem. Soc. Lamy, 25.2.2019, Nr. 1850, S. 3.

Loiseau, Grégoire, Le crépuscule du principe d'égalité de traitement, RJS 2018, S. 615.

Looschelders, Dirk (Hrsg.), Gsell, Beate/Krüger, Wolfgang/Lorenz, Stephan/Reymann, Christoph (Gesamtherausgeber), beck-online. Grosskommentar, Stand: 1.12.2020 [zit. *Autor,* in: BeckOGK].

Loritz, Karl-Georg, Das Bundesarbeitsgericht und die "Neue Beweglichkeit", ZfA 1985, S. 185.

Löwisch, Manfred/Rieble, Volker, Tarifvertragsgesetz, Kommentar, 4. Aufl. 2017.

Lühmann, Tobias, Kollektiver Rechtsschutz – Ein aktueller Überblick, NJW 2020, S. 1706.

Lyon-Caen, Antoine, A travail égal, salaire égal, Une règle en quête de sens, RDT 2006, S. 16.

Lyon-Caen, Antoine, De l'égalité de traitement en matière salariale (à propos de l'arrêt Ponsolle, Cass. soc. 29 octobre 1996), Dr. social 1996, S. 1013.

Lyon-Caen, Antoine, L'égalité et la loi en droit du travail, Dr. social 1990, S. 68.

Lyon-Caen, Antoine/Vacarie, Isabelle, Droits fondamentaux et droit du travail, in: Mélanges en l'honneur de Jean-Maurice Verdier, Droit syndical et droit de l'homme à l'aube du XXIe siècle, 2001, S. 421.

Lyon-Caen, Gérard, Les libertés publiques et l'emploi : rapport au ministre du travail, de l'emploi et de la formation professionnelle, La documentation Française, 1992.

Mai, Stefan, Deutsche Börse setzt Zeichen mit eigener nachhaltiger Finanzierung, Die Aktiengesellschaft 2019, R151.

Mangoldt, Hermann von/Klein, Friedrich/Starck, Christian (Hrsg.), Grundgesetz, Kommentar, 7. Aufl. 2018.

Mangoldt, Hermann von/Klein, Friedrich/Starck, Christian (Hrsg.), Grundgesetz, Kommentar, 6. Aufl. 2010.

Marguénaud, Jean-Pierre/Mouly, Jean, La chambre sociale de la Cour de cassation, pionnière de la diffusion de la Convention EDH en France, JCP G 2008, S. 20.

Martinon, Arnaud, Essai sur la stabilité du contrat de travail à durée indéterminée, 2005.

Mathieu, Chantal/Leclerc, Olivier, Quelle vigueur du droit à la preuve en droit du travail ?, RDT 2020, S. 652.

Maunz, Theodor/Schmidt-Bleibtreu, Bruno/Klein, Franz/Bethge, Herbert (Hrsg.), Bundesverfassungsgerichtsgesetz, Kommentar, Werkstand: 60. EL Juli 2020.

Mazardo, Sylvie/Riandey, Paul, Anm. zu Cass. soc. 19.12.2012, Nr. 10-20.526, Tribunaux, Mesures d'instruction in futurum, Art. 145 CPC; Dr. ouvrier 2013, S. 290.

Meftah, Inès, La carrière des salariés titulaires de mandat, RDT 2019, S. 234.

Meller-Hannich, Caroline, Sammelklagen, Gruppenklagen, Verbandsklagen – bedarf es neuer Instrumente des kollektiven Rechtsschutzes im Zivilprozess?, NJW-Beilage 2018, S. 29.

Mercat-Bruns, Marie, L'identification de la discrimination systémique, RDT 2015, S. 672.

Mercat-Bruns, Marie, Les différentes figures de la discrimination au travail : quelle cohérence ?, RDT 2020, S. 25.

Merten, Detlef/Papier, Hans-Jürgen (Hrsg.), Handbuch der Grundrechte, Band 3, 2009.

Meurs, Dominique, À recherche d'un outil à la mesure d'un objectif de politique publique, RDT 2019, S. 158.

Miné, Michel, Le grand Livre du Droit du travail en pratique, 30. Aufl. 2019 [zit. *Miné,* Droit du travail en pratique].

Ministère du travail, Index de l'égalité professionnelle entre les femmes et les hommes, Dossier de presse, 17.9.2019, abrufbar unter: https://travail-emploi.gouv.fr/IMG/pdf/dp_egapro-ok-02-bd.pdf (Zugriff: 1.12.2020).

Ministère du travail, Index de l'égalité professionnelle : calcul et questions/réponses, 29.11.2019, abrufbar unter: https://travail-emploi.gouv.fr/droit-du-travail/egalite-professionnelle-discrimination-et-harcelement/indexegapro (Zugriff: 28.1.2021).

Ministère du travail, Index de l'égalité professionnelle : calcul et questions/réponses, 13.11.2020, abrufbar unter: https://travail-emploi.gouv.fr/droit-du-travail/egalite-professionnelle-discrimination-et-harcelement/index-egalite-professionnelle-femmes-hommes (Zugriff: 1.12.2020).

Ministère du travail, Index de l'égalité professionnelle : les tendances globales 2020 et les résultats pour les plus grandes entreprises, 6.3.2020, abrufbar unter: https://travail-emploi.gouv.fr/actualites/l-actualite-du-ministere/index-egalite-professionnelle-tendances2020-resultats-grandes-entreprises (Zugriff: 28.1.2021).

Ministère du travail, Index Egapro, L'outil de calcul et de déclaration de votre index égalité professionnelle Femmes- Hommes, abrufbar unter: https://index-egapro.travail.gouv.fr/ (Zugriff: 1.12.2020).

Moizard, Nicolas, Le panel de comparaison dans la preuve des discriminations ou de l'inégalité de traitement, RDT 2016, S. 42.

Moizard, Nicolas, Les discriminations indirectes : la mission complexe des partenaires sociaux dans l'entreprise, Dr. social 2020, S. 320.

Müller-Glöge, Rudi/Preis, Ulrich/Schmidt, Ingrid (Hrsg.), Erfurter Kommentar zum Arbeitsrecht, 21. Aufl. 2021 [zit. ErfK].

Nicod, Cécile, Convention de branche et d'entreprise : une nouvelle partition, RDT 2017, S. 657.

Noguerol, Danièle, Discriminations sexuelles et droits européens, 1993.

Oberthür, Nathalie, Das Gesetz zur Förderung der Transparenz von Entgeltstrukturen, NJW 2017, S. 2228.

Oblinger, Sebastian, Integriertes Nachhaltigkeitsrating, 2018.

Pécaut-Rivolier, Laurence, Rapport sur les discriminations collectives en entreprise : lutter contre les discriminations au travail : un défi collectif, 2013, abrufbar unter: http://www.justice.gouv.fr/publication/rap-l-pecaut-rivolier-2013.pdf (Zugriff: 7.1.2021) [zit. *Pécaut-Rivolier,* Rapport sur les discriminations collectives en entreprise, 2013].

Pécaut-Rivolier, Laurence/Mercat-Bruns, Marie, Le droit français est-il suffisamment équipé en matière de lutte contre les discriminations systémiques, RDT 2020, S. 373.

Peskine, Elsa, La chambre sociale architecte imprudent de la négociation collective, RDT 2015, S. 339.

Peskine, Elsa/Wolmark, Cyril, Droit du travail, 12. Aufl. 2019.

Petit, Franck, L'action de substitution, un cadeau promis à un avenir meilleur, Dr. social 2004, S. 262.

Petit, Franck, Les éléments constitutifs de la rémunération de l'index de l'égalité entre les femmes et les hommes, Dr. social 2020, S. 53.

Pfarr, Heide/Kocher, Eva, Kollektivverfahren im Arbeitsrecht, Arbeitnehmerschutz und Gleichberechtigung durch Verfahren, 1998.

Porta, Jérôme/Lokiec, Pascal, Panorama, Droit du travail, Recueil Dalloz 2015, S. 829.

Présidence de la République, Fiche de presse, Lancement de la grande cause du quinquennat « l'égalité entre les femmes et les hommes», 25.11.2017, abrufbar unter: https://www.egalite-femmes-hommes.gouv.fr/wp-content/uploads/2017/11/FICHE_PRESSE_251117_Annonces_du-1.pdf (Zugriff: 3.2.2021).

Puigelier, Catherine (Hrsg.), La preuve, 2004.

Radé, Christophe, Discriminations et inégalités de traitement dans l'entreprise, Tous égaux, tous différents, 2011.

Radé, Christophe, Le principe d'égalité de traitement, nouveau principe fondamental du droit du travail, Dr. social 2008, S. 981.

Radé, Christophe, Observation: Cour de cassation (Chambre sociale) 10 juillet 2001, Dr. social 2001, S. 1012.

Ray, Jean-Emmanuel, À travail inégal, salaire inégal, Dr. social 2011, S. 42.

Ray, Jean-Emmanuel, Droit du travail, Droit vivant, 29. Aufl. 2021.

Ray, Jean-Emmanuel/Béraud, Jean-Marc/Antonmattéi, Paul-Henri/Lokiec, Pascal/Cormier le Goff, Aurélie/Krivine, Judith/Grignard, Marcel/Boullier, Pierre/Madinier, Francan Salis /Sciberras, Jean-Christophe/Simonpoli, Jean

Dominique, Quelle place pour les syndicats dans le nouveau modèle social ?, Dr. social 2019, S. 188.

Rémy, Patrick/Feuerborn, Andreas, La loi générale sur l'égalité de traitement du 14 août 2006 (Allgemeines Gleichbehandlungsgesetz AGG), RDT 2007, S. 268.

Rémy, Patrick/Henssler, Martin, La réforme allemande du droit des conventions collectives, Le pluralism syndical est-il compatible avec l'autonomie collective ?, RDT 2015, S. 562.

Riot, Cédric, La lutte contre les discriminations : enjeux et perspectives (après la loi n° 2001-1006 du 16 nov. 2001), JCP E 2002, S. 5.

Röder, Gerhard/Arnold, Christian, Zielvorgaben zur Förderung des Frauenanteils in Führungspositionen, NZA 2015, S. 1281.

Roloff, Sebastian, Erst die Auskunft, dann das gleiche Entgelt? Der Auskunftsanspruch zur Überprüfung der Einhaltung des Entgeltgleichheitsgebots nach § 10 Entgelttransparenzgesetz, RdA 2019, S. 28.

Rongère, Pierrette, À la recherché de la discrimination introuvable : l'extension de l'exigence d'égalité entre les salariés, Dr. social 1990, S. 99.

Rousseau, Dominique, Droit du contentieux constitutionnel, 10. Aufl. 2013.

Sacco, Rodolfo/Rossi, Piercarlo, Einführung in die Rechtsvergleichung, 3. Aufl. 2001.

Sachs, Michael (Hrsg.), Grundgesetz Kommentar, 8. Aufl. 2018.

Säcker, Franz Jürgen/Rixecker, Roland/Oetker, Hartmut/Limperg, Bettina (Hrsg.), Münchener Kommentar zum BGB, Band 1, 8. Aufl. 2018.

Säcker, Franz Jürgen/Oetker, Hartmut, Grundlagen und Grenzen der Tarifautonomie, 1992.

Salis-Madinier, Franca, L'organisation du dialogue social avec les syndicats, ailleurs …, Dr. social 2019, S. 222.

Santoro, Guillaume, La loi pour la liberté de choisir son avenir professionnel: de nouvelles exigences pour l'égalité salariale entre les femmes et les hommes, RDT 2019, S. 190.

Sarigny, Cécile Barrois de, Le principe d'égalité dans la jurisprudence du Conseil constitutionnel et du Conseil d'État, Les cahiers du Conseil constitutionnelle, Nr. 4/2020, abrufbar unter https://www.conseil-constitutionnel.fr/publications/titre-vii/le-principe-d-egalite-dans-la-jurisprudence-du-conseil-constitutionnel-et-du-conseil-d-etat (Zugriff: 25.11.2020).

Schneider, Angie, Diskriminierung bei Befristungen an Universitäten, EuZA 2020, S. 378.

Scholz, Stephanie, Lohngleichheit durch Verfahren, 2000.

Schwarzbach, Marthe J., Die Geltung von Tarifverträgen in Frankreich, 2013.

Sciberras, Jean-Christophe, Comment renforcer le dialogue social en France ? Dr. social 2019, S. 224.

Senghaas-Knobloch, Eva, „Arbeit ist keine Ware" – 100 Jahre Internationale Arbeitsorganisation, 2019.

Sereno, Sophie, La preuve des discriminations en droit du travail, Dr. social 2020, S. 332.

Serverin, Evelyne/Guiomard, Frédéric (Hrsg.), Des revendications des salariés en matière d'égalité et de discrimination, Les enseignements d'un échantillon d'arrêts extrait de la base JURICA (2007–2010), Rapport établi dans le cadre de la Mission de recherche Droit et Justice, 2013, abrufbar unter: http://www.gip-recherche-justice.fr/wp-content/uploads/2014/07/10-32-RF.pdf (Zugriff: 7.1.2021).

Simon, Joëlle/Foulon, Chantal, Action de groupe : ne jouons pas aux apprentis sorciers !, RDT 2012, S. 603

Stadler, Astrid, Musterfeststellungsklagen im deutschen Verbraucherrecht? VuR 2018, S. 83.

Statistique publique/Insee, Les entreprises en France, 2017, abrufbar unter: https://www.insee.fr/fr/statistiques/3152833 (Zugriff: 22.9.2020).

Stelten, Lukas, Gerichtlicher Grundrechtsschutz in Frankreich, 1. Aufl. 2018.

Strauß, Brigitte, Schutz vor Diskriminierung durch Privatpersonen im Straf-, Arbeits- und Zivilrecht, Darstellung des französischen Rechts mit Vergleich zum deutschen Recht vor dem Hintergrund der Umsetzung EU-rechtlicher Vorgaben, 2013.

Stück, Volker, Ansprüche des Betriebsrats auf Entgeltlisten und -auskünfte im Brennpunkt von Arbeits- und Datenschutzrecht, ArbRAktuell 2020, S. 591.

Sweeney, Morgan, Les critères discriminatoires, Dr. social 2020, S. 293.

Terrenoire, Cécile, L'index de l'égalité professionnelle entre les femmes et les hommes, Sem. jur. Entreprise et affaires, 19.3.2020, S. 51.

Teyssié, Bernard (Hrsg.), Droit et pratique du comité social et économique, 2018.

Teyssié, Bernard, Droit du travail, Relations collectives, 12. Aufl. 2020.

Thieken, Jan, Der primärrechtliche europäische Gleichbehandlungsgrundsatz und seine Auswirkungen auf das deutsche Arbeitsrecht, 2018.

Thüsing, Gregor/Stiebert, Tom/Granetzny, Thomas/Schmidt, Maximilian/Imani, Shirin/Forst, Gerrit/Fütterer, Johannes/Traut, Johannes/Vianden, Sabine/Thieken, Jan, 10 Jahre AGG – 10 Gedanken – 10 Autoren, Zum Geburtstag von Raimund Waltermann, ZfA 2016, S. 407.

Tilp, Andreas/Schiefer, Marc, VW Dieselgate – die Notwendigkeit zur Einführung einer zivilrechtlichen Sammelklage, NZV 2017, S. 14.

Tin, Louis-Georges/Lemaire, Sophie/Allal, Mehdi Thomas, Discriminations collectives : une nouvelle class action ?, D. 2014, S. 1992.

Toubon, Jacques, Décision du Défenseur des droits, 19.4.2019, Nr. 2019-108, abrufbar unter -https://juridique.defenseurdesdroits.fr/doc_num.php?explnum_id=19433- (Zugriff 28.8.2020)-.

Trebes, Anja, Der zivilrechtliche Schutz der Persönlichkeit vor Presseveröffentlichungen im französischen Recht, GRUR Int 2006, S. 91.

Verdier, Jean-Maurice, Libertés et travail, problématique des droits de l'homme et rôle du juge, D. 1988, chronique S. 11.

Verdier, Jean-Maurice, Note sur le jugement des Prud'hommes du 4 juin 1996, Dr. ouvrier 1996, S. 383.

Verkindt, Pierre-Yves, L'égalité de rémunération entre les hommes et les femmes, Dr. social 2008, S. 1051.

Verwilghen, Michael (Hrsg.), Equality in law between men and women in the Netherlands, Band 2, 1986 [zit. Verwilghen (Hrsg.), Equality, Band 2, 1986].

Vianden, Sabine Marion, Gleiches Entgelt für gleiche und gleichwertige Arbeit, 2020.

Waquet, Philippe, L'entreprise et les libertés du salarie, 2003.

Wiedemann, Herbert, Die Gleichbehandlungsgebote im Arbeitsrecht, 2001.

Wiedemann, Herbert/Thüsing, Gregor, Der Schutz älterer Arbeitnehmer und die Umsetzung der Richtlinie 2000/78/EG, NZA 2002, S. 1234.

Wolmark, Cyril, Discrimination systémique : de nouvelles perspectives à la lutte judiciaire contre les discriminations, Sem. Soc. Lamy 3.2.2020, Nr. 1893, S. 11.

Zierold, Oliver, Arbeitsrechtliche Gleichbehandlung und Diskriminierungsverbote im Entgeltbereich, 2004.

Zweigert, Konrad/Kötz, Hein, Einführung in die Rechtsvergleichung auf dem Gebiete des Privatrechts, 3. Aufl. 1996.

Verzeichnis der Übersichten

Verzeichnis der französischen Fachbegriffe

„à mérite égaux“	bei gleichwertigen Verdiensten
„à travail égal, salaire égal“	„gleiches Entgelt für gleiche Arbeit“ (allgemeine Regel)
abus	Missbrauch
accord atypique	Vereinbarung des Arbeitgebers mit der gewählten Personalvertretung (Wirtschafts- und Sozialausschuss)
accord collectif	Kollektivvereinbarung/Tarifvertrag, die/der sich auf einen Teil der Arbeitsbedingungen beschränkt
accord d'entreprise	Unternehmenstarifvertrag
accord de fin de grève	Tarifvertrags zur Beendigung eines Streiks
accord de groupe	Konzerntarifvertrag
accord professionnel	Berufstarifvertrag
action civile	Zivilklage
action de groupe	Sammelklage
action en substitution	Substitutionsklage
action publique	öffentliche Anklage der Staatsanwaltschaft
actions sérielles	Serie mehrerer Individualklagen
administration de la preuve	Beweisführung
agent de maîtrise	technische Aufsichtsperson/Meister
ancienneté	Unternehmenszugehörigkeit
avantage	Zusatzleistung
avantage catégoriel	Kategorievorteile
avantage en nature	Sachleistung
ayant droit	gesetzlicher Vertreter

base de données économiques et sociales [BDES]	Wirtschafts- und Sozialdatenbank
bonus discrétionnaire	vertraglich vereinbarter Bonus, dessen Höhe im freien Ermessen des Arbeitgebers steht
cadre, cadre dirigeant	höherer Angestellter
catégorie professionnelle	Berufskategorie, z. B. Arbeiter, Facharbeiter, Meister, Ingenieur, höherer Angestellter
cause réelle et sérieuse	tatsächlicher und ernsthafter Kündigungsgrund
charge de l'allégation	Darlegungslast
charge de preuve	Beweislast
charge nerveuse	nervliche Belastung
classification	Eingruppierung
Code civil	französisches Zivilgesetzbuch
Code de la commande publique	französisches Gesetzbuch für die öffentliche Beschaffung
Code de la consommation	französisches Verbrauchergesetzbuch
Code de la sécurité sociale	französisches Sozialgesetzbuch
Code de procédure civile	französische Zivilprozessordnung
Code du travail	französisches Arbeitsgesetzbuch
coefficient	Lohnkoeffizient
comité exécutif, comité de direction	Vorstand
comité social et économique central d'entreprise	zentraler Wirtschafts- und Sozialausschuss auf Unternehmensebene in den Unternehmen mit eigenständigen Betrieben
commission de suivi	Prüfungsausschuss
congé de maternité ou d'adoption	Mutter- oder Adoptionsschutz
congé de paternité bzw. congé de maternité	Elternurlaub (Vaterschaftsurlaub, Mutterschaftsurlaub)

congé parental d'éducation	Erziehungsurlaub
Conseil constitutionnel	französischer Verfassungsrat
conseil d'entreprise	Unternehmensrat
Conseil d'État	Staatsrat
conseil de prud'hommes	französisches Arbeitsgericht
consultation récurrente; consultation périodique	regelmäßige Anhörung des Wirtschafts- und Sozialausschusses
contrat d'apprentissage	Ausbildungsvertrag
contrat de professionnalisation	Professionalisierungsvertrag
contravention	Ordnungswidrigkeit
convention collective	Tarifvertrag, der sämtliche Arbeitsbedingungen der Arbeitnehmer regelt
convention collective de branche/ convention de branche bzw. accord de branche	Branchentarifvertrag
date d'embauche	Einstellungsdatum
DC (Contrôle de constitutionnalité des lois ordinaires, lois organiques, des traités, des règlements des Assemblées)	Abstrakte Normenkontrolle des Verfassungsrats
Défenseur des droits [DDD]	Rechtsverteidiger (Behörde)
délégué syndical, déléguée syndicale	Gewerkschaftsvertreter, Gewerkschaftsvertreterin
délit	Straftat
délit d'entrave	strafbare Behinderung der Arbeitnehmervertreter
diplôme	Abschluss
Direction générale du travail [DGT]	allgemeine Arbeitsdirektion
Direction régionale des entreprises, de la concurrence, de la consommation, du travail et de l'emploi [Direccte]	Regionaldirektionen für Wirtschaft, Wettbewerb, Verbraucherfragen, Arbeit und Beschäftigung

directeur commercial, directrice commerciale	Vertriebsvorstand, Vertriebsvorständin
directeur financier, directrice financière	Finanzvorstand, Finanzvorständin
direction d'entreprise	Unternehmensleitung
Direction de l'animation, des études et des statistiques [DARES]	Statistikdirektion des Arbeitsministeriums
directeur des ressources humaines, directrice des ressources humaines	Personalvorstand, Personalvorständin
discrimination injustifiée	ungerechtfertigte Benachteiligung
discrimination systémique	systemische Diskriminierung
doctrine	Stellungnahmen der Juristen und Rechtsprofessoren, Lehre, Rechtsliteratur
dommages-intérêts	Schadensersatz
droit à la négociation collective	Recht auf Kollektivverhandlungen
droit à la preuve	Recht auf Beweismittel
droit à un procès équitable	Recht auf ein faires Verfahren
droit au respect de la vie privée	Recht auf Achtung des Privatlebens
droit d'alerte	Warnungsrecht
droit de grève	Streikrecht
droit fondamental de la personne	Menschenrecht
droit syndical	Gewerkschaftsrecht
égalité	Gleichheit
égalité de rémunération, égalité salariale	Entgeltgleichheit
égalité de résultat	Ergebnisgleichheit
égalité des chances	Chancengleichheit
égalité formelle	formelle Gleichheit
égalité réelle	tatsächliche Gleichheit
élection professionnelle	Personalvertretungswahl
employé, employée	Angestellter, Angestellte

en permanence	ständig
engagement unilatéral	einseitige Verpflichtung/Zusage des Arbeitgebers
enquête	Untersuchung
entreprise	Unternehmen
épargne salariale	Vermögensbildung der Arbeitnehmer
erreur manifeste d'appréciation	offensichtliche Beurteilungsfehler
établissement distinct	eigenständiger Betrieb
exécution forcée	Zwangsvollstreckung
expérience professionnelle	Berufserfahrung
fonction	Funktion; Position; Arbeitsplatz
formation de référé du conseil de prud'hommes	Richter des Arbeitsgerichts im vorläufigen Rechtsschutz
formation professionnelle	berufliche Bildung
grossesse	Schwangerschaft
groupe	Konzern
heure supplémentaire	Überstunde
heures d'astreinte	Bereitschaftszeiten
identité de genre	Geschlechtsidentität
impératif de loyauté	Pflicht zur loyalen Zusammenarbeit
indemnité conventionnelles de licenciement	vertraglich vereinbarte Abfindungen
Index de l'égalité professionnelle entre les hommes et les femmes	Index für berufliche Gleichstellung zwischen Frauen und Männern
indice	Indiz
ingénieur, ingénieure	Ingenieur, Ingenieurin
inspection du travail	Arbeitsinspektion
inspecteur du travail, inspectrice du travail	Arbeitsinspektor, Arbeitsinspektorin
Instruction/ Circulaire	erläuternde Verwaltungsvorschriften
intention	Absicht

intérêt collectif	kollektives Interesse
intérêt pour agir en justice	Rechtsschutzbedürfnis
intervenir à l'instance	als Streithelfer beitreten
jours de congés supplémentaires	über den gesetzlichen Urlaub hinausgehende Urlaubstage
juges du fond	Richter der Tatsacheninstanzen
jurisprudence	Rechtsprechung
le cercle des égaux	Kreis der vergleichbaren Personen
liberté contractuelle	Vertragsfreiheit
liberté de négociation collective	Tarifverhandlungsfreiheit
liberté individuelle	allgemeines Freiheitsgrundrecht
libertés individuelles et collectives	individuelle und kollektive Freiheitsrechte
médiation de groupe	Gruppenmediation
mesure d'instruction	Ermittlungsmaßnahme
mesures d'instruction in futurum	Antrag auf Anordnung einer Ermittlungsmaßnahme im vorläufigen Rechtsschutz
méthode *Clerc*	*Clerc*-Methode
négociation collective	Tarifverhandlung
object de l'action	Klagegegenstand
obligation de discrétion	Verschwiegenheitspflicht
obligation de moyens	Verpflichtung Maßnahmen festzulegen
obligation de résultat	Ergebnisverpflichtung; Leistungsverpflichtung
ouvrier, ouvrière	Arbeiter, Arbeiterin/Arbeitnehmer, Arbeitnehmerin in der Produktion
personne morale	juristische oder natürliche Person
pertinente	sachdienlich
plan d'action unilatéral	Einseitiger Aktionsplan (im Sinne von einseitig festgelegt)
plan de sauvegarde de l'emploi	Plan zur Arbeitsplatzerhaltung

pouvoir de direction	Weisungsrecht des Arbeitgebers
pouvoir souverain d'appréciation du juge du fond	souveräne Beurteilungsermessen des Tatrichters
préjudice moral	immaterieller Schaden
présomption de justification	Rechtfertigungsvermutung
prime	Bonus, Zulage
prime collective	gruppenbezogene Zulage
prime fixé	feste Zulage
prime individuelle	individuell verteilte Zulage
principe d'égalité de traitement	arbeitsrechtlicher Gleichbehandlungsgrundsatz
principe d'égalité des armes	Grundsatz der Waffengleichheit
principe de non rétroactivité du droit	verfassungsrechtlicher Grundsatz des Rückwirkungsverbots
principe en faveur	Günstigkeitsprinzip
principe général du droit	allgemeiner Rechtsgrundsatz
procédure de licenciement collectif	Massenentlassung
procédure de réparation individuelle des préjudices	individueller Schadensausgleich (besonders geregeltes Verfahren im Zivilprozess)
procédure en référé	summarisches Verfahren des einstweiligen Rechtsschutzes
procédure sur requête	Eilverfahren ohne Kontradiktion
procureur	Staatsanwalt
professions et catégories socioprofessionnelles [PCS]	sozioprofessionelle Kategorien nach der INSEE-Nomenklatur
promotion	Beförderung
proportionnalité	Verhältnismäßigkeit
qualité pour agir (en justice); pouvoir d'agir	Klagebefugnis
question prioritaire de constitutionnalité [QPC]	Verfassungsbeschwerde/Konkrete Normenkontrolle
rappel de salaire	Gehaltsnachzahlung

recevabilité	Zulässigkeit
référent égalité professionnelle, référente égalité professionnelle	Ansprechpartner, Ansprechpartnerin für berufliche Gleichstellung bei der Arbeitsdirektion
renversement de la charge de la preuve	Beweislastumkehr
réparation en nature	Naturalherstellung
réparation intégrale	vollständige Wiedergutmachung
répartition/aménagement de la charge de la preuve	Beweislastverteilung
représentation	Vertretung
responsabilité	Haftung
risque d'obdolescence	Veralterungsrisiko
salaire de base	festes Grundgehalt
salarié expatrié, salariée expatriée	ins Ausland entsandter Arbeitnehmer, ins Ausland entsandte Arbeitnehmerin (mit Arbeitsvertrag im Ausland)
sans cause réelle et sérieuse	ohne tatsächlichen und ernsthaften Kündigungsgrund
section syndicale	Gewerkschaftssektion
situation identique	gleiche Situation
société	Gesellschaft (juristische Person)
subordination juridique	juristische Unterordnung
technicien, technicienne	Facharbeiter, Facharbeiterin
testing	Testing-Verfahren
transaction pénal	strafrechtlicher Vergleich
travail de valeur égale	gleichwertige Arbeit
travailleur intérimaire, travailleuse intérimaire	Leiharbeitnehmer, Leiharbeitnehmerin
tribunal judiciaire	ordentliches Gericht; Instanzgericht für Zivil-, Handels- und Strafsachen

tribunal répressif	Strafgericht
unité économique et sociale (UES)	wirtschaftliche und soziale Einheit
urgence	Dringlichkeit
usage d'entreprise	unternehmerische Übung, im Unternehmen übliche Praxis
valeur du point	Punktwert

www.ingramcontent.com/pod-product-compliance
Ingram Content Group UK Ltd.
Pitfield, Milton Keynes, MK11 3LW, UK
UKHW021848290926
8980IPUK00005B/716